Erlösung – wie und wovon?

Paul H. Welte

Erlösung – wie und wovon?

Was Christen unter Heil verstehen

Verlag Friedrich Pustet
Regensburg

Bibliografische Information der Deutschen Nationalbibliothek

Die Deutsche Nationalbibliothek verzeichnet diese Publikation
in der Deutschen Nationalbibliografie; detaillierte bibliografische Daten
sind im Internet über http://dnb.d-nb.de abrufbar.

www.verlag-pustet.de

ISBN 978-3-7917-2422-5

Umschlaggestaltung: Martin Veicht, Regensburg
Umschlagbild: Fotalia.com/Miredi
Satz: Vollnhals Fotosatz, Neustadt a. d. Donau
Druck und Bindung: Friedrich Pustet, Regensburg
Printed in Germany 2012

Inhalt

Vorwort

In der Zeit des Studiums der chinesischen Sprache, der dreijährigen Arbeit in einer Missionsstation und dreijähriger Lehrtätigkeit in einem Spätberufenenseminar im Süden Taiwans kam ich zur Überzeugung, dass das Verständnis der Heilsbedürftigkeit des Menschen und der Heilsbedeutung des Werkes Christi entscheidend wichtig ist für die Begründung und die Praxis jeder Evangelisation. Gerade im geistigen Raum Chinas, in dem die Menschen um die Länge ihrer Geschichte und die Höhe ihrer Kultur wissen, fragen nachdenkliche Menschen (meistens zwar nur unausdrücklich) die Missionare: Was bringt ihr? Ist das, was ihr uns bringen wollt, gut für uns, brauchen wir es? Und Missionare, welche die Lehre des Zweiten Vatikanischen Konzils über die Heilsmöglichkeit der Nichtchristen und die Bedeutung der nichtchristlichen Religionen kennen und anerkennen, müssen sich fragen: Was wollen wir hier eigentlich? Wenn diese scheinbar einfachen Fragen keine Antwort finden, dann erscheint die Verkündigung des Evangeliums wie ein Angebot ohne Nachfrage, wie Reklame für Kühlschränke bei den Eskimos.

Jedoch ist das Verständnis der Heilsbedeutung der Botschaft und des Werkes Christi entscheidend wichtig auch in unserer Welt, in der ein großes Angebot von Weltanschauungen und Religionen nachdenkliche Christen fragen lässt: Warum bin ich eigentlich Christ? Was bedeutet es mir, Christ zu sein? Brauche ich das überhaupt? Welchen besonderen Wert hat es? Ist es für Leben und Sterben hilfreich? Wenn diese Fragen nicht beantwortet werden, erscheint das Christsein und Christbleiben leicht nur wie eine manchmal liebe, manchmal lästige Gewohnheit. Dann können Christen nicht die Forderung der Heiligen Schrift erfüllen: „Seid stets bereit, jedem [und auch euch selbst] Rede und Antwort zu stehen, der nach [dem Grund] der Hoffnung fragt, die euch beseelt" (1 Petr 3,15). Kurz: Sowohl für die Evangelisation wie für das Christsein ist das Verständnis der Heilsbedeutung des Werkes Christi von großer Wichtigkeit. Darum handelt theologisches Bemühen um das Verständnis der Heilsbedeutung der Botschaft und des Werkes Christi („Soteriologie") nicht von einer theologischen Nebenfrage. Dabei geht es vielmehr um die stets geforderte Rechenschaft über den Sinn und Wert des christlichen Glaubens.

Einen weiteren Anstoß, mich eingehender mit Soteriologie zu befassen, gab die Übernahme der Landessprache in die Liturgie. So richtig und wichtig diese Maßnahme war, sie war nur ein kleiner Schritt auf dem Weg zu dem vom Konzil angestrebten Ziel, „das christliche Leben unter den Gläubigen mehr und mehr zu vertiefen" (SC 1). In der Liturgie wird ja das Gedächtnis des Heilswerkes Christi gefeiert und vergegenwärtigt. Ihre Gebete sprechen mit eindrucksvollen Worten des Neuen Testaments vom Heilswerk Christi. Doch können viele Menschen sie nicht verstehen. Etwas zugespitzt könnte man sagen: Früher waren die Gebete und Lesungen der Liturgie unverständlich wegen der für die meisten Menschen unverständlichen lateinischen Sprache. Jetzt sind sie immer noch unverständlich, weil sie auch in ihrer Muttersprache für viele Menschen unverständlich bleiben. Wenn zum Beispiel eine Präfation der Osterzeit von Jesus Christus sagt: „Durch seinen Tod hat er unseren Tod vernichtet, durch seine Auferstehung das Leben neu geschaffen", sind die einzelnen Worte verständlich, der Sinn des Ganzen hingegen nicht. Denn man muss doch fragen: Wie wurde durch den Tod Jesu am Kreuz vor 2000 Jahren der uns mit Sicherheit erwartende Tod vernichtet? Wie wurde unser Leben durch die Auferstehung Jesu neu geschaffen? Wir Menschen sind doch wie eh und je vielfältigem Leid unterworfen und treiben dem sicheren Tod entgegen. Manche der nun in der Muttersprache gehörten Worte sind nicht nur in ihrem Sinn schwer verständlich, sondern in gefährlicher Weise missverständlich. Wenn zum Beispiel in jeder Eucharistie von dem Blut gesprochen wird, „das für euch und für alle vergossen wird zur Vergebung der Sünden", liegt der Gedanke nahe, dass der Tod Christi ein Opfer sei, das Gott von Zorn zu Gnade und Vergebung bewegte.

Gewiss, zahlreiche gläubige Menschen haben durch das Wirken des Heiligen Geistes in der schlichten Mitfeier der Hochfeste, in der Betrachtung, im Gehen des Kreuzwegs, beim Beten des Rosenkranzes, in Zeiten großer Freude und tiefer Trauer den Sinn ihres Glaubens an den im Stall geborenen, an den die Liebe das Vaters verkündenden, an den von Menschen gekreuzigten und von Gott auferweckten Jesus erfahren. Dennoch ist und bleibt es eine wichtige Aufgabe der Theologie, den Sinn des Glaubens an den Mittler des Heiles zu entfalten, zu klären und gegen naheliegende Missverständnisse zu sichern und den Gläubigen einen verstehenden und fruchtbaren Mitvollzug der Liturgie zu ermöglichen.

Auf Grund dieser Überzeugung habe ich ausdrücklich gewünscht, den Kurs Soteriologie übernehmen zu dürfen, als ich im Jahre 1968 meine

Lehrtätigkeit an der theologischen Fakultät der Katholischen Fujen Universität in Taipei (Taiwan) antrat. Eigentlich ist Soteriologie (oder „Erlösungslehre") ein Teil der Christologie, die an dieser Fakultät von dem bekannten Theologen P. Dr. Aloisius Chang Chun Shen SJ betreut wurde. Im Hinblick auf meinen Wunsch jedoch wurden Christologie und Soteriologie unter uns aufgeteilt. Theoretisch ist eine solche Trennung nicht ideal und entspricht nicht einem gegenwärtigen Trend, welcher die seit dem 13. Jahrhundert übliche Trennung von Christologie und Soteriologie zu überwinden sucht. Praktisch jedoch hat sie sich in Taiwan und China bewährt, insofern der Erlösungslehre mehr Aufmerksamkeit und Zeit gewidmet werden konnte, als es sonst meistens geschehen kann, weil die Christologie vielfach wenig Zeit findet für Fragen der Soteriologie. So habe ich in den über 35 Jahren meiner Lehrtätigkeit in Taiwan und (seit 1990 gelegentlich) in Priesterseminaren in China (Shanghai, Xi An, Wuhan) mehrfach den Kurs über Soteriologie gegeben. Mit Hilfe von ehemaligen Studentinnen habe ich in Taiwan ein Buch mit dem Titel „Einführung in die Soteriologie" verfasst, das in zwei Auflagen erschienen ist. Schließlich konnte ich durch ein in Shanghai gedrucktes Buch meine Gedanken zu diesem Thema auch den Christen in China vermitteln.

Natürlich kann man sagen und fragen: Für Christen auf der „Schönen Insel" (Formosa = Taiwan) und im „Reich der Mitte" (China) mag eine ausführliche Behandlung soteriologischer Themen hilfreich und vielleicht sogar dringend notwendig sein. Aber brauchen wir eine derartig ausdrückliche Reflexion auf Kernfragen des christlichen Glaubens in Europa und Deutschland, wo Menschen seit über 1000 Jahren den christlichen Glauben kennen, wo große Denker und Heilige darüber nachdachten und weithin anerkannte und vom kirchlichen Lehramt verwendete Deutungen des Heilswerkes („Erlösungstheorien") entwickelten? Können wir uns nicht mit diesen Anschauungen begnügen?

Bei allem Respekt vor der Bemühung und der Leistung der Theologen, bei voller Würdigung der wertvollen Impulse, welche die herkömmlichen Auffassungen über die Erlösung durch Jesus Christus den Menschen und der Kirche vermittelten, können wir uns doch nicht mit ihnen begnügen, denn wir haben (wenigstens in ihrer Dringlichkeit) neue Fragen, die sogar von aufgeweckten Schulkindern gestellt werden können: Wenn man sagt, Christus ist für alle Menschen am Kreuz gestorben, bedeutet das, dass er für die Neandertaler und Pekingmenschen, für die Feuerlandindianer und Tibeter gestorben ist? Einfache gläubige Menschen, die Leid und Bosheit erfahren und von Katastrophen, Gewalt und Unterdrückung hören, können fragen: Wovon wurden wir erlöst? Menschen, die den fruchtbaren Einfluss anderer Religionen auf das Leben der Menschen und ihre Kultur kennen, müssen fragen: Wie ist Jesus Christus für diese Menschen Mittler des Heils? Wer Menschen anderer Religionen oder ohne Religion kennt, die ihre familiären, beruflichen und gesellschaftlichen Pflichten gut erfüllen, muss sich fragen: Was bedeutet mein christlicher Glaube für mich und meine Mitmenschen? Wer aber auch nur einer dieser scheinbar einfachen Fragen gründlich nachgeht, wird spüren, dass sie nicht beantwortet werden können, solange wir nicht sagen können, was unser Glaube an Jesus Christus als Mittler des Heils besagt.

Da nach meiner Erfahrung Menschen in Ost und West (wenn auch mit verschiedener Tönung) die im Grunde gleichen Fragen stellen, hege ich die Hoffnung, dass meine in Taiwan und China entwickelten Überlegungen in veränderter Form auch Menschen in unseren Breiten hilfreich sein können. Gewiss ist wohl alles, was ich zu sagen habe, schon von anderen irgendwo gesagt und geschrieben worden. Dennoch denke ich, dass man manche wertvolle Gedanken aufnehmen, weiter entwickeln und neu darstellen kann. Damit verbinde ich die Hoffnung, dass diese Schrift einigen Christen hilft, allen sie Fragenden und nicht zuletzt sich selbst Rechenschaft zu geben über ihren Glauben (1 Petr 3,15), weil sie selbst Zugang gefunden haben zum Reichtum des Heiles Christi (Eph 3,8).

Dominikanerkonvent Heilig Kreuz
Augsburg, im November 2011 *P. Paul H. Welte*

I. Jesus Christus – Mittler des Heils im Glauben der Christen

1. Jesus Christus – Mittler des Heils in der Heiligen Schrift

Er ist wirklich der Retter der Welt
(Joh 4,42)

Das vielfältige Zeugnis des Neuen Testaments

Den nach Verfasserschaft und Zielsetzung verschiedenen Schriften des Neuen Testaments liegt eine gemeinsame Überzeugung zu Grunde: Jesu Wirken und Lehren, sein Tod und seine Auferweckung, seine Gegenwart in der Gemeinde und der Glaube an ihn vermitteln Leidenden Trost, geben den dem Tod entgegen eilenden Menschen unzerstörbare Hoffnung, versöhnen die von Schuld Bedrückten mit Gott. Mit anderen Worten: Jesus schenkt den Menschen Hilfe, Heilung, Heil. Die Schriften des Neuen Testamentes bringen diese Überzeugung auf verschiedene Weise zum Ausdruck.

Worte und Taten Jesu in den Evangelien

Nach dem Lukasevangelium zitiert Jesus in seiner ersten Predigt ein Wort des Propheten Jesaja: „Der Geist des Herrn ruht auf mir; denn der Herr hat mich gesalbt. Er hat mich gesandt, damit ich den Armen eine gute Nachricht bringe; damit ich den Gefangenen die Entlassung verkünde und den Blinden das Augenlicht; damit ich die Zerschlagenen in Freiheit setze und ein Gnadenjahr des Herrn ausrufe.“ Indem er mit dem Wort „Heute hat sich das Schriftwort, das ihr eben gehört habt, erfüllt“ (Lk 4,18–21) das Wort des Propheten auf sich anwendet, deutet er in programmatischer Weise seinen Auftrag als eine den Menschen Freiheit und Hoffnung vermittelnde Sendung.

Mit besonderer Deutlichkeit sprechen die Worte Jesu in Mk 10,45 (= Mt 20,28) von seiner Heilssendung: „Der Menschensohn ist nicht gekommen, um sich dienen zu lassen, sondern um zu dienen und sein Leben hinzugeben als Lösegeld für viele". Mit diesem Wort wird das ganze Dasein und Wirken Jesu als ein Dienst für die Menschen und als Werk der Befreiung beschrieben. Im Abendmahlsbericht des Lukasevangeliums heißt es: Er nahm das Brot, sprach das Dankgebet, brach das Brot und reichte es ihnen mit den Worten: „Das ist mein Leib, der für euch hingegeben wird" (22,19; vgl. 1 Kor 11,24). Auch dieses Wort spricht von Jesu Dasein und Tun zum Wohl von Menschen. In der vom Markusevangelium und dem Matthäusevangelium überlieferten Tradition spricht das Becherwort von der Heilsbedeutung des Lebens und des Todes Jesu: „Dann nahm er den Kelch, sprach das Dankgebet und reichte ihn den Jüngern mit den Worten: Trinkt alle daraus; das ist mein Blut, das Blut des Bundes, das für viele vergossen wird zur Vergebung der Sünden" (Mt 26,27–28; vgl. Mk 14,24).

Auch in seinen Taten und Worten äußert Jesus das Bewusstsein, den Menschen Heil vermitteln zu können und zu sollen: Einem Gelähmten, der vor ihn gebracht wurde, sagt Jesus: „Mein Sohn, deine Sünden sind dir vergeben" (Mk 2,5). Und er begegnet dem Zweifel an seiner Vollmacht mit den Worten: „Ihr sollt erkennen, dass der Menschensohn die Vollmacht hat, hier auf der Erde Sünden zu vergeben" (Mk 2,10).

Dasselbe Bewusstsein liegt der für Jesus typischen, für viele Menschen aber anstößigen Mahlpraxis zugrunde. „Im Orient bedeutet die Aufnahme in die Tischgemeinschaft bis heute die Gewährung von Frieden, Vertrauen, Bruderschaft und Vergebung; Tischgemeinschaft ist Lebensgemeinschaft. Im Judentum bedeutet die Tischgemeinschaft speziell Gemeinschaft vor Gottes Angesicht."[1] In dieser Umwelt bedeutete Jesu Mahlgemeinschaft mit Sündern: „Es ist Jesus, der die Sünder, indem er sie in seine Gemeinschaft mit sich aufnimmt, in die Gemeinschaft mit Gott aufnimmt. Das heißt nichts anderes, als dass er Sünden vergibt."[2] Da für die damaligen Menschen das Kommen des Gottesreiches der Inbegriff der Heilserwartung bedeutete, deutet Jesu seine Austreibungen von Dämonen als Anbruch des Heils und sich als Heilsvermittler mit dem Wort: „Wenn ich die Dämonen durch den Geist Gottes austreibe, dann ist das Reich Gottes schon zu euch gekommen" (Mt 12,28).

Im Johannesevangelium spricht Jesus auf vielfältige Weise von seiner Sendung, den Menschen Erfüllung ihres Verlangens zu vermitteln. In der Bildrede vom Hirten und von den Schafen sagt er von sich: „Ich bin die Tür; wer durch mich eingeht, wird gerettet werden … Der Dieb kommt nur um zu stehlen, zu schlachten und zu vernichten; ich bin gekommen, damit sie das Leben haben und es in Fülle haben“ (Joh 10,9–10). In einem Abschnitt, welcher auf das öffentliche Reden und Wirken Jesu zurückblickt und es zusammenfasst, sagt Jesus: „Ich bin nicht gekommen, um die Welt zu richten, sondern um sie zu retten“ (Joh 12,47). Da alle Menschen nach Nahrung, Licht, Führung, Leben und Auferstehung verlangen, enthalten die für das Johannesevangelium typischen Ich-Bin-Worte[3] Jesu auf eindrucksvolle Weise den Anspruch Jesu, das von den Menschen Gesuchte zu vermitteln, ja in seiner Person zu sein.

Die Sendung Christi als Heilssendung

In der Kindheitserzählung des Matthäusevangeliums befiehlt der Engel Josef, dem Kind der Maria den Namen Jesus zu geben, „denn er wird sein Volk von seinen Sünden erlösen“. Der Verfasser dieses Evangeliums deutet also den Namen Jesu als Bezeichnung seiner Sendung, dem Volk Erlösung von Sünde zu vermitteln.

Nach der Apostelgeschichte (3,1 – 4,7) hält Petrus nach der Heilung eines Gelähmten eine Rede auf dem Tempelplatz und wird deshalb zusammen mit Johannes vor dem Hohen Rat zu Gericht gezogen. In seiner Verteidigung spricht Petrus von der Heilssendung Jesu: „In keinem anderen ist das Heil zu finden. Denn es ist uns Menschen kein anderer Name unter dem Himmel gegeben, durch den wir gerettet werden sollen“ (Apg. 4,12).

Der Erste Timotheusbrief (1,15) betont den Heilssinn des Kommens Jesu, wenn er sagt: „Das Wort ist glaubwürdig und wert, dass man es beherzigt: Christus Jesus ist in die Welt gekommen, um die Sünder zu retten.“

Die Schriften des Neuen Testaments beschreiben Jesu Wirken als Heilssendung, wenn sie in verschiedener Weise vom Für (uns, euch, alle, die Sünder ...) des Lebens und Wirkens, des Todes und der Auferweckung Jesu sprechen. Da diese Formeln von der Liturgie übernommen wurden und die Frömmigkeit tief greifend geprägt haben, verdienen sie besondere Aufmerksamkeit. Wie immer man dieses Für (vor allem des Todes) deutet, mit diesen Formeln wird Jesu Dasein, sein Wirken und sogar sein Tod als Wohltat für die Menschen beschrieben.

Die Bezeichnung Jesu Christi als „Retter“

Einige neutestamentliche Texte[4] nennen Jesus „Retter“ (Soter). Dieser die Heilsmittlerrolle Christi prägnant zum Ausdruck bringende Hoheitstitel wird zwar vor allem in späteren Schriften des Neuen Testaments gebraucht. Doch Elemente dieses Titels finden sich schon in der frühesten Schrift des Neuen Testaments: Im Ersten Brief an die Thessalonicher (1,10) spricht Paulus von „Jesus, den er [Gott] von den Toten auferweckt hat und der uns dem kommenden Gericht Gottes entreißt." Auch im Brief an die Gemeinde in Philippi (3,20) wird dieser Titel verwendet: „Unsere Heimat ist im Himmel. Von dorther erwarten wir auch Jesus Christus, den Herrn, als Retter." Überdies: Für die aramäisch sprechenden Gläubigen enthält schon der Name „Jesus" den Gedanken der Rettung. Und „Christus" ist eigentlich nur eine Übersetzung von „Messias", womit ein erwarteter Retter bezeichnet wurde. Die frühen Christen waren also nicht auf den Titel „Retter" angewiesen, um vom Heilssinn des Werkes Christi zu sprechen.

Umso bedeutsamer ist es, dass und wie dieser Begriff im Neuen Testament verwendet wurde.

An einigen Stellen zeigt sich die Wichtigkeit dieses Begriffs: Jesu Sendung und Werk vorwegnehmend verkündet im Lukasevangelium (2,11) ein Engel die Geburt Jesu mit den Worten: „Heute ist euch in der Stadt Davids der Retter geboren; er ist der Messias, der Herr." Nachdem er zwei Tage bei ihnen verweilte, bekennen in chorartiger Weise die Samariter im Johannesevangelium (4,42) von Jesus: „Er ist wirklich der Retter der Welt". Auf ähnlich feierliche Weise, sagt der Erste Johannesbrief (4,14): „Wir haben gesehen und bezeugen, dass der Vater den Sohn gesandt hat als den Retter der Welt."

Als die biblischen Autoren diesen Titel für Jesus Christus verwendeten, wurden „Retter" genannt: (1) Heilende und rettende Gottheiten wie der Gott der Heilkunst Asklepios, dem zahlreiche Heilungen zugeschrieben wurden, (2) der die Sicherheit des Imperiums sichernde Römische Kaiser, (3) der Gott des Alten Testaments (Jes 12,2; Jer 14,8), der sein Volk aus der Sklaverei Ägyptens befreit hatte und zu dem die Gläubigen in ihren Nöten Zuflucht nahmen. Wenn also die frühen Christen Jesus „Retter" nannten, verglichen sie den hilflos am Kreuz dem Tod Erlegenen mit einer rettenden und heilenden Gottheit; den als Rebell Verdächtigten und Verurteilten stellten sie an die Seite des den Frieden und die Sicherheit des Imperiums garantierenden Kaisers; dem als Gotteslästerer von den religiösen Führern Israels Verworfenen gaben sie den Namen des heiligen Gottes.

Die Eigenart der Heilsmittlerschaft Christi

Einen geradezu ungeheuerlichen Anspruch erheben die biblischen Autoren, wenn sie von der Eigenart der Heilsmittlerschaft Christi sprechen. Auch im Alten Testament und in anderen Religionen spielen Menschen eine wichtige Rolle in der Heilsvermittlung.[5] Nach dem Neuen Testament jedoch kommt Jesus eine einzigartige Rolle in der Heilsgeschichte zu.

Neuheit und Überlegenheit

Die Schriften des Neuen Testaments lassen erkennen, dass die ersten Gläubigen überzeugt waren, dass mit Jesus ein neuer Abschnitt der Heilsgeschichte eröffnet wurde. Die Hörer Jesu und die Augenzeugen seines Wirkens verspürten etwas Neues, das Erstaunen erregte und sie fragen ließ: „Was hat das zu bedeuten? Hier wird mit Vollmacht eine ganz neue Lehre verkündet" (Mk 1,27). Jesus selbst betrachtet sein Tun und Lehren als etwas Neues und warnt die Menschen: „Niemand näht ein Stück neuen Stoffs auf ein altes Kleid; denn der neue Stoff reißt doch vom alten Kleid ab, und es entsteht ein noch größerer Riss. Auch füllt niemand neuen Wein in alte Schläuche. Sonst zerreißt der Wein die Schläuche; der Wein ist verloren, und die Schläuche sind unbrauchbar. Neuer Wein gehört in neue Schläuche" (Mk 2,21–22). Jesus verkündet ein Neues Gebot (Joh 13,34). Durch ihn ergeht eine neue Offenbarung (Hebr 1,1–2). Durch ihn wurde ein neuer Bund errichtet (Hebr 8,6).

Jesu Werk bedeutet einen Wendepunkt in der Heilsgeschichte: Die vom Gesetz beherrschte Periode wurde abgelöst durch die Zeit der Gnade und Wahrheit, des Glaubens und der Gerechtigkeit (Lk 16,16; Joh 1,17; Röm 6,14–15; Gal 3,23–25). Mit Jesu Werk trat die Heilsgeschichte in eine neue Phase, weil Jesus als ein andere Heilsmittler übertreffender Heilbringer erkannt wurde. In ihm war mehr als Jona, mehr als Salomon (Mt 12,41–42). Er war ein größerer als David (Mk 12,35–37). In der Bergpredigt überbietet Jesus „das Gesetz (wenigstens in der ersten, zweiten und vierten Antithese der Bergpredigt, die als ursprünglich gelten) und überschreitet damit den Boden des Judentums. Er stellt sein Wort zwar nicht gegen, aber doch über die höchste Autorität des Judentums, über das Wort des Mose."[6] Das Johannesevangelium betont, dass Jesus Johannes den Täufer (1,6–8), Abraham (8,52–59), Jakob (4,12) und Mose (1,17; 6,31–53) übertrifft. Auch der Hebräerbrief lehrt (3,5–6), dass Jesus Mose, den Größten des Alten Bundes, wie der Sohn den Diener überragt.

Jesus überragt die Großen des Alten Bundes, weil die durch ihn vermittelten Gaben die früher geschenkten Gnadenerweise Gottes übertreffen: Die durch ihn ergangene Offenbarung übertrifft alle Offenbarungen Gottes im Alten Bund (Hebr 1,1). Obwohl der von Gott dem Volke Israel gewährte Bund den Gläubigen des Alten Bundes als die größte Gabe Gottes gilt, ist Jesus Mittler eines besseren Bundes (Hebr 7,22; 8,6). Den Gläubigen des Alten Bundes galt das Gesetz als große Gabe Gottes, doch nach dem Prolog des Johannesevangeliums (1,17) ist das Gesetz mit der durch Christus vermittelten Gnade nicht zu vergleichen.

Jesus Christus – einziger Mittler des Heils

Nach der Überzeugung der Autoren des Neuen Testaments spielt Jesus Christus in der Heilsgeschichte nicht nur eine alle Früheren überragende Rolle, sondern ist – in einem gewissen Sinn – der einzige Mittler des Heils. Diese – heute von vielen Menschen als besonders anstößig empfundene – Lehre kommt in den Schriften des Neuen Testaments auf verschiedene Weise zum Ausdruck:

Besonders deutlich verkündet 1 Tim 2,5 Jesus als einzigen Mittler zwischen Gott und den Menschen mit den Worten: „Einer ist Gott, Einer auch Mittler zwischen Gott und den Menschen: der Mensch Christus Jesus, der sich als Lösegeld hingegeben hat für alle." Nach der Heilung eines Gelähmten legt Petrus vor dem Hohen Rat ein ähnliches Bekenntnis ab: „Im Namen Jesu Christi, des Nazoräers, den ihr gekreuzigt habt und den Gott von den Toten auferweckt hat ... durch ihn steht dieser Mann gesund vor euch. ... Und in keinem anderen ist das Heil zu finden. Denn es ist uns Menschen kein anderer Name unter dem Himmel gegeben, durch den wir gerettet werden sollen" (Apg 4,10–12).

In den synoptischen Evangelien schreibt Jesus selbst sich eine einzigartige Rolle der Mittlerschaft zwischen Gott und den Menschen zu mit den Worten: „Mir ist von meinem Vater alles übergeben worden, niemand kennt den Sohn, nur der Vater, und niemand kennt den Vater nur der Sohn und der, dem es der Sohn offenbaren will" (Mt 11,27; vgl. Lk 10,22).

Im Johannesevangelium erhebt Jesus den Anspruch auf eine einzigartige Heilsmittlerrolle mit den Worten: „Amen, amen, ich sage euch: Ich bin die Tür zu den Schafen. Alle, die vor mir kamen sind Diebe und Räuber ... Ich bin die Tür; wer durch mich hineingeht, wird gerettet werden, er wird ein- und ausgehen und Weide finden. Der Dieb kommt nur um zu stehlen, zu schlachten und zu vernichten; ich bin gekommen, damit sie das Leben haben und es in Fülle haben" (Joh 10,7–10). Wenn das Heilswerk und das Offenbarungswerk eng zu zusammenhängen, spricht schon der Prolog des Johannesevangeliums von der einzigartigen Heilsmittlerschaft Christi: „Niemand hat Gott je gesehen. Der Einzige, der Gott ist und am Herzen des Vaters ruht, er hat Kunde gebracht" (Joh 1,18).

Universale Heilsmittlerschaft

Von besonderer Wichtigkeit für das Selbstverständnis des Christentums und für seine Anstößigkeit für Anhänger anderer Religionen ist die Lehre von einer universalen Heilsmittlerschaft Jesu Christi. Darum darf die biblische Grundlage dieser Lehre weder übergangen noch voreilig gedeutet werden.

Der Gedanke einer universalen Heilsmittlerrolle findet sich in dem schon anführten Lösegeldlogion (Mk 10,45 = Mt 20,28): „Der Menschensohn ist nicht gekommen, um sich dienen zu lassen, sondern um zu dienen und sein Leben hinzugeben als Lösegeld für viele". Ähnlich lautet das Becherwort in den Abendmahlsberichten bei Markus: „Das ist mein Bundesblut, das für viele vergossen wird" (14,24), und im Matthäusevangelium: „Das ist mein Bundesblut, das für viele vergossen wird zur Vergebung der Sünden (26,28). Gewiss, ist in diesen Worten nicht von „allen", sondern nur von „vielen" die Rede. Doch dies kann zurückgeführt werden auf die wörtliche Übersetzung einer aramäischen Vorform, in welcher das „für viele" die Bedeutung „für alle" hat. Wie dem auch sein mag: Die hier befürwortete Interpretation kann sich auf ein Wort im ersten Brief an Timotheus (2,5) stützen, welches wohl auf das zitierte Lösegeldwort bei Markus und Matthäus anspielt, aber das „für viele" mit „für alle" wiedergibt und sagt „Einer ist Gott, Einer auch Mittler zwischen Gott und den Menschen: der Mensch Christus Jesus, der sich als Lösegeld hingegeben hat für alle."

Der Völkerapostel Paulus bezeugt vor allem durch seine Tätigkeit als Heidenmissionar seinen Glauben an die universale Bedeutung des Heilswerkes Christi. Von ihr spricht er in markanter und variierender Weise in seinen Briefen: Im Hinblick auf Christus sagt er: „Einer ist für alle gestorben" (2 Kor 5,14). Im Römerbrief sieht er im Tod Christi ein Heilshandeln Gottes von universaler Tragweite: Gott „hat seinen eigenen Sohn nicht verschont, sondern ihn für uns alle hingegeben" (Röm 8,30). Im Zweiten Korintherbrief (5,19) beschreibt er das Werk Gottes in Christus als ein universales Werk der Versöhnung, wenn er sagt: „Ja, Gott war es, der in Christus die Welt mit sich versöhnt hat." Und wie um ein Missverständnis des erwähnten Lösegeldwortes (Mk 10,45 = Mt 22,28) auszuschließen, wird in der Anspielung darauf in 1 Tim 2,5 das „für viele“ durch „für alle“ ersetzt.

Die Betonung der universalen Bedeutung des Heilswerkes Christi ist ein Charakteristikum des Johannesevangeliums und des Ersten Johannesbriefes. Nachdem Jesus zwei Tage bei ihnen verweilte und sie ihn selbst gehört hatten, bekennen die Samariter im Johannesevangelium von Jesus: „Er ist wirklich der Retter der Welt“. Auf ähnlich feierliche Weise sagt der Erste Johannesbrief (4,14): „Wir haben gesehen und bezeugen, dass der Vater den Sohn gesandt hat als den Retter der Welt.“ Im Vierten Evangelium ist Jesus das Licht der Welt (8,12), das Lamm Gottes, das die Sünde der Welt hinwegnimmt (1,29), das Brot, das er geben wird, ist sein Fleisch, das er hingeben wird für das Leben der Welt. Im Ersten Johannesbrief ist er der Retter der Welt, den der Vater gesandt hat (1 Joh 4,14), die „Sühne für unsere Sünden, aber nicht nur für unsere Sünden, sondern auch für die der ganzen Welt“ (1 Joh 2,2). Auch der Hebräerbrief spricht von der universalen Bedeutung des Leidens und Todes Christi mit dem Wort: „Es war Gottes gnädiger Wille, dass er für alle den Tod erlitt“ (Hebr 2,9).

2. Jesus Christus – Mittler des Heils im Bekenntnis der Kirche

Der in den Schriften des Neuen Testaments bezeugte Glaube an Jesus Christus als Mittler des Heils wurde bald zum zentralen Glauben der Christen. Wir können hier nicht der Geschichte dieser Lehre nachgehen. Für die Absicht dieses Buches kann das Folgende genügen.

Anerkannte Bekenntnisse

Das ökumenische Glaubensbekenntnis

Mit den Worten des sogenannten Großen Glaubensbekenntnisses sprechen Christen im Osten und Westen von der Heilsbedeutung des Kommens und Lebens, des Wirkens und Leidens und Sterbens Christi:

Für uns Menschen und zu unserem Heil
ist er vom Himmel gekommen,
hat Fleisch angenommen
durch den Heiligen Geist
von der Jungfrau Maria
und ist Mensch geworden.
Er wurde für uns gekreuzigt
unter Pontius Pilatus,
hat gelitten und ist begraben worden.

Die Formel „für uns Menschen und zu unserem Heil" findet sich schon früh in Glaubensbekenntnissen lokaler Kirchen und wurde vom ersten Konzil in Nikaia (325) in sein Credo aufgenommen. Die Aufnahme in das weithin anerkannte und in der Liturgie gebrauchte Glaubensbekenntnis zeigt, dass der Heilssinn des Kommens und Wirkens Jesu Christi zentraler und den Christen verschiedener Konfessionen gemeinsamer Glaube ist.

Die Basisformel des Weltkirchenrates

So stimmen im Bekenntnis zu Jesus Christus als Mittler des Heils Christen der Ostkirche und der Westkirche, katholische und evangelische Gläubige überein. Aus diesem Grund hat die erste Versammlung des Weltkirchenrats in Amsterdam 1948 sich selbst beschrieben als „a fellowship of churches which accept our Lord Jesus Christ as God and Saviour."[7]

Eigentümlichkeiten dieses Glaubens

Ein einflussreicher Glaube

Wenn wir die Geschichte der christlichen Glaubenslehre betrachten, können wir den tief greifenden Einfluss des Glaubens an Jesus Christus als den Mittler des Heils erkennen: Die Kirche verwarf den sogenannten (schon in apostolischer Zeit auftauchenden) *Doketismus*, nach dem „die irdische Körperlichkeit Jesu Christi nur Schein und Sinnestäuschung gewesen sei; auch das Kreuz sei nur ein Leiden zum Schein und zur Täuschung der Ungläubigen".[8] Die Kirche musste derlei Anschauungen ablehnen, denn nach ihnen ist das Wort Gottes nicht wahrhaft in die Welt und die Geschichte eingetreten und der Sohn hat nicht unsere Leiden und unseren Tod auf sich genommen und kann darum nicht unser Erlöser sein. Aus ähnlichem Grund musste die Kirche den sogenannten

Monophysitismus ablehnen. Nach dieser Theorie ist „durch die Einigung des göttlichen Logos mit der menschlichen Wirklichkeit Jesu eine einzige ‚Physis' (lat. Natur) entstanden … Ein dabei verwendetes Bild: Die Menschheit sei von der Gottheit absorbiert worden, wie ein Honigtropfen im Meer aufgelöst werde."[9] Da nach dieser Auffassung die Menschheit Jesu gleichsam von der Gottheit aufgesogen wird, kann Jesus Christus nicht wahrer Mittler zwischen Gott und Mensch sein. Weil er die Wahrheit von Jesus Christus als Mittler des Heils nicht wahren kann, wurde auch der *Nestorianismus* von der Kirche verworfen. Diese „dem Patriarchen von Konstantinopel († um 451) zugeschriebene christologische Lehre, nach der in Jesus Christus ‚zwei Söhne' zu einer nur äußeren, moralischen Einheit verbunden gewesen seien … wurde vom Konzil von Ephesus (431) verurteilt."[10] Kurz: „Es lässt sich zeigen, dass hinter allen christologischen Aussagen [und der Verurteilung bestimmter christologischer Ansichten] der alten Kirche soteriologische Motive stehen. Sowohl die Verteidigung der wahren Gottheit wie der wahren Menschheit Jesu sollte die Erlösungswirklichkeit sicherstellen … Die konkrete Bedeutung des Bekenntnisses zu Jesus Christus und des christologischen Dogmas erschließt sich uns deshalb erst, wenn wir nach der befreienden und der erlösenden Bedeutung Jesu fragen."[11]

Ein nicht dogmatisierter Glaube

Der Glaube an Jesus Christus als Mittler des Heils bildet die Mitte der biblischen und christlichen Verkündigung, er ist Maßstab für die Rechtgläubigkeit und Sanktionierung oder für die Irrtümlichkeit und Verwerfung wichtiger oder gefährlicher christologischer Ansichten. Dennoch machte im Laufe der Geschichte die Kirche nie diesen Glauben selbst zum Gegenstand einer ausdrücklichen Erklärung. Diese Tatsache beleuchtet die grundlegende Bedeutung dieses Glaubens: Wer leugnet, dass Jesus Christus für uns und um unseres Heiles willen lebte und starb, ist nicht Christ im eigentlichen Sinn. Darum brauchte die Kirche keine diesen Glauben von Missverständnissen abgrenzende Dogmen. Aus diesem Grund hat das kirchliche Lehramt im Laufe der Jahrhunderte auch nie eine autoritative Lehräußerung über die Wirklichkeit und das Wesen des Heilswerks gemacht.[12]

Ein herausfordernder Glaube

Für viele Christen mag das Bekenntnis zu Jesus Christus als universalem und einzigem Mittler des Heils nichts Erstaunliches und Ärgernis Erregendes beinhalten. Doch wenn wir in unserer Zeit des religiösen

Pluralismus, der Kenntnis der langen Menschheitsgeschichte, der Erfahrung, dass Christen nur eine kleine Minorität darstellen, Jesus von Nazaret als einzigen universalen Retter der Welt bekennen, muss dieses Bekenntnis Anstoß erregen, denn damit bekennen wir,

- dass ein konkreter Einzelner, Jesus von Nazareth, der zu einer bestimmten Zeit (zu Beginn unserer Zeitrechnung, vor ca. 2000 Jahren) lebte und starb, für alle Menschen von entscheidender Bedeutung für Sinn und Ziel ihres Daseins, für ihr Heil, sei;
- dass Christen diesen konkreten Einzelnen nicht als nur als einen unter vielen Wohltätern der Menschheit erachten, sondern ihm eine alle anderen Wohltäter überragende Rolle zuschreiben;
- dass Christen der schlichten Lehre des Wanderpredigers den Vorzug gegenüber dem Wissen und der Weisheit großer Denker geben.

3. Jesus Christus – Mittler des Heils in der Theologie

Mit dem Glauben an Jesus Christus als den Mittler des Heils und mit seinem Werk der Erlösung befasst sich die Theologie in dem Teil, der „Soteriologie" genannt wird.

„Soteriologie"- was ist das?

Der Wortsinn

Dem Wortsinn nach bedeutet „Soteriologie" Lehre vom Heil. Da in der christlichen Theologie immer von Gott, der das Heil der Menschen will (1 Tim 2,6), gehandelt wird, kann und muss alles, was in christlicher Theologie über Gott und über die von Gott begründete Wirklichkeit gesagt wird, unter dem Gesichtspunkt seiner Beziehung zum Heil der Menschen betrachtet werden. Darum könnte in diesem Sinn „Soteriologie" eine Bezeichnung für das Ganze der christlichen Theologie sein.

Soteriologie – Teil der Christologie

Da aber von Erlösung und Heil vor allem im Zusammenhang mit dem Glauben an Jesus Christus die Rede ist, wurde von seinem Heilswerk in jenem Teil der Theologie gesprochen, der sich ausdrücklich mit Jesus Christus („Christologie") befasst. Doch von „Thomas von Aquin († 1274) an bis in die 2. Hälfte des 20. Jahrhunderts wurde zwischen der Person Jesu und ihren geoffenbarten Qualitäten einerseits und seinem Werk und seiner Heilsbedeutung anderseits unterschieden und über die Person Christi in der Christologie, über das Werk Christi in der Soteriologie (Lehre von der Erlösung) gesprochen."[13] So kam es seit dem Hochmittelalter in der Theologie zu einer Trennung von Christologie und Soteriologie, die jedoch „nun effektiv überwunden zu sein scheint".[13]

Die Frage nach dem Ort der Soteriologie

Man kann – mit guten Gründen der Systematik – diese jahrhundertelange Trennung von „Christologie" und „Soteriologie" bedauern und ihre Wiedervereinigung begrüßen. Doch stellt sich die Frage: Welche Gestalt soll die Einheit von Christologie und Soteriologie in der Praxis der Theologie annehmen? Was soll an welcher Stelle behandelt werden? Wie können die Fragestellungen verschränkt werden? Oder soll schließlich doch wie bisher zuerst die Christologie, dann die Soteriologie behandelt werden? oder umgekehrt? Soll also zuerst von Jesus Christus als Heilsmittler und von dem durch ihn vermittelten Heil gesprochen und dann erst die „der Konstitution und Qualitäten der Person Jesus Christus"[15] erörtert werden? Diesen Fragen kann hier nicht nachgegangen werden und braucht es auch nicht. Denn für den hier unternommenen Versuch, gleichsam „vor" oder „außerhalb" der Christologie Fragen der Soteriologie zu erörtern, sprechen folgende Überlegungen:

- Damit folgt die theologische Reflexion demselben Gedankenweg, welcher sowohl von den ersten Zeugen des Glaubens wie auch von der christologischen Dogmenentwicklung beschritten wurde.
- Eine solche Anordnung entspricht der von Karl Rahner vertretenen Auffassung, „dass der heute wohl beste Zugang zum Verständnis des kirchlich-christologischen Dogmas im Verständnis dafür besteht, dass Jesus die geschichtlich-eschatologische Heilszusage Gottes an uns, der absolute Heilbringer ist" … dass wir also „eher von einer Soteriologie … zu einer Christologie kommen als umgekehrt."[16]
- Mit einer derartigen Anordnung kann die Theologie ihren wichtigen Beitrag zur Evangelisation leisten: In der Begegnung mit dem Christentum ist die (zwar oft unausgesprochene, jedoch entscheidende) dem Glauben vorausgehende Frage: Warum sollten Menschen sich überhaupt mit der Frage nach Christi Person befassen? Was könnte

für uns – diese nach Freiheit und Frieden, Sinn und Erfüllung verlangenden Menschen – der Glaube an Christus bedeuten? Diese dem Glauben voraus liegende Frage erfordert eine Darstellung der biblischen und kirchlichen Aussagen über den Sinn des Lebens und Wirkens, des Todes und der Auferweckung Jesu Christi.

Kurz: Wie immer man die Einheit der sogenannten Christologie und Soteriologie, ihre gegenseitige Durchdringung und/oder Reihenfolge sehen und wie immer man in Theorie und Praxis die Überwindung der bisherigen Trennung von Christologie und Soteriologie anstreben mag, auf jeden Fall ist es mindestens sinnvoll, einige der sogenannten soteriologischen Fragen eigens zu behandeln. In diesem Sinne beschränkt sich dieser Versuch auf die Darlegung der Heilsbedeutung des Werkes Jesu Christi.

Obgleich hier nicht die Ausarbeitung einer vollständigen Soteriologie beabsichtigt wird, müssen im Folgenden nachstehende Grundfragen der Soteriologie im Auge gehalten werden.

Grundfragen der Soteriologie

Aus welcher Situation *wurden die Menschen gerettet?*
In den neutestamentlichen Schriften wird Christi Werk u. a. als Befreiungswerk und Versöhnungswerk beschrieben. „Befreiung“ aber setzt eine Situation von Unfreiheit voraus; und „Versöhnung“ lässt an Entfremdung oder Zwist denken. Demnach muss der Frage nachgegangen werden: Was sagt die Heilige Schrift über eine Unfreiheit des Menschen und über eine Entfremdung der Menschen von Gott, die überwunden werden sollten? Wie können wir das verstehen?

Wodurch *hat Jesus Christus die Menschen gerettet?*
Die übliche Antwort: „Christus hat uns durch sein Leiden und seinen Tod erlöst“, soll nicht geleugnet werden, aber sie darf uns nicht daran hindern, weiter zu fragen: Hat Jesus Christus die Menschen nur durch sein Leiden und seinen Tod gerettet, nicht auch – wie es das ökumenische Glaubensbekenntnis anscheinend sagt – durch sein Kommen? Gehören auch sein Leben und Lehren, seine Auferstehung zu seinem Heilswerk? Wenn ja, dann stellen sich weitere Fragen: Welche Heilsbedeutung haben die genannten sehr verschiedenen Geschehnisse und wie können sie den unter Zerrissenheit leidenden Menschen „heilen“, ihm Befreiung, Versöhnung, Heil vermitteln?

Was *wird den Menschen durch das Heilswerk Christi zuteil?* Die übliche Antwort: Durch Christi Leiden und Tod wird den Menschen Vergebung der Sünden und Rechtfertigung zuteil, soll nicht geleugnet werden; sie soll uns aber auch nicht verbieten, weiter zu fragen: Was stellt die Heilige Schrift dar als Gaben, welche die Menschen durch Christus erhalten? Was sagt sie über die Situation der Menschen nach der Vollbringung des Heilswerkes? Und was ist damit gemeint, wenn das Neue Testament von Freiheit, Versöhnung und Frieden als Heilsgaben spricht? Wie verhalten sich die genannten Heilsgaben zu dem Heilswerk und zu einander? Bilden sie eine Einheit? Wenn ja, worin gründet diese Einheit?

Wem *wird das Heil Christi zuteil?* Wenn wir nach den Empfängern des Heiles Christi fragen, müssen wir dann vielleicht unterscheiden zwischen den Empfängern des Heilsangebotes und den Empfängern des Heils? Wird allen Menschen, auch den Neandertalern und Pekingmenschen und allen heutigen Menschen, welche die Heilsbotschaft nicht vernehmen konnten, das Heil Christi angeboten und sogar zuteil? Unter welchen Bedingungen kann das Heil Christi von den Menschen empfangen werden? Ist etwa das Hören und sogar das Hörenkönnen der Heilsbotschaft Bedingung für den Empfang des Heiles Christi? Warum erscheint im Neuen Testament Glaube als Vorbedingung des Heiles Christi?

Was ist der Grund der Heilsbedeutsamkeit? In sehr einfacher Form stellen manche Christen diese Frage dann, wenn sie in der Liturgie oder beim Beten des Kreuzweges Worte hören wie: „Durch dein heiliges Kreuz hast du die Welt erlöst". Solche Worte lassen nachdenkliche Menschen fragen: Wie kann so furchtbares Leiden, eine so grausame und so schmachvolle Hinrichtung eines Menschen gut für uns und erlösend sein? Warum kann das grausige Geschehen der Kreuzigung eines Unschuldigen für die Welt erlösend sein? Auch wer nicht das Leiden und Sterben, sondern das Wirken oder die Auferstehung Christi als das erlösende Geschehen betrachtet, muss die Frage beantworten: was ist Grund ihrer Heilsbedeutsamkeit?

Wenn wir erkennen, dass das Neue Testament sowohl dem Kommen und Wirken Jesu wie seinem Tod und seiner Auferstehung Heilsbedeutung zuschreibt, stellt sich die Frage: Wie kann diesen grundverschiedenen Ereignissen Heilsbedeutsamkeit zukommen? Kann der Grund der Heilsbedeutsamkeit des Leidens und Sterbens wesentlich verschieden sein vom Grund der Heilsbedeutung der Auferstehung? Oder gibt es ein den verschiedenen Abschnitten des Werkes Christi gemeinsames Element, durch welches dem Menschen Heil vermittelt werden kann? Mit anderen Worten: Wodurch hat Jesus Christus den Menschen Erlösung und Heil gebracht?

In dieser Frage verdichten und bündeln sich gleichsam alle genannten Einzelfragen. Wenn wir ihr nachgehen, suchen wir nach einer Grundaussage über das Heilswerk Christi, welche als Grundprinzip der Soteriologie alle anderen theologischen Aussagen über das Heilswerk als Entfaltungen und Folgerungen jener Grundaussage erscheinen lässt, sodass die innere Einheit aller Aussagen über das Heil Christi zutage tritt.[17]

II. Zugang zum Reichtum des Heiles Christi

Die neutestamentlichen Schriften betrachten das Heilswerk Christi von verschiedenen Gesichtspunkten aus. Einen ersten Zugang zum Reichtum des Heiles Christi können wir finden, wenn wir über einen oft zitierten, aber im Hinblick auf die Soteriologie nicht ausgewerteten Abschnitt des Johannesevangeliums nachdenken.

1. Das Heilsverlangen des Menschen und das Heilswerk Christi

Philippus sagte zu Jesus:
Herr, zeige uns den Vater; das genügt uns.
Jesus antwortete ihm:
Schon so lange bin ich bei euch,
und du hast mich nicht erkannt, Philippus?
Wer mich gesehen hat, hat den Vater gesehen.
Glaubst du nicht, dass ich im Vater bin und dass der Vater in mir ist?
(Joh 14,8–10)

Der kurze Text aus den Abschiedsreden Jesu ist von großer Wichtigkeit für das Verständnis des Johannesevangeliums[18]. Die Worte: „Wer mich gesehen hat, hat den Vater gesehen" finden sich in fast gleich lautender Form („wer mich sieht, sieht den, der mich gesandt hat") in 12,45, also innerhalb des Abschnittes (12,44–50), welcher eine „Zusammenfassung der Offenbarungsrede Jesu"[19] darstellt. Auch die den Worten Jesu vorausgehende Bitte des Philippus deutet die Wichtigkeit der Aussage Jesu an, denn diese Bitte hat „vor allem eine literarische Funktion: Sie ermöglicht es Jesus, in seiner Antwort noch schärfer den Kerngedanken zu formulieren: ‚Wer mich sieht, sieht den Vater' …"[20]

Die Bitte des Philippus

Sie dient gewiss der Unterstreichung der Antwort Jesu. Doch ist sie selbst von großer Tiefe und kann bedeutsames Licht auf die Antwort Jesu über seine Sendung und seine Person werfen.

Ausdruck eines Verlangens und eines Ungenügens

Die Bitte des Philippus ist Ausdruck eines Verlangens und eines Ungenügens auf Seiten eines Jüngers Jesu und bezeugt ein tiefes Gespür für die Weite und Tiefe menschlichen Verlangens.

Philippus bittet ja nicht wie die Söhne des Zebedäus (Mk 10,35–37) um einen Platz zur Seite des verherrlichten Jesus. Er fragt auch nicht nach dem Termin der Wiederherstellung des Reiches Israel (Apg 1,6). Was ihm nach seiner ersten Begegnung mit Jesus wie die Erfüllung seines Verlangens erschienen war, genügt ihm offensichtlich nicht mehr. Er hatte dem Ruf Jesu „folge mir" (Joh 1,43) ohne Zögern gehorcht und in Jesus die Hoffnung Israels erkannt und darum zu Natanael gesagt: „Wir haben den gefunden, über den Mose im Gesetz und auch die Propheten geschrieben haben: Jesus aus Nazaret, den Sohn Josefs" (1,45). Er hatte das Zeichen der Speisung der Fünftausend in der Wüste aktiv miterlebt (6,5–7) und die großen Offenbarungsworte Jesu über sich selbst als Brot des Lebens, als Licht der Welt, als Auferstehung und Leben gehört. All das Große, was er gesehen und gehört hatte, genügt ihm nicht. Warum? Genügt es nicht, Jesus zu kennen? Wäre es nicht sehr viel, diesen Menschen zu kennen, der keine Diskriminierung gegen Frauen und Samariter, Arme und Aussätzige, Zöllner und Dirnen kannte? Die Bitte verrät, dass all das Große und Schöne nicht genügt, auch oder gerade dann, wenn man wie Philippus das Einzigartige an Jesus erfahren hat. Denn wer an Gott glaubte und hörte und sah wie Jesus – in einer für die Theologen und Gesetzeskundigen anstößigen, ja scheinbar blasphemischen Weise – handelte und sprach, der will auch wissen, wie Gott sich zu diesem Menschen verhält.

Sich an Jesus wenden

Philippus weiß, dass er nicht aus eigener Kraft den Vater kennen kann, dass ihm der Vater gezeigt werden muss, wenn das Verlangen nach dem Sehen des Vaters Erfüllung finden soll. Mit dieser Bitte aber wendet er sich nicht an einen Schriftgelehrten, sondern an Jesus. So enthält diese Bitte ein geradezu ungeheuerliches Vertrauen: Wie kann er Jesus von Nazaret, den er als den „Sohn Josefs" (1,45) kennen gelernt hat, bitten, ihm Gott zu zeigen? Weiß er denn nicht, dass kein Mensch Gott je geschaut hat (1,18; 5,37; 6,46)? Sieht er in diesem Zimmermann und Wanderprediger, von dem er wusste, dass er wie alle Menschen beim Wandern müde, hungrig und durstig wurde (4,6), etwas anderes als einen gewöhnlichen Menschen? Wusste er nicht, dass Mose, der inständig zu Gott flehte: „Lass mich doch deine Herrlichkeit sehen“ (Ex 33,18), nur Gottes „Rücken“ sehen durfte (vgl. Ex 33,23)? Traut er Jesus ein tieferes Kennen Gottes zu, als es Mose vergönnt war, ja sogar das Vermögen, den Vater zu „zeigen“?

Wie erwidert Jesus diese tiefen Glauben bezeugende Bitte?

Die Antwort Jesu

Sie enthält „eine ernste Zurechtweisung“[21]. Das, worum Philippus ihn bittet, hat Jesus ja durch Worte und Werke, durch Zeichen und Wunder schon getan. Doch hat die Zurechtweisung vor allem eine literarische Funktion, nämlich die in der Antwort enthaltene Aussage Jesu über sein Werk und über sich selbst zu unterstreichen.

Das Werk Jesu als Zeigen des Vaters

Schon in 12,45 („wer mich sieht, sieht den, der mich gesandt hat“) fasst der johanneische Jesus sein Werk als ein Sichtbarmachen Gottes zusammen. Er war ja als Wort Gottes gekommen und hat von dem Gott, den niemand je geschaut hat, Kunde gebracht (1,18). Im Gebet vor dem Leiden sagt er von seinem Werk: „Ich habe deinen Namen den Menschen geoffenbart“ (17,6; vgl. 17,26). So erreichte in Jesus die Offenbarung Gottes ihren Höhepunkt und kann und muss daher den Glaubenden genügen. Daher ist die Zurechtweisung des Philippus mit Bedacht so formuliert, „dass sich die späteren Gläubigen mit angesprochen fühlen müssen. Im Vorwurf an Philippus werden sie gemahnt, keine besonderen visionären Gotteserfahrungen, keine unmittelbare Gotteinigung zu suchen, sondern sich allein im Glauben an Jesus und sein Wort zu halten.“[22] Kurz: Die Antwort Jesu charakterisiert das Werk Jesu als Zeigen des Vaters, als Offenbarung Gottes, an welcher die Glaubenden Genügen finden können und müssen.

Gleichzeitig sind in dieser Zurechtweisung und in der Antwort Jesu bedeutsame Aussagen über Person und Wesen Jesu enthalten.

Person und Wesen Jesu

Wer nur ihn sieht, hat Jesus nicht erkannt, auch wenn er ihm nahe war wie ein Jünger seinem Meister. Jesus, er selbst, ist derart mit dem Vater verbunden, dass er nicht zu verstehen ist ohne seinen Bezug zum Vater. Wer in Jesus nicht den Vater sieht, wer Jesus nicht als Hinweis auf Gott erkennt, ·kennt Jesus nicht, sondern verkennt Jesu eigenstes Wesen. Jesus scheint nur Verweis auf den Vater zu sein. Sein Wesen scheint ganz von seiner Funktion des Zeigens des Vaters bestimmt zu sein.

Die theologische Tragweite des kurzen Abschnittes und seine Bedeutung für die Suche nach einem Zugang zum Reichtum des Heiles Christi kann vermittels folgender Fragen und Überlegungen weiter verdeutlicht werden.

Die Bitte des Philippus und die Heilsfrage

Für wen spricht Philippus, wenn er sagt: „Herr zeige uns den Vater und es genügt uns"? Spricht er – wie einst Könige und Päpste mit Hilfe des Majestätsplurals – nur von sich? Oder von den Jüngern? Oder von religiös besonders begabten Menschen? Oder vielleicht von „uns" allen Menschen? Ist vielleicht seine Bitte Ausdruck des tiefsten Verlangens aller Menschen, des Verlangens nach dem Gut, an dem der Mensch volles Genügen finden kann? Äußert sich in seiner Bitte ein Verlangen, das in allen Menschen lebt: das Verlangen nach etwas, durch dessen Erlangung der Mensch restlose Erfüllung und vollkommenes Genügen, „Heil" findet?

Im Johannesevangelium enthält die Bitte des Philippus eine Umschreibung dessen, was nicht nur einzelne Menschen aufgrund besonderer Anlage oder nach freiem Belieben suchen und wünschen. Sie spricht von dem Gut und Ziel, um das es dem Menschen im Tiefsten und Letzten notwendig und immer geht, das „Heil" genannt wird. Für diese Deutung der scheinbar so schlichten Bitte des Philippus sprechen folgende Gründe:

– Der nähere Zusammenhang zeigt, dass es in unserem Abschnitt nicht um persönliche Wünsche und Fragen einzelner Menschen geht. Das Wort Jesu in 14,6 („Ich bin der Weg und die Wahrheit und das Leben; niemand kommt zum Vater außer durch mich") „stellt einen Höhepunkt johanneischer Theologie dar. Es ist eine klassische Zusammenfassung der johanneischen, ganz auf Jesus Christus begründeten Heilslehre: In Jesus Christus hat sich der unsichtbare und unbegreifliche Gott in seinem dem Menschen zugewandten Heilswillen so greifbar und begreiflich gemacht, dass sie auf diesem Weg, in der gläubigen Annahme der ihnen in Jesus Christus erschlossenen Wahrheit und in der Teilhabe an seinem Leben das Ziel ihrer Existenz erreichen können."[23] Wenn also die sich an diese Aussage anschließende Bitte des Philippus die Funktion hat, eine noch schärfere Formulierung des Kerngedankens, dass Jesus der einzige und universale Heilsmittler ist, zu veranlassen, so ist anzunehmen, dass seine Bitte das Heilsverlangen ausdrückt, welches durch das Werk des Mittlers seine Erfüllung findet.

– Der Gesamttenor des Johannesevangeliums bestätigt die Auffassung, dass es sich bei der Bitte des Philippus nicht um einen persönlichen Wunsch, sondern um die Äußerung des menschlichen Heilsverlangens handelt. Kennzeichnend für die johanneischen Schriften ist die Betonung der universalen Bedeutung Jesu und seines Werkes: Jesus ist der Retter der Welt (4,42; 1 Joh 4,14), er tilgt die Sünde der Welt (1,29; 1 Joh 2,2), er ist das Licht der Welt (8,12), er ist das Brot für das Leben der Welt (6,33), und das Brot, das er geben wird, ist sein Fleisch für das Leben der Welt (6,51). Entsprechend dieser universalen Bedeutung formuliert der johanneische Jesus seine Selbstoffenbarung als Heilsbringer nicht vermittels der Erwartungen Israels, sondern unter Verwendung der Ursymbole menschlichen Verlangens: Leben, Licht, Wahrheit, Wasser, Brot.

Wenn also das Johannesevangelium die universale Tragweite des Heilswerkes Jesu betont und sie vermittels der Archetypen menschlichen Verlangens ausdrückt, dann ist anzunehmen, dass auch die Bitte des Philippus: „Zeig uns den Vater und es genügt uns" dem tiefsten und allgemeinen menschlichem Suchen, dem Heilsverlangen, Ausdruck verleiht. Hier aber stellen sich sofort viele Fragen.

– *Wie verhält sich die Bitte des Philippus zu unserer Heilsfrage?*
Kann die johanneische Umschreibung des Heilsverlangens auch für die Menschen unserer Zeit gültig sein? Heute würden doch nur wenige Menschen ihr tiefstes Verlangen als ein Verlangen nach dem Sehen des Vaters betrachten. Geht es heute den Menschen nicht vielmehr um Erfüllung, Glück, Hoffnung, Sinn und Freiheit?
Aber man kann die Gegenfrage stellen: Finden auch die Menschen von heute Erfüllung und Glück, Hoffnung, Sinn und Freiheit vielleicht nur dann, wenn sich die Gottesfinsternis lichtet und Gott sich als Vater zeigt? Mit anderen Worten: Besteht vielleicht eine zwar ge-

heime, jedoch notwendige Beziehung zwischen dem Verlangen nach Erfüllung, Hoffnung, Sinn und Freiheit und dem Suchen nach dem Sehen des Vaters, sodass die Bitte des Philippus und unser Verlangen nach Hoffnung, Sinn und Freiheit „nur" verschieden akzentuierte Beschreibungen und Äußerungen desselben Verlangens wären? Könnte die Reflexion auf die offene und verborgene Sinnfrage, auf das Verlangen nach Hoffnung und Freiheit nicht vielleicht vielfältige Beziehungen zwischen der Bitte des Philippus und der heutigen Gestalt menschlichen Verlangens erkennen?
Diese Fragen können hier nicht erörtert werden, doch müssen sie uns auf dem weiteren Gedankenweg begleiten. Denn es ist deutlich geworden, dass es sinnvoll und fruchtbar sein kann, dem Zusammenhang zwischen unserer Frage nach Hoffnung, Sinn und Freiheit und dem in der Bitte des Philippus enthaltenen Verständnis des menschlichen Heilsverlangens nachzugehen. Doch müssen wir auch fragen:

– *Kann das „Zeigen des Vaters" das Heilswerk Christi zusammenfassen?*
Da – im Sinne des Johannesevangeliums – die Bitte des Philippus das menschliche Heilsverlangen ausdrückt, da Jesus die dieser Bitte zugrunde liegende Heilsauffassung nicht beanstandet, sondern sie in die Aussage über den Sinn seines Kommens und Wirkens aufnimmt, „definiert" in seiner Antwort Jesus sein Heilswerk als Offenbarungswerk (vgl. ferner 1,18; 12,44 f; 17,6). Demgemäß ist das durch sein Zeigen ermöglichte Sehen des Vaters das durch Jesus vermittelte Heil, an dem die Menschen Genügen finden können. Aber es stellt sich hier sofort die Frage: Genügt eine solche Deutung seines Werkes Jesus und seinem einzigartigen Anspruch? Wird sie den biblischen und kirchlichen Aussagen über sein Heilswerk und seine Person gerecht?

– *Ist Jesus Heilbringer nur als Offenbarer des Vaters?*
Will er nicht mehr sein als nur Offenbarer des Vaters? Die Schrift und die Kirche hat doch viel mehr von ihm bekannt, als sie ihn den „wahren Soter/Retter" (4,42; 1 Joh 4,14) nannte. Ist er nach dem Zeugnis der Schrift und der Lehre der Kirche nicht viel mehr als nur einer, der auf Gott verweist? Ist er nicht auch Versöhner, Befreier, Bundesmittler?
Aber man kann die Gegenfrage stellen: Ist vielleicht alles, was Schrift und Kirche über Jesu Heilshandeln und sein Wesen aussagen, irgendwie im Zeigen des Vaters begründet und von dort her in seinem Sinn verständlich?

– *Sucht das Heilsverlangen nur Gott als Vater zu kennen?*
Sucht der schuldig gewordene Mensch nicht Vergebung und Verzeihung? Ersehnt der ins Böse verstrickte Mensch nicht Befreiung? Sucht der von Leiden gequälte Mensch nicht Linderung und Heilung? Verlangt der Todgeweihte nicht nach Leben?
Aber man kann die Gegenfrage stellen: Wenn sie durch Jesus Christus Gott als Vater kennen, wird dann nicht den Menschen Hoffnung geschenkt, wird dann nicht den Schuldigen Vergebung, den ins Böse Verstrickten Befreiung, den Leidenden Trost und Stärkung, den Sterbenden Leben zugesagt?

– *Kann der Reichtum des Heils auf das Offenbarungswerk zurückgeführt werden?*
Kann der Satz: „Jesus Christus ist Mittler des Heils, weil er den Menschen Gott als Vater offenbart hat", erklären, dass er sich Licht der Welt, Auferstehung, Leben, Weg, Wahrheit ... nennen kann? Kann sein Offenbarungswerk der tiefste Grund dafür sein, dass er im Neuen Testament „Mittler eines neuen Bundes" (Hebr 12,24) genannt wird und dass die Liturgie ihn als Sieger über Sünde und Tod feiert?
Aber man kann die Gegenfrage stellen: Liegt den sehr verschiedenen Bildern des Heilswerks wie „Loskauf", „Erlösung", „Bundesstiftung" u. a. letztlich nicht doch die eine Überzeugung zu Grunde, nämlich dass er uns Gott als Vater gezeigt hat?

– *Kann der Kreuzestod Jesu Gott als Vater zeigen?*
Nach dem Zeugnis der Schrift und der Überlieferung, nach Auffassungen der Frömmigkeit und der Theologie ist Jesus Christus Heilsmittler vor allem durch seinen Tod am Kreuz. So erhebt sich die Frage: Wenn man Jesus wie einen Verbrecher und scheinbar von Gott Verlassenen und Verfluchten am Kreuz sterben sieht, kann man auch dann noch den als Vater sehen, der ihn gesandt hat? Zeigt sich in diesem grausamen und schmachvollen Tod, der manchmal als ein Gott dargebrachtes Opfer oder als für uns erlittene Strafe beschrieben wird, Gott als Vater? Erscheint dann Gott nicht vielmehr als ein grausamer Tyrann, welcher zur Wiederherstellung seiner Ehre und zur Wahrung seiner Rechte blutige Opfer fordert, bevor er von seinem Zorn lässt?
Aber man kann die Gegenfrage stellen: Können wir vielleicht erst dann mit den johanneischen Schriften die Heilsbedeutung des Sterbens Jesu bekennen, wenn wir auch das grausige und schmachvolle

Geschehen des Kreuzestodes als ein Zeigen des Vaters und so als ein Element des Heilswerkes betrachten? Mit anderen Worten: Geschieht vielleicht selbst im Tod Jesu noch ein Zeigen des Vaters, das der Mensch sucht?

– *Genügt es für das Heilswerk, dass in ihm Gott als Vater offenbart wird?*
  Angeregt durch bestimmte Worte in der Schrift, haben große Theologen mit Hilfe von Begriffen wie Sühne, Opfer, Verdienst und Genugtuung den Heilssinn des Todes Christi gedeutet. Mit ihnen wird das Heilswerk nicht (nur) als ein (durch Christus vermitteltes) Geschehen von Gott her, sondern auch als ein (durch Christus vermitteltes) Geschehen von Seiten der Menschen auf Gott hin verstanden. Die Liturgie und das Lehramt haben diese Begriffe übernommen, um vom Erlösungswerk zu sprechen. Darum kann man fragen: Vernachlässigt die Behauptung: „Jesus Christus ist Mittler des Heils, weil er den Menschen Gott als Vater offenbart", nicht die biblischen Aussagen über das „Für Uns", das Opfer seines Todes? Verdunkelt das „Jesus Christus ist Mittler des Heils, weil er den Menschen Gott als Vater offenbart" nicht die Wirklichkeit der Erlösung und betrachtet sie nur als ein Wort? Betrachtet diese Auffassung das Werk der Erlösung als ein Geschehen, in dem der Mensch (sogar durch den Gottmenschen vertreten) keine Rolle (etwa durch Sühne oder Genugtuung Leistender) spielt?
  Aber man kann die Gegenfrage stellen: Wurden die Texte der Schrift, die von Opfer, Sühne, dem „Für Uns" des Todes Christi sprechen, richtig verstanden und ausgelegt? Muss man, wenn man von einer Rolle des Menschen im Heilsgeschehen sprechen will, unbedingt an ein durch Christus dargebrachtes Opfer, an eine durch ihn geleistete Sühne oder Genugtuung, eine von ihm stellvertretend übernommene Strafe denken?

Die johanneische Sicht – Zugang zum Reichtum des Heiles Christi

Nach den oben dargelegten Überlegungen enthält der Dialog Jesu mit Philippus (Joh 14,8–9) Angelpunkte der Soteriologie des Vierten Evangeliums: Die Bitte des Philippus bringt das Heilsverlangen des Menschen zum Ausdruck, welches als Verlangen, Gott als Vater zu kennen, verstanden wird. In seiner Antwort „definiert" Jesus sein Heilswerk als Offenbarung Gottes als Vater. In dieser Sicht ist Jesus Christus Mittler des Heils, weil er den Menschen Gott als Vater offenbart. So ergibt sich: Wenn die Theologie ihrer Aufgabe nachgeht, die Grundbotschaft des Christentums von Jesus, dem Mittler des Heils zu verstehen, kann sie das Grundprinzip ihrer Interpretation des Heilswerkes (vorläufig) folgendermaßen umreißen: Das Heilswerk Christi ist als Zeigen des Vaters zu verstehen. Dieses gewährt dem Menschen, was sein Verlangen nach Freiheit, Glück, Erfüllung, Sinn, Hoffnung – nach Heil sucht.

Gewiss, gegen die Auffassung, diese Sicht könne das Grundprinzip einer biblisch fundierten Soteriologie abgeben, erheben sich ernst zu nehmende Einwände: Ein solcher Versuch kann zur Verkürzung und Verarmung der Heilsbotschaft und zur Verwischung ihrer Konturen und Akzente führen. Doch derartige Einwände können selbst hinterfragt werden und den erwähnten Gefahren kann begegnet werden, wenn man die Fülle der Heilsbotschaft in Betracht zieht, das Ärgernis des Kreuzestodes Jesu sowie die unerbittliche Erfahrung der anscheinend unveränderten Wirklichkeit ernst nimmt. Somit ist es berechtigt, die dargelegte Sicht des Johannesevangeliums in hypothetischer Weise als Grundprinzip zu verwenden bei dem Versuch, einen Zugang zum Reichtum des Heiles Christi zu finden.

Dieser Versuch verlangt als ersten Schritt eine kurze Darlegung der Lehre der Schrift und der Kirche über Jesus Christus als Offenbarer.

2. Jesus Christus – Offenbarer des Vaters

Vater, ich habe Deinen Namen den Menschen offenbart (Joh 17,6)

Jesus Christus – Offenbarer Gottes

In den Schriften des Neuen Testaments hält sich das Thema durch: Durch Jesus Christus wurde Gott offenbart. Diesen Gedanken sprechen die Schriften des Neuen Testaments auf verschiedene Weise aus.

Die synoptischen Evangelien

Hier nimmt die Darstellung der Predigttätigkeit Jesu einen breiten Raum ein, denn nach Mk 1,38 betrachtet Jesus die Verkündigung vom Reich Gottes als seine eigentliche Aufgabe. Sein Lehren aber ist von unverwechselbarer Eigenart. Jesus „lehrt nämlich nicht wie ein Rabbi, der das Gesetz des Mose nur auslegt. Zwar bedient er sich einer Formel, derer sich auch die Rabbinen bedienen: ‚Ich aber sage euch' (Mt 5,22. 28 u. ö.). Mit dieser Formel pflegten die Rabbinen in Lehr- und Streitgesprächen ihre Meinung gegenüber der gegnerischen scharf und bestimmt abzugrenzen. Solche Diskussionen verblieben jedoch auf der gemeinsamen Grundlage des jüdischen Gesetzes. Jesus aber überbietet das Gesetz (wenigstens in der ersten, zweiten und vierten Antithese [der Bergpredigt], die als ursprünglich gelten) und überschreitet damit den Boden des Judentums. Er stellt sein Wort zwar nicht gegen, aber doch über die höchste Autorität des Judentums, über das Wort des Mose. Hinter der Autorität des Mose steht jedoch die Autorität Gottes. Die Passiv-Formel ‚den Alten ist gesagt worden' ist ja verhüllende Umschreibung des Gottesnamens. Mit seinem ‚Ich aber sage euch' beansprucht Jesus also, das endgültige Wort Gottes zu sagen, welches das Wort Gottes im Alten Testament zu seiner überbietenden Erfüllung bringt."[24]

Das Volk spürte, dass Jesus beanspruchte, mehr zu sein als nur ein das Gesetz des Mose auslegender Rabbi. Als er einmal am Sabbat in der Synagoge von Kafarnaum gelehrt hatte, waren seine Hörer „betroffen von seiner Lehre, denn er lehrte wie einer, der Vollmacht hat, nicht wie die Schriftgelehrten" (Mk 1,22). Viele hielten ihn darum für einen Propheten: „die einen für Johannes den Täufer, andere für Elija, wieder andere für sonst einen Propheten" (Mt 16,14). Doch ist Jesus nicht wie einer der Propheten, denn er spricht „anders als ein Prophet. Der Prophet hat das Wort Gottes nur weiterzugeben. Er verweist von seinem Wort zurück auf Gottes Wort: ‚So spricht der Herr', ‚Spruch Jahwes'. Eine solche Formel findet sich bei Jesus nirgends. Er unterscheidet nicht sein Wort vom Wort Gottes. Er spricht in eigener Vollmacht (Mk 1,22. 27; 2,10 u. ö.) . . . Man kann nicht anders sagen: *Jesus hat sich als Gottes sprechenden Mund, als Gottes Stimme verstanden.*"[25] Da er sich nicht unter die Propheten einreihen lässt, beansprucht Jesus, Träger einer neuen Offenbarung zu sein.

Die paulinischen Schriften

Die paulinischen Schriften betonen die Wende, welche Jesus Christus in der Heilsgeschichte bedeutet. Dabei sprechen sie oft von Offenbarung und bezeichnen somit Leben und Wirken Jesu als Ereignis der Offenbarungsgeschichte (vgl. Röm 3,21; 16,25 f; Eph 1,9; 3,5; 3,9 f; Kol 1,25 f). In den paulinischen Schriften werden der Tod und die Auferweckung Jesu als Offenbarungsereignisse verstanden (vgl. Röm 5,8; Eph 1,19 f). In ähnlicher Weise beschreiben die Pastoralbriefe das ganze Christusereignis als ein Offenbarungsgeschehen, als ein Erscheinen der Gnade, Güte und Menschenfreundlichkeit Gottes (vgl. 2 Tim 1,10; Tit 2,11; 3,4). Auch der Hebräerbrief charakterisiert das Werk Gottes in Jesus Christus als ein Offenbarungsgeschehen mit seinen feierlichen Eingangsworten „Viele Male und auf vielerlei Weise hat Gott einst zu den Vätern gesprochen durch die Propheten; in dieser Endzeit hat er zu uns gesprochen durch den Sohn" (1,1 f). Damit stellt der Verfasser des Hebräerbriefes alles, was er in seinem Schreiben über Christus als Hohepriester und als Bundesmittler sagen wird, von vornherein unter die Idee der Offenbarung.

Andere neutestamentliche Schriften verkünden ebenfalls Jesus Christus als Offenbarer: Als Mittler der Offenbarung wird Jesus Christus „Bild des unsichtbaren Gottes" (vgl. 2 Kor 4,4; Kol 1,15) genannt. Indem er ihn „Apostel (= Gesandten)" (3,1) nennt, kennzeichnet der Verfasser Jesus als Mittler göttlicher Offenbarung. In 1,3 nennt der Brief Jesus Christus „Abglanz seiner Herrlichkeit und Abbild seines Wesens", denn in ihm sehen wir, wer und wie Gott ist.

Die johanneischen Schriften

Am ausdrücklichsten sprechen die johanneischen Schriften von Jesus Christus als dem Offenbarer Gottes. Der Prolog des Evangeliums (1,1–18) und die Eingangsworte des Ersten Briefes (1 Joh 1,1–2) nennen ihn „Wort" und charakterisieren so Jesus, sein Tun und Sprechen als Offenbarung. Der letzte Satz, welcher den Prolog abrundet, deutet, alles vorwegnehmend und zugleich alles zusammenfassend, das im Evangelium berichtete Geschehen als Offenbarung Gottes: „Niemand hat Gott je geschaut. Der Einzige, der Gott ist und am Herzen des Vaters ruht, er hat Kunde gebracht." Wo immer der johanneische Jesus sein Wirken deutet (vor den Juden 2,44 f, vor den Jüngern 15,15; im Gebet zum Vater 17,6. 26; vor Pilatus 18,37) spricht er von Offenbarung. Kurz: „Der Gedanke, dass Jesus in Wort und Werk, in seiner ganzen Person den Vater offenbart, gehört zu den Grundaussagen des Johannesevangeliums".[26]

Das Zweite Vatikanische Konzil

In seiner Dogmatischen Konstitution „Dei Verbum" übernahm das Zweite Vatikanische Konzil diese biblische Sicht. Es nennt Jesus Christus „Mittler und Fülle der ganzen Offenbarung“ (DV 2), denn er „ist es, der durch sein ganzes Dasein und seine ganze Erscheinung, durch Worte und Werke, durch Zeichen und Wunder, vor allem durch seinen Tod und seine herrliche Auferstehung von den Toten, schließlich durch die Sendung des Geistes der Wahrheit die Offenbarung erfüllt und durch göttliches Zeugnis bekräftigt“ (DV 4).

Zusammenfassung

Das Wort Jesu „wer mich gesehen hat, hat den Vater gesehen“ (Joh 14,9) gilt für sein Kommen in die Welt wie für seinen Heimgang zum Vater, für seine Predigt zu Bauern und Fischern wie für seine Streitreden mit Pharisäern und Schriftgelehrten, für seinen Umgang mit Zöllnern und Sündern wie für seine Gemeinschaft mit Aposteln und Jüngern, für sein Weinen am Grabe wie für seine Teilnahme an Festen, für seinen Verlassenheitsschrei am Kreuz wie für sein jubelndes Dankgebet: Wer ihn sieht, sieht den Vater. Er ist in einzigartiger Weise (vgl. Mt 11,27; Joh 1,18) Offenbarer Gottes.

Was hat Jesus Christus über Gott geoffenbart?

Jesus Christus – Offenbarer der Liebe Gottes zu den ins Böse verstrickten Menschen

Gekommen in die Gemeinschaft der Sünder

Schon das Kommen und die Sendung Jesu Christi (vgl. Gal 4,4; Röm 8,3) ist Tat und Erweis der Liebe Gottes zu den sündigen Menschen. Der Heilbringer kommt ja in eine durch die Sünde verdorbene Menschheit, in der jeder von der Sünde der Vorfahren wie seiner Zeitgenossen betroffen ist. Im Stammbaum Jesu wird die heidnische Hure Rahab und der Ehebrecher und Mörder David zu den Ahnen Jesu gezählt (Mt 1,5f). In der Inkarnation trat das Wort in diese Menschheit ein und scheute sich nicht, diese Menschen seine Brüder zu nennen (Hebr 2,11). Wer ihn sieht, sieht Gott als Vater dieser Brüder Jesu.

Jesu Verkündigung

Die Liebe Gottes zu den Sündern und den Verirrten ist ein wesentliches Thema der Verkündigung Jesu. In der Bergpredigt sagt er von Gott: „Er lässt seine Sonne aufgehen über Bösen und Guten, und er lässt regnen über Gerechte und Ungerechte“ (Mt 5,45). In seinen schönsten Gleichnissen spricht er von Gottes Liebe, welche den Verirrten nachgeht und die Verlorenen und Reumütigen mit großer Freude aufnimmt (vgl. Lk 15). Nur weil Jesus die stets zur Vergebung bereite Liebe Gottes kennt und verkündigt, kann er von den Menschen fordern, dass sie einander vergeben „nicht nur siebenmal, sondern siebenundsiebzig mal" (Mt 18,21–35).

Sündenvergebung

Nicht nur die in den Evangelien erzählten ausdrücklichen Akte der Sündenvergebung (z.B. Mk 2,1–12; Lk 7,36–50; Joh 8,1–10), sondern auch seine Mahlgemeinschaft mit Sündern bezeugen und vermitteln die Liebe Gottes zu den Sündern. Mahlgemeinschaft bedeutet für Juden ja Gemeinschaft vor Gott. Jesus wusste sich in ungetrübter Gemeinschaft mit Gott und nahm in diese Gemeinschaft mit Gott Sünder auf, wenn er mit ihnen Mahl hielt.

Tod und Auferweckung

Wenn man Jesus glaubt, dass wer ihn sieht, den Vater sieht, dann enthalten sogar sein Tod und seine Auferweckung eine Offenbarung der Liebe Gottes zu den Sündern. Jesu Tod war ja nicht ein natürlicher Tod, auch kein Unfall, sondern geschah auf Betreiben der Menschen aufgrund von Verblendung und Bosheit.

In seinem Leiden wurde Jesus „geschmäht, schmähte aber nicht; er litt, drohte aber nicht" (1 Petr 2,23). Er wurde vom Hohen Rat (Mt 26,67 f), von den Soldaten (Mt 27,27–31), von den am Kreuz Vorübergehenden, von den Hohepriestern und Ältesten (Mt 27,39–44) verhöhnt. Dieser von den Römern als politischer Verbrecher Hingerichtete, von den Juden als Gotteslästerer Verworfene, von Petrus Verleugnete, von seinen Jüngern Verlassene aber grüßte nach seiner Auferstehung die Schwachen und Treulosen mit dem Wort „Friede sei mit euch" (Joh 20,19), schenkte ihnen von neuem seine Gegenwart und damit Vergebung; er nannte seine Jünger, die ihn verlassen hatten, seine Brüder (Mt 28,10), sandte sie nach Jerusalem, wo er gekreuzigt wurde und ins Römische Reich, das durch seinen Vertreter ihn, den Schuldlosen, hingerichtet hatte, und gab den Auftrag, Bekehrung zu predigen, damit ihre Sünden vergeben werden (Lk 24,47; Apg 5,31). So wurde der Tod und die Auferweckung Jesu zur Offenbarung der Liebe Gottes zu den sündigen Menschen: Als die Bosheit und Verblendung der Menschen in der Verwerfung Jesu und in seiner grausamen Hinrichtung ihren Höhepunkt erreichte, hat Gott nicht im Zorn rächend zurückgeschlagen oder sich in Ekel abgewandt. Er hat vielmehr in der Auferweckung des

Gekreuzigten das höchste Zeichen seiner vergebenden Liebe geschenkt. Denn die Erweckung dieses Gekreuzigten und seine neue Gemeinschaft mit den Menschen besagt: Gott liebt die Menschen, auch wenn sie seinen Gesandten verkennen, ihn der nationalen Sicherheit opfern, wenn sie um der Freundschaft des Kaisers und des Staates willen Gott in seinem Vertreter treffen.

Jesus Christus – Offenbarer der Liebe Gottes zu den leidenden und sterblichen Menschen

Jesu Christi Kommen und Leben, Lehren und Wirken, Scheitern und Sterben und seine Auferweckung enthalten auch eine Offenbarung der Liebe Gottes zu den leidenden und dem Sterben unterworfenen Menschen.

Jesu Solidarität mit den Leidenden

Sein Kommen „in der Gestalt des Fleisches" (Röm 8,3), die Annahme des hinfälligen und sterblichen Fleisches durch das Wort (Joh 1,14; Hebr 2,14), die in Hunger und Durst, in Widerspruch und Vergeblichkeit durchgehaltene Solidarität des Wortes mit den Menschen ist eine Offenbarung der liebenden Nähe Gottes zu den leidenden und sterblichen Menschen. In seinem Wirken und Lehren verleiht Jesus dieser Liebe Gottes vielfältigen Ausdruck: Obgleich er um Krankheit, Not und Tod weiß, verkündet er dennoch unermüdlich die Liebe Gottes. Mit Nachdruck nennt er Gott den Gott der Lebenden und verteidigt die Hoffnung auf die Auferstehung (Mk 12,18–27). Wer in ihm den Vater sieht, erkennt in seinem Mitleid mit den Trauernden und Leidenden (vgl. z. B. Mk 5,21–43; Lk 7,11–17) und in seinen Heilungen ein Zeichen der Liebe Gottes zu den leidenden und sterblichen Menschen.

Jesu Auferweckung

Besonders seine Auferweckung ist eine Offenbarung der Macht Gottes und seiner die Todesgrenze überdauernden und überwindenden Liebe. In seiner Auferweckung hat sich Gott ja eindeutig als der Gott der Lebenden erwiesen. Die Auferweckung offenbart, „dass Tod und Unglück kein Ende, kein dunkles Schicksal sind, weil in ihr Gott zeigt, dass er daraus Leben hervorkommen lassen kann."[27] Wer ihn gesehen hat, hat Gott als Vater gesehen, der auch im Tode Leben gibt, neues, volles Leben in verklärter Leiblichkeit bei Gott und mit Gott.

Leiden und Tod

Selbst sein Leiden und sein Tod enthalten eine Offenbarung der Liebe Gottes zu den Menschen: Jesus war ja der geliebte und sündenlose Sohn (vgl. Joh 8,46; 2 Kor 5,21; Hebr 4,15; 7,26; 9,14; 1 Petr 2,22; 1 Joh 3,5). Ihn trafen Misserfolg, Verwerfung, Leid und Tod. Im Gehorsam (Phil 2,8) gegenüber Gott, den er auch angesichts dieses Geschicks noch Vater, ja „Abba" (Mk 14,36) nannte, nahm er in Freiheit (vgl. Joh 10,17 f) Leid und Tod an und machte sie zum Erweis seiner Liebe zum Vater (vgl. Joh 14,31). Da der Vater stets bei ihm war (vgl. Joh 8,29; 16,32), wird an ihm offenbar, dass Leid und Tod nicht Fluch und Verwerfung, Strafe oder Rache Gottes bedeuten, sondern mit der Liebe Gottes koexistieren. Die Offenbarung der Koexistenz der Liebe Gottes mit Leid und Tod erging zwar an dem sündenlosen Sohn, gilt aber auch für uns, seine durch Schuld befleckten Brüder und Schwestern. Denn in denselben Ereignissen ist ja auch die grenzenlose vergebungsbereite Liebe Gottes zu den sündigen Menschen offenbar geworden: Wer also in dem sündenlosen Sohn den Vater erkennt, wer im leidenden Sohn den Vater sieht, wer hört, wie der Sohn noch in seiner Todesangst Gott „Abba" nennt, der hat Gott gesehen, den Gott, der auch noch in der tiefsten Finsternis des Scheiterns, Leidens und Sterbens ein liebender Vater ist.

Eine Antwort auf das Problem des Leidens?

Das hier Gesagte kann und will nicht erklären, warum der allmächtige Gott der Liebe das maßlose Leid der Menschen zulässt. Für das Leben der Glaubenden gilt meistens: „Dem Leiden gegenüber argumentiert man nicht, sondern man erzählt eine Geschichte und macht Aussagen aus Erfahrungen, ohne eine ‚Erklärung' dafür zu geben – einfach dadurch, dass man als Christ zum Leiden und Tod Jesu aufblickt: Es muss einen Sinn haben, wenn auch kein Mensch weiß, wie oder warum, und wenn auch die wesentliche Voraussetzung ist, dass man das Leiden nicht bagatellisiert. Glaube an Jesus den Christus ist eine ‚Antwort' ohne Argumente: ein Trotzdem. Christentum gibt dem Leiden keine Erklärung, es zeigt einen Lebensweg: Leiden ist destruktiv real, hat aber nicht das letzte Wort."[28] Das durch Jesu Tod und Auferweckung ermöglichte Sehen des Vaters „nimmt der rein menschlichen Erfahrung ihre Anmaßung, das letzte Wort zu haben. Damit wird das Schmerzliche der menschlichen Erfahrung nicht bagatellisiert, doch wird ihm der Stachel genommen: Scheitern ist nicht die letzte Evidenz".[29] Gewiss haben schon viele Menschen im schlichten Glauben an Jesus Christus, im Gedächtnis seines Leidens, beim Gehen des Kreuzweges oder beim Beten des Rosenkranzes oder im Aufblick zur Pieta diese Offenbarung der auch in Leid und Tod bei uns bleibenden Liebe Gottes vernommen und so Kraft zum Tragen und Überwinden des Leides gefunden.

Zusammenfassung

In Wort und Werk, in seinem Dasein und seiner Person offenbarte Jesus die Liebe Gottes. In ihm ist die Gnade, die Liebe und Menschenfreundlichkeit Gottes erschienen (Tit 2,11; 3,4). Als der Gesandte Gottes (Hebr 3,1) hat er die Botschaft übermittelt: Gott liebt mit ewiger Liebe die sündigen und ins Böse verstrickten Menschen und bietet stets von neuem Vergebung und Versöhnung an; er liebt die vielfachem Leiden unterworfenen und dem Tod verfallenen Menschen und schenkt ihnen die Verheißung geheilten und auferweckten Lebens. Jesus Christus hat den Menschen den Namen Gottes, sein tiefstes Wesen kundgetan, denn er hat den unsichtbaren Gott den Menschen als Vater geoffenbart.

Was bedeutet die von Jesus Christus vollbrachte Offenbarung für den glaubenden Menschen?

III. Aspekte des Heiles Christi

1. Versöhnung der Entfremdeten

Gott hat uns durch Christus mit sich versöhnt (2 Kor 5,18)

Die Heilige Schrift beschreibt an einigen Stellen das in und durch Christus vollbrachte Heilswerk als ein Werk der Versöhnung. Evangelische Theologen betrachten oft „Versöhnung" als den den Reichtum des Heiles Christi zusammenfassenden Begriff und verwenden für die Übersetzung von „Soteriologie" den Ausdruck „Versöhnungslehre". Um den Sinn dieser Botschaft zu verstehen und um einen Zugang zum Reichtum des Heils zu finden, sollen zunächst wichtige Texte der Heiligen Schrift befragt werden.

Die Lehre der Schrift über das Versöhnungswerk Christi

Ausdrücklich sprechen von „Versöhnung" nur wenige Texte in den paulinischen Schriften: Röm 5,10 –11; 2 Kor 5,18–20; Kol 1,21–23. Da diese wenigen ausdrücklichen Texte einen reichen Inhalt haben, sind wiederholte Zitate derselben Schriftworte unumgänglich. Um sie zu verstehen, muss auch ihr näherer Zusammenhang beachtet werde.

Angelpunkte der Schriftlehre über die Versöhnung

Wenn von „Versöhnung" die Rede ist, denkt man an einen Zustand vor der Versöhnung (wie Entfremdung, Zwist, Feindschaft); einen Akt der Versöhnung (wie Aufklärung und Ausräumen der Missverständnisse, Aussprache, Entschuldigung, Wiedergutmachung, erbetene, geschenkte und angenommene Vergebung), ein Ergebnis der Versöhnung (wie wiederhergestellte Kommunikation, normalisierte Beziehungen). Was sagt das Neue Testament über diese Aspekte des in Christus vollbrachten Versöhnungswerkes?[30]

Der Zustand vor der Versöhnung

Bevor sie mit Gott versöhnt wurden, waren die Menschen „schwach und gottlos" (Röm 5,6), „Sünder" (Röm 5,8), ja (Gottes) „Feinde" (Röm 5,10; vgl. Kol 1,21). Das Leben vor der Versöhnung ist ein Leben „ohne Gott und ohne Hoffnung" (Eph 2,12). Vor der Versöhnung leben die Menschen in einer Situation der Gottesferne. Erst durch (den Glauben an) Christus haben wir Zugang zum Vater (Eph 2,18), und „freien Zugang durch das Vertrauen, das der Glaube an ihn schenkt" (Eph 3,12) und „Frieden mit Gott durch Christus unseren Herrn" (Röm 5,1).

Versöhnung – Gottes Werk

Der Zweite Korintherbrief betont, dass das Werk der Versöhnung Tat Gottes, des Vaters, ist: „Das alles kommt von Gott, der uns durch Christus mit sich versöhnt hat ... Ja, Gott war es, der in Christus die Welt mit sich versöhnt hat" (2 Kor 5,18–19). In den Aussagen über das Versöhnungswerk ist Gott immer Subjekt, nie Objekt. Gott wird nie versöhnt, sondern Gott wirkt oder schenkt Versöhnung. Vermittels dieser Redeweise drückt das Neue Testament aus, dass die Versöhnung nicht von menschlichem Tun ausgeht, dass der Mensch in keiner Weise Urheber der Versöhnung ist, sondern „nur" Objekt der versöhnenden Tat Gottes, „nur" Empfänger der Versöhnung. Diesen Aspekt betont Paulus auf besondere Weise, wenn er im Römerbrief (5,10) sagt, dass „wir mit Gott versöhnt wurden durch den Tod seines Sohnes, als wir noch (Gottes) Feinde waren."

Versöhnung durch Christus, seinen Tod und seine Auferstehung

Nach dem Zeugnis des Neuen Testaments wird die Versöhnung durch Christus vermittelt: „Gott war es, der uns durch Christus mit sich versöhnt hat" (2 Kor 5,19). „Wir rühmen uns Gottes durch Jesus Christus, durch den wir jetzt schon die Versöhnung empfangen haben" (Röm 5,11). In diesem Versöhnungswerk spielt Jesu Kreuzestod eine wichtige Rolle, denn wir wurden mit Gott versöhnt durch den Tod seines Sohnes (vgl. Röm 5,10), Gott hat uns „durch den Tod seines sterblichen Leibes versöhnt" (Kol 1,22).

An diesen Stellen sprechen die biblischen Autoren zwar nur vom Tod Jesu, doch ist immer die Auferstehung mitgemeint. Denn wann immer die biblischen Autoren von dem Gekreuzigten sprechen, denken sie an den Auferweckten und wenn sie von dem Auferweckten sprechen, denken sie an den Gekreuzigten. Die Tatsache aber, dass hier nur der Tod Jesu erwähnt wird, weist darauf hin, dass in der Versöhnung der Menschen mit Gott dem Tod Jesu eine besondere Bedeutung zukommt.

Versöhnung – Vergebung – Rechtfertigung – Heiligung – Zugang – Geistempfang

Die neutestamentlichen Autoren beschreiben von verschiedenen Gesichtspunkten aus die Frucht der Versöhnung. In der Versöhnung wird dem Menschen Sündenvergebung zuteil:

„Ja, Gott war es, der in Christus die Welt mit sich versöhnt hat, indem er den Menschen ihre Verfehlungen nicht anrechnete" (2 Kor 5,19). Der Römerbrief lässt einen Zusammenhang zwischen Versöhnung und Rechtfertigung erkennen, wenn es in 5,9 heißt, dass „wir jetzt durch sein Blut gerecht gemacht sind" und in 5,10 gesagt wird, dass „wir mit Gott versöhnt wurden durch den Tod seines Sohnes." Auf ähnliche Weise sieht Paulus einen Zusammenhang von dem durch Versöhnung gestifteten Frieden und der zugleich geschenkten Rechtfertigung, wenn er sagt: „Gerecht gemacht aus Glauben, haben wir Frieden mit Gott durch Jesus Christus unseren Herrn" (Röm 5,1).

Auch im Kolosserbrief zeigt sich der enge Zusammenhang von Versöhnung, Rechtfertigung und Heiligung: Zuerst beschreibt der Brief die Situation vor der Versöhnung mit den Worten: „Auch ihr standet ihm einst fremd und feindlich gegenüber; denn euer Sinn trieb euch zum Bösen" (Kol 1,21). Von dem Zustand der Menschen nach der Versöhnung sagt er: „Jetzt aber hat er euch durch den Tod seines sterblichen Leibes versöhnt, um euch heilig, untadelig und schuldlos vor sich treten zu lassen" (Kol 1,22).

Der Empfang von Versöhnung, Sündenvergebung, Rechtfertigung und Heiligung steht in engem Zusammenhang mit dem Empfang des Geistes, wenn „die Liebe Gottes ausgegossen ist in unsere Herzen durch den Heiligen Geist, der uns gegeben ist" (Röm 5,5).

Zusammenfassung

Menschen, die Gott fremd, ja feindlich waren, werden durch Christus, durch seinen Tod mit Gott versöhnt. Die ehemals zwischen Gott und den Menschen bestehende Entfremdung und Feindschaft wird durch

Frieden und Nähe aufgehoben. Die Gott Fernen und Fremden können nach der Versöhnung sich mit Vertrauen Gott nahen, denn „in ihm [Jesus Christus] haben wir den freien Zugang durch das Vertrauen, das der Glaube an ihn schenkt“ (Eph 3,12).

Eigentümlichkeiten des Versöhnungswerkes

Gott als Ursprung und Ziel des Versöhnungswerkes

Gott ist Ursprung des Werkes der Versöhnung: „Das alles kommt von Gott, der uns durch Christus mit sich versöhnt hat“ (2 Kor 5,18), Im selben Wort wird Gott auch als Ziel der Versöhnung bezeichnet. Denn es heißt ja: „Das alles kommt von Gott, der uns durch Christus *mit sich* versöhnt hat“ (2 Kor 5,18). Darum bitten die Apostel „an Christi Statt: Lasst euch *mit Gott* versöhnen!“ (2 Kor 5,20). Weil Gott Ziel des Versöhnungswerkes ist, haben wir durch es „freien Zugang [zu Gott] durch das Vertrauen, das der Glaube an ihn schenkt“ (Eph 3,12) und haben „Frieden mit Gott durch Christus unseren Herrn“ (Röm 5,1).

„Schon“ und „Noch nicht“ der Versöhnung

Weil Gott in Christus die Welt mit sich versöhnt hat (2 Kor 5,19), darum ist Versöhnung schon geschehen. Weil Gott „zu der Zeit, da wir noch schwach und gottlos“ (Röm 5,6), ja „als wir noch (Gottes) Feinde waren“, Versöhnung stiftete, ist Versöhnung eine „Realität, ein geschaffener Zustand (Röm 5,11) vorgängig dazu, dass sie von den Menschen ergriffen wird (2 Kor 5,18–20)“.[31]

Anderseits ist jedoch das Werk der Versöhnung noch nicht vollendet: Immer noch sind die Apostel „Gesandte an Christi Statt und Gott ist es, der durch uns mahnt. Wir bitten an Christi Statt: Lasst euch mit Gott versöhnen!“ (2 Kor 5,20).

Dieselbe Spannung zeigt sich auch in den Aussagen, dass einerseits Gott in Christus die Welt mit sich versöhnt hat (2 Kor 5,19), dass aber andererseits (nach 2 Kor 5,20) die Apostel zu den Menschen gesandt sind, um die Menschen aufzurufen: Lasst euch mit Gott versöhnen!

Versöhnung als Gottes Werk und der Mensch

Der Zweite Korintherbrief betont: „Das alles kommt von Gott, der uns durch Christus mit sich versöhnt hat“ (2 Kor 5,18) und betrachtet die Versöhnung als eine Realität, als geschaffenen Zustand, vorgängig dazu, dass sie von Menschen ergriffen wird. Anderseits hat im Geschehen der Versöhnung der Mensch eine wichtige Rolle zu spielen.

- Nach 2 Kor 5,19–20 („Ja, Gott war es, der in Christus die Welt mit sich versöhnt hat, indem er den Menschen ihre Verfehlungen nicht anrechnete und uns das Wort der Versöhnung (zur Verkündigung) anvertraute. Wir sind also Gesandte an Christi Statt, und Gott ist es, der durch uns mahnt. Wir bitten an Christi Statt: Lasst euch mit Gott versöhnen") hat Gott die Versöhnung gleichsam Menschen in die Hände gelegt: Er hat das Wort der Verkündigung Menschen anvertraut und mahnt durch sie die Menschen, Gottes Versöhnung anzunehmen.
- „Der Mensch muss das Evangelium von der Versöhnung hören und Gottes (im Dienst der Versöhnung fortdauerndes) versöhnendes Handeln an sich geschehen lassen, die in der Versöhnung eröffnete Existenz im Frieden und in der Freundschaft mit Gott ergreifen, in den gottgeschaffenen ‚neuen Menschen' (Eph 2,15; vgl. 2 Kor 5,17) eintreten. Der notwendige Beitrag, die ‚Tat' des Menschen zur Versöhnung ist die Erfüllung der Bitte Christi: ‚Lasset euch versöhnen mit Gott' (2 Kor 5,20)"[32]. Und die aus Glauben gerecht gemachten, im Frieden mit Gott lebenden Menschen (vgl. Röm 5,1) müssen in Glauben und in der Hoffnung den Frieden mit Gott bewahren. In diesem Sinne mahnt der Kolosserbrief: 1,22–23: „Jetzt hat er euch durch den Tod seines sterblichen Leibes versöhnt, um euch heilig, untadelig und schuldlos vor sich treten zu lassen. Doch müsst ihr unerschütterlich und unbeugsam am Glauben festhalten und dürft euch nicht von der Hoffnung abbringen lassen, die euch das Evangelium schenkt."

  Kurz: Obwohl die Versöhnung als Werk Gottes mit der Schöpfung verglichen werden kann (vgl. 2 Kor 5,17), wird in diesem Geschehen der Mensch keineswegs übersprungen: Das Wort der Versöhnung, das Gott allein sprechen kann, wird durch Menschen weiter getragen. Die Versöhnung, Rechtfertigung, Heiligung, die Gott allein verwirklichen kann, muss der Mensch an sich geschehen lassen. Um sie geschehen zu lassen, muss er sie auch in einem gewissen Grad verstehen.

Die Frohbotschaft von der Versöhnung der Menschen mit Gott durch Jesus Christus – Ein Deutungsversuch

Der Zustand vor der Versöhnung

Bei dem nachstehenden Versuch, die Situation des Menschen vor der Versöhnung zu verstehen, gehen wir von der Annahme aus,[33] dass der Mensch sich nicht erst, wenn ihm Befreiung, Versöhnung, Reinigung angeboten werden, als Gefangener, Feindseliger oder Beschmutzter erkennen kann. Die folgenden Überlegungen setzen also voraus, dass schon bevor das Angebot der Befreiung und Versöhnung ergeht, der Mensch sich als gottfern erfahren kann.

Spannung im menschlichen Dasein

Kein Mensch hat sein eigenes Dasein, seine Eltern und Geschwister, Zeit- und Volksgenossen gewählt. Manchmal erscheint dieses Dasein wie ein beglückendes Geschenk. Doch sind wir oft nicht zufrieden, d. h. wir sind nicht im Frieden mit unserem Dasein. Das nicht gewählte Dasein enthält dunkle Geheimnisse. Für zahlreiche Menschen ist das Leben voller Enttäuschung, Leid und Not. Auch die Menschen, denen das Glück Gesundheit und Wohlstand zuspielte, leben nicht in einem ungestörten Glück. Wissen um die Not vieler Menschen lässt sie nicht die Möglichkeit von Krankheit, Verlust und Not vergessen. So mahnt ein chinesisches Sprichwort alle Menschen: Wenn in Frieden und Sicherheit, denk an die Gefahr.

Alle Menschen aber erwartet am Ende auch des längsten und glücklichsten Lebens der Tod, der den Menschen und alles, was er war und wurde, was er hatte, bekam, erwarb und erkämpfte, hinwegnimmt in ein undurchdringliches Dunkel. Die Gewissheit des auf sie zukommenden Todes bedrängt sie mit der ernsten Frage nach dem Sinn unseres Daseins. Wenn wir nämlich die Tatsache anerkennen, dass wir einmal nicht mehr sein werden, dann müssen wir fragen: Wenn im Tod alles in ein bodenloses Nichts fällt, was ist dann der Sinn unseres Daseins und unseres Mühens um uns und eine bessere Zukunft, die doch selbst einmal vom Tod verschlungen werden wird?

Menschliches Dasein und die Gottesfrage

Wenn der Mensch nicht seine Augen vor der Unausweichlichkeit des Sterbens verschließt und auch nicht sein Verlangen nach Sinn und Vollendung aufgibt, erhebt sich für ihn die Gottesfrage. Denn wenn wir nach einer Antwort suchen auf „die ungelösten Rätsel des menschlichen Daseins, die heute wie von je die Herzen der Menschen im tiefsten bewegen“ und allen Ernstes fragen: „Was ist der Mensch? Was ist Sinn und Ziel unseres menschlichen Lebens? Was ist das Gute, was die Sünde? Woher kommt das Leid, und welchen Sinn hat es? Was ist der Weg zum wahren Glück? Was ist der Tod, das Gericht und die Vergeltung nach dem Tode?“, dann stoßen wir auf die Frage. „Was ist jenes letzte und unsagbare Geheimnis unserer Existenz, aus dem wir kommen und wohin wir gehen?“ (NA 2).

Diese Frage stellen die meisten Menschen nicht von einem von persönlicher Enttäuschung und Scheitern unberührtem Standort aus. Wenn sie sich auch nur ein wenig ihrer Verflechtung mit der Geschichte und den Zeitgenossen bewusst sind, können auch die von allem Widrigen völlig verschonten Glückspilze und persönlich makellos rein gebliebenen Unschuldigen auf die Dauer nicht ganz der Beunruhigung durch die Wirklichkeit und das Ausmaß der Bosheit und des Leidens entgehen. Darum ist diese Frage keine Frage müßiger Neugier. In ihr geht es um die Einstellung zu Leben und Tod, zu Vergeblichkeit und Sinn: Können wir sterblichen und ins Böse verstrickten Menschen auf eine Erfüllung hoffen, die wir zwar immer suchen, aber uns nie verschaffen können? Was hat jenes unser Dasein umfassende „letzte und unsagbare Geheimnis unserer Existenz, aus dem wir kommen und wohin wir gehen“, mit uns vor? Ist es gleichgültig uns gegenüber oder besorgt um unser Wohl und Wehe? Ist es von unnachgiebiger Strenge oder zu Vergebung und Versöhnung bereit? Lässt es der Vergänglichkeit und dem Tod oder dem Leben das letzte Wort? Überlässt es für immer den Sieg der Grausamkeit und der Ausbeutung oder der Güte und der Hilfsbereitschaft?

Belastetes Gottesverhältnis

Diese Fragen aber bleiben nie völlig offen. Im Lauf der Geschichte wurde von Denkern und Religionen das uns begleitende Geheimnis auf verschiedene Weise gedacht: Als Eines und Einziges, als Vielfältiges und sogar in sich Zerstrittenes, als Person oder als um sich selbst und unser Wohl und Wehe nicht wissendes Gesetz, als dem Menschen wohlgesinnte Wesen oder als dem Menschen neidische und feindliche

Götter usw. Und die Menschen haben immer wieder versucht, von jenem Unaussprechlichen zu sprechen und es „Absolutes“, „Urgrund“, „Schicksal“, „Gott“ genannt.

Manche Menschen erleben und deuten ihr Dasein als Geschenk der Gottheit und verstehen deshalb das sie umgebende Geheimnis als den Menschen wohlwollendes Wesen. Oft jedoch fühlten sich die Menschen wie ein Spielball launischer, neidischer und zorniger Götter oder als zufälliges Produkt einer blinden Evolution. Besonders die Erfahrung der Verstrickung ins Böse und der unüberwindlichen Gewalt, der Vergeblichkeit und des Todes belastet das Verhältnis des Menschen zu jenem Geheimnis, aus dem wir kommen und in das wir gehen. Solange es nicht seine Absichten mit den ins Böse verstrickten und dem Tod unterworfenen Menschen enthüllt, kann der nach einem bleibenden Sinn seines Lebens und Mühens fragende Mensch nicht mit seinem Dasein und dem Grunde des Daseins im Frieden, „zu-frieden“, „versöhnt“ sein.

Auf diesem Hintergrund erhebt sich die Frage: Was bedeutet die biblische Botschaft, dass Gott uns durch Christus mit sich versöhnt hat?

Versöhnung der Menschen mit Gott durch Christi Tod

Nach dem Zeugnis der Evangelien verkündete Jesus die barmherzige Liebe Gottes zu den leidenden und sündigen Menschen. So versöhnte er durch sein Wort und Wirken Menschen mit dem unbegreiflichen Gott, der furchtbares Leid zulässt und dem heiligen Gott, der das Böse verwirft. Doch die neutestamentlichen Schriften sprechen ausdrücklich nur von Versöhnung mit Gott durch den Tod Jesu (vgl. Röm 5,10; Kol 1,20.22). Da diese Rede von der Liturgie aufgenommen wurde, soll im Rückgriff auf frühere Gedanken ein Verständnis der Botschaft der Versöhnung durch den Tod Jesu gesucht werden.

Ein nahe liegendes Missverständnis

„Wir wurden mit Gott versöhnt durch den Tod seines Sohnes“ (Röm 5,10, vgl. Kol 1,20.22) – dieser Satz wird (im Gefolge weithin akzeptierter Anschauungen) leicht missverstanden im Sinne von: Wegen des ihm im Tode Jesu geleisteten Gehorsams oder auf Grund des im Tod Jesu dargebrachten Opfers oder auf Grund der im Tod Jesu geleisteten Genugtuung nimmt Gott uns Sünder in Gnaden auf.

Derartige Auffassungen sind aus folgenden Gründen unannehmbar:

- Bei der Darlegung der Schriftlehre über das Versöhnungswerk zeigte sich, dass Gott immer Subjekt, nie Objekt ist, dass Gott nicht versöhnt wird, sondern Versöhnung wirkt und schenkt.
- Dass der überaus grausame und schmachvolle Kreuzestod Jesu irgendwie zum Heilsplan Gottes gehört, lehrt die Schrift an allen Stellen, an denen der Tod Jesu als Erfüllung von Prophezeiungen dargestellt wird, wo von einem „Muss" des Leidens und Sterbens des Messias (vgl. Mk 8,31) und wo im Zusammenhang mit dem Tod Christi das sogenannte (ein Handeln Gottes ehrfurchtsvoll andeutende) „theologische Passiv" verwendet wird (vgl. Röm 4,24–25). Doch nach dem Zeugnis des Neuen Testaments ist Gottes Liebe Urgrund des ganzen Heilswerks und das Heilswerk ist eine Manifestation der Liebe Gottes: In ihm ist die Gnade Gottes erschienen, um alle Menschen zu retten (Tit 2,11), in ihm ist die Güte und Menschenfreundlichkeit Gottes, unseres Retters, erschienen (Tit 3,4). Deshalb ist auch der grausame und schmachvolle Kreuzestod Christi wie das ganze Heilswerk nicht Ursache der Liebe Gottes, sondern Werk und Offenbarung der Liebe Gottes. So erhebt sich wiederum die Frage: Wie wurden die Menschen mit Gott versöhnt durch den Tod seines Sohnes?

Deutungsversuch

Um dies zu verstehen, kombinieren wir Röm 5,10 („Wir wurden mit Gott versöhnt durch den Tod seines Sohnes") mit (1) 2 Kor 5,19 („Ja, Gott war es, der in Christus die Welt mit sich versöhnt hat, indem er den Menschen ihre Verfehlungen nicht anrechnete"), mit (2) den Überlegungen zum Wort Jesu „Wer mich gesehen hat, hat den Vater gesehen" und mit (3) den Darlegungen des Abschnitts „Jesus Christus – Offenbarer Gottes".

So können wir in Anlehnung an die Worte des Neuen Testaments sagen: Ja, Gott war es, der in Christus die Welt mit sich versöhnt hat, weil er (besonders) im Tod (und in der Auferweckung) Jesu zeigte, dass er bereit ist, den Menschen ihre Verfehlungen nicht anzurechnen, sondern Versöhnung und Verzeihung anzubieten und den sterblichen Menschen Auferweckung und Leben zu schenken. Indem Gott (besonders) im Tod und der Auferweckung Jesu seine Liebe zu den in Sünde verstrickten und dem Tod ausgelieferten Menschen offenbarte, hat er den Grund für das Misstrauen der Menschen gegenüber Gott beseitigt. Dieses, in Jesus Christus, (besonders) in seinem Tod und seiner Auferweckung ergangene Wort Gottes, ermöglicht es dem Menschen; sich mit seinen Grenzen, seiner Schuld, seinem Scheitern und seiner Sterblichkeit und mit dem Geheimnis, aus dem er kommt und dem er entgegengeht, mit Gott, zu versöhnen.

Charakteristik dieser Deutung

Die hier versuchte Deutung des Versöhnungswerkes Gottes in Christus betrachtet dieses Werk Gottes nach Art einer Versöhnung durch das Ausräumen eines Missverständnisses, welches Misstrauen, Argwohn, Feindseligkeit stiftet. In dieser Deutung sind es besonders Leid und Tod, die Erfahrung eigener Schuld und der Verbundenheit mit einer durch das Böse geprägten Welt, welche das Verhältnis des Menschen zu dem oft nur dunkel geahnten Grund seines Daseins belasten und Zweifel, Argwohn, Groll nähren gegenüber jenem letzten und unsagbaren „Geheimnis unserer Existenz, aus dem wir kommen und wohin wir gehen“ (NA 2). Nach der hier vorgelegten Deutung besteht das Versöhnungswerk Gottes darin, dass er sich im Kommen und Leben, Wirken und Lehren, im Tod und in der Auferstehung Jesu geoffenbart hat als der die leidenden und sterblichen, die verirrten und sündigen Menschen liebende Vater. Diese Offenbarung, dass Leid und Scheitern nicht Zeichen der Verwerfung sind, dass im Tod der Mensch nicht in ein bodenloses Nichts stürzt, räumt das zwischen Mensch und dem geheimnisvollen Gott bestehende, durch Leiden und Sterben, durch die Wirklichkeit und das Ausmaß des Bösen verursachte Missverständnis aus. Dadurch beseitigt Gott den Grund für den Zweifel, den Argwohn und den Groll des Menschen gegenüber Gott, dadurch versöhnt Gott den Menschen mit sich.

Unsere Deutung des Versöhnungswerkes und die Lehre der Heiligen Schrift

Die hier versuchte Deutung des Versöhnungswerkes entspricht den oben dargelegten Aussagen der Heiligen Schrift und erklärt sie:

- Die Versöhnung ist Gottes Werk. Gott wird nicht versöhnt. Als Urheber des ganzen Werkes Christi beseitigt Er durch sein Handeln die nur auf Seiten des Menschen liegenden Missverständnisse, den Argwohn und und die Zweifel des Menschen, welche sein Verhältnis zu Gott belasten.
- Doch spielt in dem Geschehen der Versöhnung mit Gott der Mensch eine wichtige Rolle: Der Dienst der Versöhnung wird Menschen anvertraut, die als Gesandte an Christi Statt die Menschen mahnen und bitten: Lasst euch mit Gott versöhnen (vgl. 2 Kor 5,18–20). Diese

müssen sich durch den Glauben diesem Wort öffnen, ihren Argwohn und Zweifel aufgeben und sich auf das Angebot einlassen.

- Gott ist nicht nur Urheber, sondern auch Ziel des Versöhnungswerkes: Indem er in Christus sich als liebender Vater offenbart, und ihnen Vergebung und Rechtfertigung anbietet, lässt er die Menschen „heilig, untadelig und schuldlos vor sich treten" (Kol 1,22) und gewährt „ freien Zugang" (Eph 3,12) zu sich – dem heiligen Gott.
- Mit Hilfe unserer Deutung des Versöhnungswerkes können wir die Worte des Paulus über den Zusammenhang von Versöhnung und Vergebung und Rechtfertigung und Frieden verstehen (vgl. 2 Kor 5,19; Röm 5,9–10; Kol 1,21–22): Wenn im Leben und Sterben, in der Auferweckung und Verherrlichung Jesu „die Güte und Menschenliebe Gottes, unseres Retters" (Tit 3,4) aufleuchtet, dann ergeht das Angebot der Vergebung und Rechtfertigung an sündige Menschen, dann erlangen sündige Menschen „freien Zugang [zum Heiligen Gott] durch das Vertrauen, das der Glaube an ihn schenkt" (Eph 3,12).
- Das Werk der Versöhnung ist vollendet, denn das Wort der Versöhnung ist ergangen durch eine bestimmte Person (Jesus Christus), an einem bestimmten Ort (in Jerusalem) zu einer bestimmten Zeit („unter Pontius Pilatus"), in seiner Auferstehung und seinen Erscheinungen vor den Jüngern. Und doch ist die von Gott gestiftete Versöhnung noch nicht vollendet, denn das Wort der Versöhnung hat noch nicht alle Menschen erreicht. Und in den Menschen, die das Wort der Versöhnung schon erreichte, hat es vielfach noch nicht seine volle Kraft entfaltet und noch nicht den menschlichen Argwohn gegenüber Gott und den Zweifel an seiner Güte überwunden.
- Weil die in Christus ergangene Offenbarung von Gottes Liebe zu den sündigen und sterblichen Menschen allen Menschen Versöhnung vermitteln kann, hat in Christus Gott die Welt mit sich versöhnt und darum eignet dem Werk der Versöhnung Universalität in der Ausrichtung. Weil aber das Wort der Versöhnung erst durch Menschen die Menschen erreicht und umgestaltet, darum eignet dem Werk der Versöhnung Partikularität.

Die Versöhnung der Welt und der Reichtum des Heiles Christi

„Gott hat in Christus die Welt mit sich versöhnt" bringt einen wichtigen Aspekt des Heilswerkes zum Ausdruck: Indem Gott in Christus sich als liebender Vater offenbart, nimmt er den Menschen den Grund ihres Misstrauens und Grolls gegenüber ihrem Dasein und seinem

Grund – Gott. So bietet er nicht nur den folgsamen und in seiner Nähe bleibenden, sondern auch den rebellischen und davongelaufenen, nicht nur den ihn respektierenden, sondern auch den ihm entfremdeten Söhnen und Töchtern liebevolle Wiederaufnahme / Versöhnung an. In Christus eilt er den Verlorenen entgegen, um sie heimzuholen.

Doch: Kann der Mensch der Einladung zur Rückkehr ins Vaterhaus folgen? Hat er die nötige Freiheit dazu? Steht er nicht unter der Macht ihm feindlicher Gewalten, aus der er befreit werden muss? Vermittelt das Heilswerk Christi dem Menschen diese Freiheit?

2. Befreiung der Versklavten

Die Wahrheit wird euch befreien (Joh 8,32)

Das Thema „Befreiung" ist von besonderem Interesse für viele Menschen der Gegenwart. Denn „niemals hatten die Menschen einen so wachen Sinn für Freiheit wie heute, und gleichzeitig entstehen neue Formen von gesellschaftlicher und psychischer Knechtung" (GS 4). Dieses Grundanliegen unserer Zeit hat die Theologie in zahlreichen Untersuchungen und Publikationen zu den Themen „Erlösung", „Befreiung", „Emanzipation", „christliche Freiheit" aufgenommen. Dabei folgt sie nicht einer Mode, sondern befasst sich mit einem zentralen Thema der christlichen Heilsverkündigung.[34]

Die Lehre der Heiligen Schrift

Schon in den synoptischen Evangelien wird das Heilswerk Christi als Werk der Befreiung dargestellt: In seiner „Antrittspredigt" in Nazaret wendet Jesus die Worte des Propheten Jesaia auf sich an und bezeichnet seine Sendung als einen Auftrag zur Befreiung: „Der Geist des Herrn ruht auf mir; denn er hat mich gesalbt. Er hat mich gesandt, um den Armen die Heilsbotschaft zu bringen, um den Gefangenen die Befreiung und den Blinden das Augenlicht zu verkünden, um die Zerschlagenen in Freiheit zu setzen und ein Gnadenjahr auszurufen" (Lk 4,18 f). Auch im Johannesevangelium schreibt Jesus sich eine Rolle als Befreier zu: Er nennt sich „Sohn" und betont, dass der Sohn wahre Freiheit schenken kann (8,36); er nennt sich „Wahrheit" (14,6) und sagt: „Die Wahrheit wird euch befreien" (8,32). Besonders Paulus spricht oft und betont von der Befreiung durch Christus (vgl. Gal 4,3–7; 5,1.13).

Vor allem aber verkündet die Hl. Schrift die Botschaft von der Befreiung durch Christus vermittels der Rede vom Loskauf der Gefangenen und vom Siege über den Menschen versklavende Mächte. Da diese Darstellungsweisen des Heilswerkes den Gläubigen oft in der Liturgie begegnen, soll vor allem ihr Sinn im Folgenden erörtert werden.

Die Rede vom Loskauf

Besonders für die lateinische Kirche ist die Darstellung des Befreiungswerkes Christi nach Art eines Loskaufs von Gefangenen von großer Bedeutung. Die lateinische Übersetzung *(redemptio)* der biblischen Ausdrücke ist in den romanischen Sprachen, im Englischen und Chinesischen als Ausdruck für Erlösung übernommen worden. Bis in die Liturgie hinein findet die Redeweise vom Loskauf ihr Echo. So erhebt sich die Frage: Wie verwendet die Schrift diesen Ausdruck, und was sagt er über das Heilswerk Christi?

Loskauf im Neuen Testament

Im Munde Jesu findet sich die Redeweise von Loskauf im Lösegeldwort (Mk 10,45): „Der Menschensohn ist nicht gekommen, um sich dienen zu lassen, sondern um zu dienen und sein Leben als Lösegeld für viele hinzugeben." Dieses Wort findet sich in abgewandelter Form und in besserem Griechisch in 1 Tim 2,5 f: „Einer ist Gott, einer auch Mittler zwischen Gott und den Menschen: der Mensch Christus Jesus, der sich als Lösegeld hingab für alle."

Wenn Paulus vom Heilswerk Christi spricht, verwendet er oft Ausdrücke wie loskaufen oder freikaufen. So sagt er: „Für Lösegeld seid ihr freigekauft worden" (1 Kor 6,20; vgl. 7,23; Gal 3,13 f). Befreiung nach Art eines Loskaufs ist die Sendung Christi gemäß Gal 4,4 f: „Als aber die Zeit erfüllt war, sandte Gott seinen Sohn, geboren von einer Frau und dem Gesetz unterstellt, damit er die freikaufte, die unter dem Gesetz stehen."[35]

Auch die übrigen Schriften des Neuen Testamentes kennen und verwenden die Redeweise vom Loskauf[36]. Besonders deutlich spricht vom Heilswerk Christi als Loskauf 1 Petr 1,18 f: „Ihr wisst, dass ihr aus eurer sinnlosen, von den Vätern ererbten Lebensweise nicht um einen vergänglichen Preis losgekauft wurdet, nicht um Silber oder Gold, sondern mit dem kostbaren Blut Christi, des Lammes ohne Fehl und Makel."

Der Bildcharakter der Rede vom Loskauf

Aus dem Gesamtzeugnis der Schrift geht deutlich hervor, dass diese Redeweise im bildlichen Sinn verstanden werden muss. Dafür sprechen folgende Gründe.

- Der verwendete griechische Ausdruck *(apolytrosis)* bezeichnet im profanen Sprachgebrauch zwar meistens den „Loskauf (von Kriegsgefangenen, Sklaven und Verurteilten) gegen ein Lösegeld"; doch bedeutet dieses Wort „gelegentlich auch ohne Bezug auf Lösegeld oder Äquivalent allgemein Befreiung"[37].
- Im Alten Testament wurde der Ausdruck Loskauf für die Befreiung des Volkes Israel aus Ägypten verwendet. Aus der Hl. Schrift aber geht deutlich hervor, dass „Jahwe niemals ein Lösegeld bezahlt; er handelt vielmehr aus eigener Macht, wenn er Israel aus der Knechtschaft Ägyptens erlöst (Dtn 7,8; 9,16 u. ö.)"[38].
- Wo die Schrift das Blut oder das Leben Christi als Lösegeld bezeichnet, wird nie ein Empfänger des Lösepreises genannt. Obgleich Petrus Lombardus, Robert von Melun und Thomas von Aquin Gott als Empfänger des Lösepreises bezeichneten, kann im Sinne der Schrift Gott nicht der Empfänger des Lösegeldes sein. Gott selbst ist ja der Urheber des Befreiungswerkes (vgl. Gal 4,3–7; Kol 1,12 f u. ö.). Überdies sagt die Schrift nirgendwo, dass Gott einen Preis als Gegenleistung für sein Heilswerk forderte, und die Idee einer „Geschäftsbeziehung" zwischen Gott und Christus widerspricht dem Gesamttenor der Heiligen Schrift.
- Obgleich Origenes, Ambrosius und Augustinus so sagten, kann auch der Teufel nicht Empfänger des Blutes oder des Lebens Christi als Lösepreis sein. Auch diese Vorstellung hat keine Grundlage in der Schrift, nach welcher der Teufel durch das Heilswerk Christi nicht bezahlt oder entschädigt, sondern besiegt wird.
- Der Bildcharakter der Rede vom Loskauf zeigt sich weiter darin, dass die Schrift das Bild vom Loskauf oft zusammen mit anderen, gedanklich sehr verschiedenen, Bildern verwendet: In 1 Petr 1,18 f wird sie mit dem Bild vom Osterlamm und der rettenden Wirkung seines

Blutes verwendet; in Hebr 9,11 f mit dem Bild des priesterlichen Opferdienstes.
- Überdies begegnet die Terminologie des Loskaufs oft „in formelhaften Wendungen“[39], welche nicht die Art und Weise, wie Christus das Heilswerk vollbrachte, zum Gegenstand der Aussage haben, sondern von der Würde des Christen (1 Petr 1,18 f), der Vorbildlichkeit des Verhaltens Christi (Mk 10,45) und der Einzigartigkeit der Mittlerstellung Christi (1 Tim 2,6) sprechen.

Folgerungen

Aus dem Gesagten ergeben sich nachstehende Folgerungen:
- Die Hauptaussage der Redeweise vom Loskauf kann auf folgende Weise zusammengefasst werden: Das Heilswerk Christi ist ein Werk der Befreiung aus hilfloser Sklaverei. In diesem Werk der Befreiung spielte die Hingabe Christi bis in den Tod eine entscheidende Rolle. Der Zusammenhang zwischen dem Tod Christi und der Befreiung braucht nicht, ja darf nicht als Bezahlung und dafür gewährte Freilassung verstanden werden. Ausdrücke wie „Preis der Erlösung“ (vgl. 1 Petr 1,18) werden missverstanden, wenn sie nicht im bildlichen Sinne gedeutet werden.
- Da den Verfassern der Schrift jedoch andere Ausdrücke für Befreiung zur Verfügung standen, muss nach dem Grund der Verwendung der Terminologie vom Loskauf und ihrer Bedeutung für das Verständnis des Heilswerkes Christi gefragt werden.
- Um die Natur des Heilswerkes Christi, den Zusammenhang zwischen Tod Christi und der Befreiung wie auch um die Eigenart der durch Christus vermittelten Freiheit zu erfassen, kann und muss die biblische Botschaft über die Befreiung durch Christus auch dort berücksichtigt werden, wo die Schrift nicht die Terminologie des Loskaufs verwendet.

Die Rede vom Sieg Christi

Der Lehre des Neuen Testaments folgend, feiert die Liturgie das Heilswerk Christi oft als einen Sieg über den Teufel und den Tod. So heißt es z. B. in einer Präfation der Osterzeit: „Durch seinen Tod hat er unseren Tod vernichtet“.

Die Idee des Sieges Christi hat in der Hl. Schrift eine breite Grundlage: Nach 1 Joh 3,8 („Der Sohn Gottes ist gekommen, um die Werke des Teufels zu zerstören.") ist der Sieg über das Böse der eigentliche Sinn des Kommens Jesu. Wenn wir versuchen, einige Hauptpunkte der Schriftlehre über den Sieg Christi zu erfassen, ist zu beachten, dass dieselbe Idee sich auch dort findet, wo von der Erhabenheit (oder Erhöhung) Christi über menschenfeindliche Mächte, von ihrer Verurteilung oder Vernichtung die Rede ist.

Das Neue Testament spricht vor allem vom Sieg Christi über das Böse und den Tod und betrachtet diesen Sieg als ein Werk der Befreiung.

Der Sieg Christi über das Böse

Vermittels vieler Namen und Bilder spricht die Schrift von der versklavenden Macht des Bösen: In der Einzahl benennt sie diese Macht als „Herrscher dieser Welt" (Joh 12,31; 14,30; 16,11), „Gott dieser Weltzeit" (2 Kor 4,4), „der Böse" (1 Joh 5,19), „Teufel" oder „Satan" (Mt 4,8 f; Apg 26,18), „Beliar"(2 Kor 6,15). Manchmal spricht sie von einer Vielzahl böser Mächte: „Elementarmächte dieser Welt" (Gal 4,3), „Machthaber dieser Welt" (1 Kor 2,6. 8), „Fürsten und Gewalten", „Beherrscher dieser finsteren Welt", „böse Geister des himmlischen Bereichs" (Eph 6,12). Im Römerbrief spricht Paulus von der versklavenden Macht des Bösen durch das Bild der personifizierten Sünde (Röm 5,12).

Die Frage nach dem Wesen dieser Mächte braucht uns nicht aufzuhalten, denn es zeigt sich schnell, dass weder das Alte Testament „noch das Neue Testament an diesen Himmelsgeistern an sich interessiert sind, es geht vielmehr um ihre Beziehung zum Menschen und zu seiner Welt. Selbst Satan interessiert sie nicht, außer insofern er ‚der Gott (Fürst) dieser Welt' ist (Eph 2,2; siehe Offb 12,9–12; 20,10; Lk 10,18 usw.). Es herrscht die Meinung: ‚die ganze Welt liegt in der Macht des Bösen' (1 Joh 5,19)."[40] Diese Herrschaft des Bösen betrifft den Menschen zuinnerst, er ist wie ein Sklave „an die Sünde verkauft" (Röm 7,14; vgl. Eph 2,2).

Nach dem einmütigen Zeugnis des Neuen Testamentes wurden alle Mächte des Bösen durch Christus besiegt: die Sünde wurde verurteilt (Röm 8,3), der Herrscher der Welt wurde hinausgeworfen und gerichtet (Joh 12,31; 16,11); die Welt wurde besiegt (Joh 16,33), der Teufel wurde entmachtet; die Mächte und Gewalten wurden entwaffnet (Kol 2,15), sie sind der Herrschaft Christi unterworfen (Eph 1,19–22; 1 Petr 3,22).

Dieser Sieg Christi aber bedeutet Befreiung für die Menschen.[41] Jesus Christus hat sich für unsere Sünden hingegeben, „um uns aus der gegenwärtigen bösen Welt zu befreien" (Gal 1,4). Durch das Werk Christi hat Gott „uns der Macht der Finsternis entrissen" (Kol 1,13).

Der Sieg Christi über den Tod

So wie Paulus in Röm 5 die Sünde personifiziert und sie als tyrannische Herrscherin beschreibt, so spricht er in ähnlicher Weise personifizierend von der Herrschaft des Todes. Diese düstere Beurteilung der menschlichen Situation findet sich auch im Hebräerbrief, der eine wichtige Nuance hinzufügt, wenn er von der Sklaverei der Menschen spricht, die durch Furcht vor dem Tod ihr Leben lang der Knechtschaft verfallen sind (2,15).

Wichtiger aber als die Beschreibung der Knechtschaft des Todes ist den Verfassern der neutestamentlichen Schriften die Verkündigung der Frohen Botschaft von Christus, dem Sieger über den Tod und als Befreier aus seiner versklavenden Macht: „Er hat dem Tod die Macht genommen und uns das Licht des unvergänglichen Lebens gebracht durch das Evangelium“ (2 Tim 1,10). Um die Menschen aus der Sklaverei des Todes zu erretten, hat der Sohn Blut und Fleisch „angenommen, um durch seinen Tod den zu entmachten, der die Gewalt über den Tod hat, nämlich den Teufel, und um die zu befreien, die durch Furcht vor dem Tod ihr Leben lang der Knechtschaft verfallen waren“ (Hebr 2,14 f).

Der Bildcharakter der Rede vom Sieg Christi

Aus der knappen Darlegung des Schriftbefundes geht mit genügender Deutlichkeit der Bildcharakter der Rede vom Sieg Christi über das Böse, die bösen Mächte und über den Tod hervor: Die Personifikation von Sünde und Tod, die Unterwerfung der Mächte durch eine Art Triumphzug Christi, all diese und ähnliche Redeweisen deuten auf eine bildliche Sprache. Überdies wird oft Gott als der eigentliche Sieger genannt. Gott aber hat nie seine Herrschaft verloren oder sie an menschenfeindliche Mächte abgetreten. Wenn also Kol 2,15 von Gott sagt: „durch Christus hat er über sie triumphiert“, handelt es sich offensichtlich um eine bildliche Redeweise.

Der Sieg Christi als Aspekt des Heilswerkes

In der Schrift ist der Sieg Christi offensichtlich ein Aspekt seines „für uns Menschen“ vollbrachten Heilswerkes. Der Kampf, den Christus führt, ist keine Privatfehde, sondern ein Kampf mit menschenfeindlichen Mächten: gegen den Teufel, den Mörder von Anbeginn (vgl. Joh 8,44); gegen die den Menschen versklavenden Elementarmächte der Welt (vgl. Gal 4,3); gegen die Unheilsmächte Sünde und Tod (vgl. Röm 5,12–21; 7,7–23), welche den Menschen knechten. Besonders in Hebr

2,14 f, wo der Verfasser sowohl die Terminologie des Bildes vom Loskauf wie das Bild des Sieges verwendet, zeigt sich deutlich, dass das Bild des Sieges – wenn auch mit verschiedenen Akzenten – dieselbe Befreiungsbotschaft verkündet wie das Bild vom Loskauf. Durch seinen Sieg hat „Christus uns befreit, und nun sind wir frei“ (Gal 5,1). Demgemäß kann die Hauptaussage des Bildes vom Siege Christi auf folgende Weise zusammengefasst werden:

- Durch das Heilswerk Christi ist die Macht des Bösen und des Todes gebrochen worden. Der Mensch wurde durch Christus aus der Gewalt ihn knechtender Mächte befreit.
- Bei der Überwindung und Unterwerfung dieser Mächte und bei der Befreiung des Menschen aus ihrer Sklaverei spielte der Tod und die Erhöhung Jesu eine entscheidende Rolle.
- Da die Schrift vermittels zweier verschiedener Bilder („Loskauf“ und „Sieg“) dieselbe Botschaft von der Befreiung aus der Gewalt versklavender Mächte verkündet, kann bei der Deutung der Befreiungsbotschaft auf die Rede vom Loskauf, vom Sieg und auf andere Aussagen über das Befreiungswerk Christi zurückgegriffen werden.
- Da die Verfasser der Schrift die Botschaft von der Befreiung durch Christus auch mit einem anderen Vokabular ausdrücken konnten, ist nach dem Sinn der von ihnen bevorzugten Rede vom Sieg zu fragen.

Die Frohbotschaft von der Befreiung der Versklavten durch Jesus Christus – Ein Deutungsversuch

Die Versklavung des Menschen

Wenn die Schrift das Heilswerk Christi verkündet als ein Werk der Befreiung aus der Knechtschaft des Bösen, des Todes und des Gesetzes, als einen Sieg über den Menschen versklavender Mächte, setzt sie voraus, dass sich der Mensch in einer Situation der Versklavung und Unfreiheit befindet. Wir gehen davon aus, dass schon bevor das Angebot der Befreiung an ihn ergeht, der Mensch sich als Gefangener, als der Freiheit Beraubter, als der Befreiung Bedürftiger erfahren kann.

Versklavung durch das Böse

Was ethisch gut ist, übersteigt in seinem Wert alle endlichen Nützlichkeiten. Was böse ist, darf um keinen Preis getan werden. Selbst wer aus berechtigtem oder unberechtigtem Grund sein Urteil über Gut und Bös ändert oder willentlich verdreht, anerkennt die Unendlichkeit und Absolutheit des Guten und seiner Kehrseite, des Bösen und der Schuld, er vollzieht „nur" eine Umbenennung, bezweifelt aber nicht, dass das Böse um keinen Preis getan werden darf und dass das Gute alle endlichen Güter in seinem Wert übersteigt. Im bewussten Tun des Bösen transferieren wir eigenmächtig den Anspruch des Guten und vergreifen uns damit am Absoluten und Unendlichen. So begegnet der Mensch im Bösen einer ihn überragenden Macht.

Hat der Mensch in freier Entscheidung das Böse getan, kann er diese sich am Unendlichen und Absoluten vergreifende Tat durch nichts ungeschehen machen. Da das im Ethischen anwesende Absolute und Unendliche, sich nur als das Gute fordernd und das Böse verwerfend kundtut, jedoch nicht seinen Vergebungswillen offenbart, bleibt der Mensch, der das Böse frei gewirkt hat, an seine Schuld gebunden, an das Böse versklavt.

Auch wenn ein Einzelner sich in voller Aufrichtigkeit frei wissen könnte von jeder eigenen Schuld, findet er sich dennoch in der Knechtschaft des Bösen. Denn die Frage nach dem Sinn des Daseins, die Frage nach Hoffnung und Heil lässt sich nur im Hinblick auf das Ganze, zu dem wir Menschen gehören, beantworten. „Nur universales Heil kann überhaupt als Heil bezeichnet werden. Heil ist an Universalität gebunden."[42] Nur wenn Sinn und Heil für alle möglich sind, kann der Glücklichste auf Sinn und Heil hoffen, denn Heil „verlangt Universalität. Unumschränkte Ganzheit"[43]. Daher ist auch der persönlich Reine und Schuldlose vom Bösen seiner Welt betroffen. Wenn wir uns nämlich dem Zustand unserer Welt illusionslos stellen, dann scheint der Sinn dieser Welt und damit der Sinn unseres eigenen Daseins fragwürdig. Angesichts „der Unentrinnbarkeit von Kriegen, die wie Geschwüre aufbrechen, obschon sie fast niemand will, des undurchdachten Hochmuts von Kapitalismus und Kolonialismus, der Vergiftung durch Rassen- und Klassenhass"[44] ist es schwer zu glauben, dass das Ganze dieser Geschichte sinnvoll ist. Selbst wenn der Mensch hoffen könnte, in der Zukunft eine gute und gerechte Welt zu verwirklichen, bliebe er aufgrund der universalen Reichweite seiner Sinn- und Heilsfrage in der Macht des Bösen. Die in der Zukunft vielleicht mögliche gerechte Welt käme ja für Milliarden von Menschen zu spät, denn das Glück und „die größere Freiheit künftiger Geschlechter macht vergangenes Leid nicht wieder gut und macht es nicht frei. Keine innerweltliche Besserung der Freiheitsverhältnisse reicht aus, den Toten Gerechtigkeit widerfahren zu lassen, keine rührt verwandelnd an das Unrecht und den Un-Sinn vergangener Leiden.“[45] Wenn der Mensch sich seiner universalen Verbundenheit mit allem Menschentum bewusst ist und sich der Wirklichkeit des Unrechts, des Bösen in der Welt illusionslos stellt, findet er sich in der Knechtschaft des Bösen, selbst wenn er sich persönlich völlig rein und schuldlos wissen dürfte.

Da sich das Böse in Strukturen der Gesellschaft, in durch Gewohnheit sanktionierter Diskriminierung und Unterdrückung verleiblicht hat und so seine versklavende Gewalt ausübt, ist der Mensch der Knechtschaft vieler Mächte und Gewalten ausgeliefert.

Kurz: Aufgrund der Realität des Bösen in der Welt findet sich jeder Mensch unter der Herrschaft des Bösen, welche die Heilige Schrift bald als die Herrschaft einer bösen Macht wie der (personifizierten) Sünde (Röm 5,12), der Finsternis (Kol 1,13), Satans (Apg 26,18; Eph 2,1–3), des Fürsten dieser Welt oder auch als Knechtschaft unter einer Mehrzahl von Mächten und Gewalten beschreibt.

Versklavung durch den Tod

Zwar ist es dem Menschen in einem erstaunlichen und erfreulichen Maße gelungen, den Tod hinauszuschieben. Doch bezwungen hat er ihn nicht, nicht einmal für einen einzigen Menschen. Nach wie vor ist der Tod *das* unbedingt gewisse Ereignis eines jeden Menschenlebens. „Todsicher“, „deadsure“ und ähnliche Ausdrücke in den verschiedensten Sprachen bezeugen das allgemein menschliche Bewusstsein von der unbezwingbaren Übermacht des Todes. Kein noch so hoffnungsvoller vernünftiger Mensch wird im Ernst an die endgültige Überwindung des Todes glauben.

Zwar haben viele – auch nichtchristliche und auch ungläubige – Menschen den Tod gelassen und mutig angenommen. Nicht nur die Schrift des Alten Testamentes spricht gelegentlich ohne Protest vom Tod und betrachtet ihn als Heimgang zu den Vätern (vgl. Gen 15,15; 25,8; 35,29). Auch in der chinesischen Sprache findet sich ein schöner Ausdruck von nur vier Schriftzeichen vom Tod als Heimkehr. Dennoch aber wird der Tod mit seiner Unentrinnbarkeit und seiner unheimlichen Finsternis überwiegend als Negativum erfahren. Dieses allgemein menschliche Empfinden spiegelt sich in den disparaten Kulturen und Sprachen des Ostens und Westens. Die deutsche, englische und chinesische Sprache mit Wortverbindungen wie „todmüde", „sich zu Tode ärgern" bezeugen das allgemein menschliche Bewusstsein von der Negativität des Todes. Durch Euphemismen und Tabus verschleiern die Menschen gerne die unheimliche Wirklichkeit des Todes. Im Deutschen spricht man lieber von „Heimgang" als von Sterben und Tod, im Englischen von „passing away". Da im taiwanesischen Dialekt das Wort für die Zahl vier und für sterben genau gleich lautet, findet man in Hotels und sogar in katholischen Krankenhäusern nicht die Zimmernummer vier. Selbst die hochmoderne, in einem Hochhaus eingerichtete Zentralklinik von Taipei zählt kein viertes Stockwerk. In diesen Euphemismen und Tabus zeigt sich: Der Mensch erlebt den Tod als feindliche Macht, denn er widerspricht dem innersten Verlangen des Menschen nach Sinn und nach Gewissheit über den Sinn seines Daseins und Mühens. Der Tod scheint ja alles zu rauben, um was es dem Menschen geht: die Liebe und die Gemeinschaft der Menschen, die Freude des Daseins und den Ertrag seiner Mühen.

Der Tod erweist seine zerstörende Macht nicht erst am Ende des Lebens. Als unerbittlich gewisser Endpunkt des menschlichen Daseins, dem alles entgegen treibt, was der Mensch ist, hat und erwirbt, bestimmt er das menschliche Leben so sehr, dass Augustinus nicht weiß, ob er das Leben „sterbendes Leben oder lebendes Sterben"[46] nennen soll.

Als gewisser, jedoch alles in undurchdringbare Ungewissheit verschlingender Endpunkt des Daseins lähmt der Tod die innerste Triebkraft alles menschlichen Tuns, weil er durch seine unergründliche Finsternis den Menschen im Ungewissen lässt über den Sinn des Daseins, seiner Erfolge und Mühen. Zwar ist schon viel Wahres und Tiefes über den Tod gedacht und gesagt worden. Dennoch bleibt er für den Menschen ein undurchdringliches Rätsel. Ein Ausspruch von nur sechs Silben und Schriftzeichen des chinesischen Weisen Konfuzius bringt die tiefe Ratlosigkeit des Menschen angesichts des Todes treffend zum Ausdruck. Er weigerte sich über den Tod und ein Leben über die Todesgrenze hinaus nachzudenken und sagte: „Wir verstehen nicht einmal das Leben – wie können wir den Tod verstehen?" Sobald wir (mit Konfuzius) die undurchdringliche Finsternis des Todes ernst nehmen, macht der Tod uns nicht nur ratlos über den Ausgang des Lebens, sondern verhüllt den Sinn allen Tuns und des ganzen, dem Tod und seiner Finsternis entgegen treibenden Daseins. Dann aber müssen wir das Wort des Konfuzius trotz, nein wegen seiner bleibenden Wahrheit umkehren und (mit Karl Rahner) sagen: „Wie kann der Mensch sich verstehen, wenn er den Tod nicht versteht?"[47]. Wenn der Tod das Letzte ist,

ist das gegenwärtige Leben zugleich alles und nichts: Es ist alles, denn es ist das Einzige, das uns zukommt; es ist zugleich nichts, denn die Befürchtung, dass wir am Ende alles verlieren werden und dass wir selbst erlöschen, verdunkelt schon den Sinn und Wert des allerersten Anfangs.

Wenn sie dem Tod versklavt sind, sind die Menschen auch „durch Furcht vor dem Tod ihr Leben lang der Knechtschaft verfallen“ (Hebr 2,15), nämlich versklavt an die Menschen und Mächte, die durch Androhung des Todes sich andere botmäßig machen. Dann sind sie „Sklaven der Götter, die in Wirklichkeit keine sind“ (Gal 4,8), aber durch die Macht zu töten vorgeben, wie Götter zu sein. Durch seine unüberwindliche Gewalt macht der Tod somit den Menschen nicht nur zu seinem Sklaven, sondern liefert ihn aus an alle Tyrannen, die sich der Todesdrohung bedienen, um sich Menschen gefügig zu machen.

Kurz: Da das menschliche Leben unaufhaltsam dem scheinbar alles verschlingenden Tod entgegen treibt, da kein menschliches Auge die Finsternis des Todes durchschauen kann, da somit der Sinn des ganzen Daseins zutiefst fraglich ist, darum lähmt der Tod den Menschen zutiefst, raubt ihm die Freiheit, in der Gewissheit über den Sinn des Daseins und all seiner Mühen und Freuden zu leben. Dem sich selbst überlassenen Menschen erscheint der Tod wie eine versklavende, unüberwindliche Übermacht.

Versklavung durch das Gesetz

Paulus spricht von der Befreiung vom Gesetz im Zusammenhang mit der Frage nach der Verbindlichkeit des mosaischen Gesetzes für die Heidenchristen. Doch dabei beleuchtet er wichtige Aspekte der menschlichen Unheilsituation und des Heilswerkes Christi, welche auch heute noch von Bedeutung sind. Im Folgenden soll nur auf diese Aspekte eingegangen werden.

Das Gesetz spricht von Gut und Böse, also vom Unendlichen und Absoluten des Ethischen, dessen Wert jegliches Opfer fordern und dessen Verlust durch keinen endlichen Gewinn gerechtfertigt werden kann. Insofern das Gesetz das Gute gebietet und das Böse verbietet, hat es Anteil an der Unendlichkeit und Absolutheit des Ethischen.

Insofern das Gesetz das Gute, also das den Menschen Vervollkommnende gebietet und das Böse, also das den Menschen Mindernde und Zerstörende, verbietet, ist jegliches wahre Gesetz eine Hilfe für den nach Orientierung suchenden Menschen. Da ein wahres Gesetz letztlich in Gott gründet, ist jedes das wahre Gute gebietende und das wahre Böse verbietende Gesetz „heilig, gerecht und gut“ (Röm 7,12).

Für alle in Sünde und Schuld gefallenen Menschen und alle, die sich ihrer Solidarität mit zahllosen Opfern der Ungerechtigkeit bewusst sind, erscheint das Gesetz in einem anderen Licht: Das Gesetz gebietet ja nur das Gute und verbietet das Böse und verurteilt den Schuldigen. Es spricht nur von (Gottes) unbedingter Forderung, nicht von Vergebung. So stößt es den Menschen, der um seine eigene Schuld weiß und/oder sich seine Verstrickung ins Böse seiner Welt nicht verbirgt, in die Verzweiflung am Sinn des Daseins. Dann erscheint das ursprünglich gute, heilige und gerechte Gesetz als Feind, als Tyrann, welcher den Schuldigen verurteilt und knechtet, weil das Gesetz dem Schuldigen Verurteilung und Verwerfung androht. Für den Schuldigen, ja sogar für den Reinsten, der sich der Solidarität mit einer durch die Absurdität des Bösen gezeichneten Welt bewusst ist, ist das Gesetz eine versklavende Übermacht.

Zusammenfassung

Im Hinblick auf die menschliche Erfahrung mit der Macht des Bösen, des Todes und des Gesetzes ist es verständlich, dass der Mensch sich oft als von höheren bösen Mächten geknechtet versteht. Da er diesen Zustand als leidvoll empfindet, ist es ebenso verständlich, dass eine Heilsbotschaft von Befreiung aus der Gewalt der versklavenden Mächte spricht. Ja, um überhaupt Heilsbotschaft für den nach Hoffnung und Freiheit verlangenden Menschen sein zu können, „muss" eine Heilsbotschaft von der Befreiung aus dieser Knechtschaft reden. Doch ist es zunächst unverständlich, dass und wie der Kreuzestod des als Gotteslästerer und politischer Verbrecher hingerichteten Jesus von Nazaret Befreiung aus der Gewalt des Bösen, des Todes und des Gesetzes bedeutet.

Christi Befreiungswerk

Gegen die Botschaft der Befreiung vom Bösen, vom Tod, von dem Gesetz erhebt die Erfahrung Widerspruch. Sie bezeugt doch mit unbestreitbarer Evidenz: Jesus Christus hat das Böse nicht aus der Welt geschafft. Das grausame Terrorregime des Bösen, welches Millionen von Menschen furchtbares Leid verursacht, lässt keinen Menschen völlig entrinnen. Die Herrschaft des Bösen in der Welt bedrückt und lähmt den Menschen. Auch den Tod hat Christus nicht besiegt. Nach Christus wird noch genauso viel gestorben, weil eben jeder Mensch den Tod erleiden muss, wenn es auch oft gelingt, ihn für einige Zeit aufzuschieben.

Auch das Gesetz hat nichts von seiner fordernden Autorität und seiner den Schuldigen verurteilenden Macht verloren.

Angesichts dieser Wirklichkeit muss gefragt werden: Was bedeutet die biblische Befreiungsbotschaft? Um den Sinn der biblischen Verkündigung zu erfassen, soll hier der Frage nachgegangen werden: Wie hat Jesus Christus sein Befreiungswerk, seinen Sieg über die den Menschen versklavenden Mächte vollbracht?

Befreiung aus der Knechtschaft des Bösen

Im Kommen und Leben, Wirken und Lehren, in Tod und Auferweckung Jesu ist die Liebe Gottes zu den sündigen und ins Böse verstrickten Menschen offenbar geworden. Diese Wahrheit, dass Gott die Welt trotz ihrer Verstrickung ins Böse liebt, dass er bereit ist, alles zu vergeben, ist eine Wahrheit, die freimacht von der lähmenden Angst der Sinnlosigkeit unseres Daseins, die uns angesichts der Absurdität des Bösen immer wieder befällt. So ist das Offenbarungswerk Christi zugleich ein Werk der Befreiung des Menschen aus der Sklaverei des Bösen.

Dieses Werk kann als Sieg beschrieben werden: Das Licht der in Christus ergangenen Offenbarung der Liebe Gottes zu den sündigen und ins Böse verstrickten Menschen überwindet jene Finsternis, welche die Realität und das Ausmaß des Bösen über den Sinn des Daseins breitet. Das in Christus aufscheinende Licht der vergebenden und neu schaffenden Liebe Gottes bricht die Macht der Finsternis. Wer an Christus glaubt und in ihm Gott und seine Liebe sieht, kann sagen: „Ich bin gewiss: Weder Tod noch Leben, weder Engel noch Mächte, weder Gegenwärtiges noch Zukünftiges, weder Gewalten der Höhe oder Tiefe noch irgendeine andere Kreatur können uns scheiden von der Liebe Gottes in Christus Jesus unserem Herrn“ (Röm 8,38 f).

Was bedeutet diese durch Christus vermittelte Freiheit vom Bösen?

Die Befreiung aus der Knechtschaft der Sünde bedeutet nicht die Beseitigung des Bösen aus der Welt und besteht nicht in einer Auslöschung der Vergangenheit des Schuldigen. Sie ereignet sich nicht am Menschen vorbei, sondern ruft ihn an. An den Schuldigen und Verlorenen ergeht die Einladung und Aufforderung, ohne Furcht ins Haus des Vaters zurückzukehren und ohne Furcht einen neuen Anfang zu wagen. Der Heimweg, der neue Anfang mag oft beschwerlich sein, denn er verlangt Umkehr und Abkehr von dem, was zwar letztlich versklavt und enttäuscht, aber oft auch fasziniert und berauscht. Gott verlangt sogar etwas sehr Schweres, nämlich auch anderen Menschen zu vergeben, „nicht nur siebenmal, sondern siebenundsiebzigmal“ (Mt 18,22). Doch all dies eröffnet dem Menschen Freiheit. Die Offenbarung der Liebe Gottes schenkt dem in Schuld gefallenen Menschen Freiheit vor Gott, „den freien Zugang (zum Vater) durch das Vertrauen, das der Glaube schenkt" (Eph 3,12; vgl. 2,18). Das Angebot des Neuanfangs gewährt Freiheit von der verfahrenen Vergangenheit. Sogar die so schwer zu erfüllende Bedingung, auch anderen zu vergeben, ist eine Befreiung aus dem Teufelskreis der Vergeltung von Gleichgültigkeit mit Gleichgültigkeit, von Hass mit Hass, von Bösem mit Bösem. Indem sie die abgrundtiefe Liebe Gottes zu den Menschen enthüllt, befreit die in Christus ergangene Offenbarung den Menschen von der Furcht der Vergeblichkeit seines Einsatzes für die Welt, in welcher Bosheit immer wieder das Gute zum Scheitern bringt. Die in Christus erschlossene Wahrheit über Gott befreit so zum Ja zu der ins Böse verstrickten, jedoch immer von Gott geliebten Welt.

Befreiung aus der Knechtschaft des Todes

Geburt und Leben, Wirken und Lehren, Tod und Auferweckung Jesu enthalten die Offenbarung, dass auch noch in der tiefsten Finsternis des Scheiterns, Leidens und Sterbens Gott den Menschen ein liebender Vater ist. Diese von Jesus Christus verbürgte Wahrheit befreit den Menschen aus der Angst vor der Vergeblichkeit und Vergänglichkeit und der Sinnlosigkeit seines Lebens und Tuns. Darum ist das Offenbarungswerk Christi zugleich ein Werk der Befreiung aus der Macht des Todes.

Die in Christus ergangene Offenbarung der Liebe Gottes kann auch als Sieg über den Tod beschrieben werden, denn in der Auferweckung Jesu hat sich Gottes Macht als stärker erwiesen als die Macht des Todes. So hat Gott in Jesus Christus „dem Tod die Macht genommen und uns das Licht des unvergänglichen Lebens gebracht durch das Evangelium" (2 Tim 1,10).

Was bedeutet diese durch Christus vermittelte Freiheit vom Tod?

Die durch Christus gewirkte Befreiung vom Tod enthebt den Menschen nicht der Notwendigkeit des Sterbens, sondern bedeutet Befreiung aus der Furcht des Todes, der Vergeblichkeit, der Sinnlosigkeit eines dem Tode entgegen treibenden Daseins und all seiner Mühen und Erfolge. Die von Jesus Christus geoffenbarte, von ihm verbürgte Wahrheit über den Gott, welcher der Gott der Lebenden und nicht der Toten ist, vermag die Menschen „zu befreien, die durch Furcht vor dem Tod ihr Leben lang der Knechtschaft verfallen waren" (Hebr 2,15). Das Licht der in Jesus Christus aufscheinenden Wahrheit über Gott und den Menschen genügt, um die Menschen „aus der Finsternis von Sünde und Tod zu befreien" (DV 4).

Die Befreiung aus der Sklaverei des Todes bedeutet zugleich Befreiung aus der Gewalt jener Mächte, die mit der Todesdrohung andere Menschen sich unterwerfen wollen. Christus, der Offenbarer des Gottes der Lebenden, befreit von diesen Mächten, denn er sagt: „Meine Freunde, ich sage euch: Fürchtet euch nicht vor denen, die den Leib töten, euch aber sonst nichts tun können" (Lk 12,4). Damit ermächtigt und beauftragt Jesus Christus die an ihn Glaubenden zum Kampf gegen alle versklavenden Mächte und Gewalten, zum Einsatz des Lebens im Dienst der Freiheit. Er ermöglicht so „eine Freiheit, die die Welt verändert, weil sie den Tod nicht mehr fürchtet."[48]

Die Befreiung aus der Sklaverei des Todes bedeutet Befreiung zur Liebe des Menschen. Wer glaubt, dass Gott alle Menschen mit seiner Liebe umfängt, wer glaubt, dass er der Gott der Lebenden ist, kann ohne Angst vor der Leere des menschlichen Daseins alles menschliche Leben achten und lieben, hegen und pflegen, ohne Furcht, nur ein sinnloses Dasein zu verlängern. Die Wahrheit, die von der Knechtschaft des Todes befreit, befreit zur Liebe des Lebens.

Befreiung aus der Knechtschaft des Gesetzes[49]

Der Mensch steht unter dem „Gesetz", das Gute zu tun und das Böse zu meiden. Jedes das Gute gebietende und das Böse verbietende Gesetz verpflichtet ihn. Da der Mensch über Gut und Böse nicht verfügen kann, ist er dem Gesetz unterworfen. Weil es Schuldige nur verurteilt, nicht aber Vergebung und Versöhnung verheißt und so Hoffnung schenkt, erscheint das Gesetz dem in Schuld gefallenen und ins Böse verstrickten Menschen wie ein Tyrann.

Durch sein Kommen und Leben, Lehren und Wirken, seinen Tod und seine Verherrlichung offenbart Jesus Christus Gott als liebenden Vater, der stets bereit ist, den schuldigen und ins Böse verstrickten Menschen Vergebung und Versöhnung zu schenken. Dieses Wort Gottes, das in Jesus Christus ergeht, das er bringt und verbürgt und selber ist, befreit den Menschen aus der Knechtschaft des Gesetzes. Das endgültige Wort Gottes in seinem Sohn (Hebr 1,1–2) offenbarte ja eine größere, alle früheren Offenbarungen des Gotteswillens übertreffende Liebe, sein Erbarmen für den durch das Gesetz verurteilten Sünder.

Da durch Jesus Christus, den Mittler der endgültigen Offenbarung, dem nur gebietenden und verbietenden, den Schuldigen nur verurteilenden Gesetz eine untergeordnete Rolle zugewiesen wurde, kann dieses Geschehen auch als Sieg verstanden werden. Diese Offenbarung der Liebe Gottes in Jesus Christus erlaubt, ja befiehlt dem Menschen, sogar das von Gott gegebene Gesetz nicht als Gottes letztes Wort zu verstehen. Damit ermächtigt Jesus Christus den vom Gesetz angeklagten Menschen, etwas über das gebietende und den Schuldigen nur anklagende Gesetz zu stellen und an Gottes Liebe und an einen Sinn des Daseins zu glauben.

Was bedeutet die durch Christus vermittelte Freiheit vom Gesetz?

Die durch Christus vermittelte Freiheit vom Gesetz ist kein Freibrief für sittlichen Libertinismus, denn dieser lässt den Menschen letztlich zum Sklaven werden. Auch Paulus, der im Galater- und im Römerbrief mit großem Nachdruck die Freiheit des Christen vom Gesetz verkündet, spricht nicht nur vom „Gesetz Christi“ (Gal 6,2), vom „Gesetz des Glaubens“ (Röm 3,27) und vom „Gesetz des Geistes und des Lebens in Christus Jesus“ (Röm 8,2), sondern fügt seiner langen Aufzählung der Werke des Fleisches die ernste Warnung hinzu: „Ich wiederhole, was ich euch schon früher gesagt habe: Wer so etwas tut, wird das Reich Gottes nicht erben“ (Gal 5,19–21). Die durch Jesus Christus vermittelte Freiheit vom Gesetz ist also anderer Art: Aufgrund der Offenbarung Christi wird das Gesetz gleichsam entthront, auf einen unteren Rang verwiesen und „nur“ zu einer weisen Weisung des liebenden Vaters. Damit verliert jedes nur gebietende, verbietende und den Schuldigen verurteilende Gesetz seine scheinbare Letztgültigkeit, denn das endgültige Wort Gottes in Jesus Christus spricht ja von grenzenlosem Erbarmen und schenkt die Verheißung von Vergebung und Versöhnung. Die durch Jesus Christus vermittelte Freiheit vom Gesetz ist die Freiheit der Söhne und Töchter im Haus des Vaters (vgl. Gal 4,4–7; Röm 8,14–17), die Freiheit in der Gemeinschaft von Brüdern und Schwestern, die sich in Ehrfurcht, Liebe und Achtung vor dem Vater und voreinander verwirklicht.

Der Sinn der biblischen Bilder von „Loskauf“ und „Sieg“

Die Verfasser der Heiligen Schrift benützen zur Verkündigung der Befreiungsbotschaft oft die bildlichen Redeweisen vom Loskauf der Gefangenen und vom Sieg über tyrannische, den Menschen versklavende Mächte. Obgleich diese Bilder verschiedene Vorstellungen wachrufen, stimmen sie in ihrem Grundsinn überein: Durch Jesus, sein Kommen und Leben, seinen Tod und seine Auferweckung sind die Glaubenden aus der Knechtschaft des Bösen, des Todes und des Gesetzes befreit worden. Da aber die Verfasser der Schrift auch über andere

Ausdrücke zur Vermittlung einer Befreiungsbotschaft verfügten, ist zu vermuten, dass die von ihnen mit Vorliebe verwendeten Bilder vom Loskauf und vom Sieg über den Grundsinn von Befreiung hinaus bedeutsame Aussagen über den Mittler des Heils und sein Werk enthalten. In der Tat:

Sowohl das Bild der Befreiung durch Loskauf aus Sklaverei und Gefangenschaft wie auch das Bild des Sieges über versklavende Tyrannen lassen Christi Heilswerk als Rettung aus hilfloser Not erkennen.

Christi Heilswerk als Rettung aus hilfloser Not

Sklaven, Kriegsgefangene, in Konzentrationslager Verschleppte, im Gulag Verschwundene, an Wucherer Verschuldete waren und sind auch heute unfähig, aus eigener Kraft die Freiheit zu erlangen. Die Verwendung der Bilder des Loskaufs und des Sieges bei der Verkündigung der Heilsbotschaft besagt also: Der auf sich allein gestellte Mensch vermag sich nicht aus der Sklaverei des Todes zu befreien, denn auch der Gesündeste kann nicht der vernichtenden Gewalt des Todes entrinnen. Und der Klügste vermag nicht die Finsternis des Todes zu durchdringen. Ebenso kann kein Mensch sich aus der Gewalt des Bösen und des ihn verurteilenden Gesetzes befreien; selbst wer glaubt, von eigener Schuld frei geblieben zu sein, vermag aufgrund seiner Solidarität mit der Leidens- und Schuldgeschichte der Menschheit keine Gewissheit über den Sinn seines Daseins zu gewinnen. Und selbst der schärfste Denker kann nicht erkennen, ob der souveräne Gott seinem dem Tod verfallenen, von eigener Schuld befleckten und/oder ins Böse seiner Welt verstrickten Dasein Versöhnung und Leben gewähren wird. Wenn er seine Erfüllung sucht, jedoch sich selbst überlassen bleibt, findet sich der Mensch in einer Situation der Hoffnungslosigkeit.

Die Größe des Heilswerkes

Zugleich deuten die Bilder „Loskauf“ und „Sieg“ die Größe des Heilswerkes Christi an. Wenn nämlich die neutestamentlichen Autoren vom Heilswerk Christi als „Loskauf“ und „Sieg“ sprechen, gebrauchen sie Ausdrücke, welche schon im Alten Testament bei der Erinnerung an die Befreiung aus Ägypten verwendet werden. Die Heilige Schrift beschreibt diese Heilstat Gottes als einen Loskauf von Sklaven (vgl. z.B. Ex 6,6 f; Dtn 7,8), und als einen Sieg Gottes über den Pharao und sein Heer (Ex 14–15). Diese Befreiung des Volkes Israel aus Ägypten gilt im AT als *die* Heilstat Gottes. „Israel gedachte immerfort in Psalmodie und Gebet (Ps 78,13; 114,3.5; 106,9.22; 136,13 ff; Neh 9,9 u.a.) des ‚Meereswunders‘;

die ‚Herausführung aus dem Sklavenhaus' wurde zum Hauptthema der Verkündigung (vgl. den Vorspruch des Dekalogs in Ex 20,2; Dtn 5,6; ferner Dtn 6,12; 8,14; 11,4; 13,6.11 u. a.) und des Glaubensbekenntnisses (Dtn 6,21 ff; 26,7 ff). Auch die Propheten greifen immer wieder darauf zurück (vgl. Jes 10,26; 11,15 f; 43,16 f u. a.; Jer 2,6; 7,22.15; 11,4.7; 16,14; 23,7; Ez 20,5 f 9 f; Hos 11,1; 12,14; Am 3,1; 9,7 u. a.)."[50] Wenn das Neue Testament mit der Terminologie, die im Alten Testament für die Befreiung aus Ägypten verwendet wird, von Gottes Handeln in Jesus Christus spricht, drückt es aus, dass das Heilswerk in Jesus Christus der größten Tat Gottes im Alten Bund gleichkommt, ja sie übertrifft.

Befreiung aus unverschuldeter Gefangenschaft

Da Menschen auch ohne sittliche Verfehlung in die Gefangenschaft tyrannischer Mächte geraten können, fehlt dem alttestamentlichen (durch die Bilder „Loskauf" und „Sieg" stark geprägten) „Erlösungsgedanken die Bezugnahme auf die Sünde fast ganz. Erlösung ist fast synonym mit Errettung aus Gefangenschaft, später aus Not, Drangsal, Tod."[51] Weil sie nicht von der in Freiheit begangenen Sünde und ihrer Vergebung sprechen, drücken diese Bilder zwar einen wichtigen Aspekt der Heilsbotschaft nicht aus; doch sind sie gerade deswegen in der gegenwärtigen Situation von besonderer Bedeutung für die Erfassung und Verkündigung der Botschaft von der Befreiung durch Christus: Der Ausfall des Bezugs auf persönliche Sünden und ihre Vergebung setzt die Befreiungsbotschaft in Beziehung zu

- der Problematik der Emanzipations- und Befreiungsbewegungen, welche hauptsächlich die Aufhebung unverschuldeter Knechtschaft anstreben;
- jener (bislang oft mit „Erbsünde" bezeichneten[52]) Verstrickung des Menschen ins Böse, welche sich aus seiner Solidarität mit einer durch die Sünde deformierten Menschheit ergibt und der Freiheit und Verantwortlichkeit des einzelnen vorausliegt, aber ihn im religiösen und sittlichen Bereich betrifft.

Damit sind der Theologie und der Verkündigung bedeutsame Möglichkeiten der Heilsverkündigung gegeben: Wenn die Theologie und die Verkündigung zeigen können, dass

- die Heilsbotschaft Christi zur Bemühung um Freiheit und Beseitigung aller ungerechten Unterdrückung ermächtigt und verpflichtet;
- der Glaube an den von Jesus Christus erschlossenen Gott der Liebe die vorpersonale Entfremdung des Menschen von Gott und den Mitmenschen im Ansatz überwindet,

dann erweist sich, dass das Evangelium von sich her eine Verbindung zu den Befreiungsbewegungen kennt und dass es auch dort als Frohe Botschaft von der Befreiung aus der Macht der Sünde verkündet werden kann, wo es (noch) nicht ein (deutliches) Bewusstsein der (in eigener Verantwortung begangenen) Schuld ansprechen kann.

Das Heilwerk Christi – Tat der Solidarität und seiner Gnade

Insofern die vom Neuen Testament verwendeten griechischen Ausdrücke von „Loskauf“ hebräische Begriffe aus zwei verschiedenen Wortstämmen wiedergeben, wird durch das Bild vom Loskauf *Christi Heilswerk als Tat betroffener Solidarität und als reiner Gnadenakt* zugleich bezeichnet.

- „Der Begriff *gaal* gehört dem Familienrecht an. Der *goel* ist der haftpflichtige nächste Verwandte, er hat das Leben und Gut der Familie, die in Unfreiheit geraten ist, für den Familienstand wieder einzulösen.“[53]. Die Anwendung dieser Begriffe auf das Heilswerk Gottes in Christus bedeutet, dass Gott und Christus gleichsam wie Verwandte durch die menschliche Verknechtung betroffen waren und sich wie haftpflichtige Verwandte für ihre Befreiung eingesetzt haben.
- Die gleichzeitige Anspielung auf den hebräischen Begriff *pidin* ergänzt diese Aussage. Bei dem Begriff *pidin* „kommt es bei der Auslösung und Befreiung nicht auf das verwandtschaftliche Verhältnis oder überhaupt auf die Person des Erlösers an, sondern allein darauf, dass ein Lösegeld bezahlt wird. Da es hier keinen rechtlich verpflichteten Einlöser gibt, ist der Begriff *pidin* geeignet, die Erlösung als reinen Gnadenakt zur Geltung zu bringen.“[54]

Der „Preis“ und die Kostbarkeit der Befreiung

Obgleich die Rede von Befreiung durch Loskauf schon im profanen Sprachgebrauch und erst recht in der Heiligen Schrift nicht notwendig die Bezahlung eines Lösegeldes impliziert, obwohl im Zusammenhang mit dem Heilswerk Christi die Erstattung eines Preises an Gott oder den Teufel auszuschließen ist, hat die Rede vom „Preis der Erlösung“ in der Liturgie einen tiefen Sinn: Sie deutet an, dass das Werk der Befreiung nicht leicht und billig war, sondern dem Befreier viel kostete – das Blut und das Leben Jesu. Weil „Loskauf“ an die Bezahlung eines hohen Preises denken lässt, bezeichnet dieses soteriologische Bild die Befreiungstat

Christi als Werk seiner Liebe (vgl. Joh 15,13; 1 Joh 3,16; Gal 2,20) und die erlangte Freiheit als ein kostbares Gut (1 Petr 1,18 f).

Korrektur von „Loskauf" durch „Sieg"

Indem die Schrift das Befreiungswerk auch als Überwindung der den Menschen versklavenden Mächte darstellt, berichtigt sie das Bild vom Loskauf: Der Befreier – (Gott in) Christus – entschädigt nicht die Sklavenhalter, sondern schlägt und besiegt sie. Die Tyrannen gewinnen nichts, sie werden geschlagen und verlieren ihre Macht.

Zusammenfassung

Jesus hat in seinem Kommen, Leben und Wirken, Leiden und Sterben, in seiner Auferweckung und Verherrlichung die Liebe Gottes zu den sündigen und ins Böse verstrickten, Leid und Tod unterworfenen Menschen geoffenbart und Gott als Vater gezeigt. So ist er Mittler jener Wahrheit, welche die Glaubenden befreit aus der Knechtschaft des Bösen und des Todes, der Mächte und Gewalten und des Gesetzes. Das Licht dieser durch Jesus Christus vermittelten Wahrheit genügt, um die den Menschen knechtenden Gewalten zu überwinden und den Menschen zu befreien.

Doch erhebt sich die Frage: Die Abnahme der Fesseln und das Öffnen des Kerkers ist gewiss ein großes Glück für die einstmals Gefangenen. Aber genügt ihnen dies oder sehnen sie sich nicht nach Aufnahme in die Gemeinschaft liebender Menschen? Wollen aus ungerechter Gefangenschaft endlich Befreite gleichsam Staatenlose sein? Auf ähnliche Weise können wir fragen: Genügt Befreiung aus der Gewalt des Bösen und des Todes dem Menschen? Verlangt der Mensch auf der Suche nach Glück und Erfüllung, Sinn und Heil nicht auch nach Aufnahme in eine geordnete Gemeinschaft? Die Heilige Schrift hat die genannte Frage nicht in dieser Weise ausgesprochen, jedoch beantwortet: Sie begnügt sich nicht damit, Jesus Christus als Befreier zu verkünden. Sie bekennt ihn auch als Mittler eines Bundes, als Stifter einer Gemeinschaft mit Gott und Menschen, welche die Befreiten als Söhne und Töchter Gottes und als Brüder und Schwestern in eine neue Familie, in ein neues Volk Gottes aufnimmt.

3. Stiftung des Neuen Bundes

Jesus Christus – Mittler eines Bundes (Hebr 8,6)

In jeder Feier der Eucharistie hören wir, dass Jesus beim letzten Abendmahl den Kelch nahm, ihn seinen Jüngern reichte und sprach: „Nehmet und trinket alle daraus: Das ist der Kelch des neuen und ewigen Bundes, mein Blut, das für euch und für alle vergossen wird zur Vergebung der Sünden." Diese Worte stützen sich auf die eucharistischen Einsetzungsberichte. Nach dem Markusevangelium (14,24) sagte Jesus beim Abendmahl über den Kelch, den er den Jüngern reichte: „Das ist mein Blut, das Blut des Bundes, das für viele vergossen wird." Im Matthäusevangelium (26,28) findet sich dasselbe Wort in leicht erweiterter Form: „Das ist mein Blut, das Blut des Bundes, das für viele vergossen wird zur Vergebung der Sünden." In dem von Paulus überlieferten Bericht (1 Kor 11,25) sagt Jesus: „Dieser Kelch ist der Neue Bund in meinem Blut." Nach dem Lukasevangelium (22,20) lautet Jesu Wort: „Dieser Kelch ist der Neue Bund in meinem Blut, das für Euch vergossen wird."

Im Neuen Testament finden wir das Wort „Bund" nur an diesen wenigen Stellen im Mund Jesu. Diese Worte wurden schon sehr früh in die Feier des Herrenmahles aufgenommen. So begegnet uns die Idee eines Neuen Bundes in anderen, zum Teil schon früher als die Evangelien abgefassten Schriften des Neuen Testaments: Im Galaterbrief (4,21–31), im Zweiten Korintherbrief (3,6–18) und im Hebräerbrief (8–13) wird das Wesen des durch Christus vermittelten Bundes erörtert. Der Hebräerbrief nennt Christus „Bürge eines besseren Bundes" (7,22) und „Mittler eines besseren Bundes, der auf bessere Verheißungen gegründet ist" (8,6).

Wenn wir uns vor Augen halten, dass in den synoptischen Evangelien „Reich Gottes" oder „Himmelreich" das zentrale Thema der Verkündigung Jesu ist, dass jedoch in den übrigen neutestamentlichen Schriften dieser Begriff nur selten und nur wie am Rande begegnet, dann ist die gleichsam umgekehrte Tatsache, dass einerseits in den Evangelien nur in sehr wenigen und knappen Texten von „Bund" die Rede ist, dass aber anderseits in den genannten neutestamentlichen Schriften „Bund" zu einem Thema theologischer Reflexion wurde, sehr bedeutsam. Offensichtlich beleuchtet die Rede „Jesus Christus ist Mittler eines besseren Bundes“ einen wichtigen Aspekt seines Heilswerkes. Dabei verwenden die neutestamentlichen Verfasser den ihnen vertrauten und wichtigen Begriff „Bund“.

„Bund“ im Alten Testament

Herkunft und ursprünglicher Sinn von „Bund“

Herkunft

Der Begriff „Bund“[55], welcher im Alten Testament das besondere Verhältnis Israels zu Gott bezeichnet, ist ursprünglich „ein soziologisch-rechtlicher Begriff. Er bezeichnet das durch gegenseitige, festverbindliche Absprache im Sinne einer Zusammengehörigkeit mit Rechten und Pflichten geordnete Verhältnis zweier (oder mehrerer) Partner, beziehungsweise die Absprache selbst.“[56]

Wesentliche Elemente

Wesentliche Elemente eines Bundes und des dadurch begründeten Verhältnisses sind

- Verbindung zu einer dauernden Gemeinsamkeit von Partnern, die nicht wie Eltern und Kinder schon naturhaft verbunden sind;
- Grundlegung eines friedlichen, ungestörten Rechtszustandes;
- Verbindlichkeit der übernommenen Verpflichtungen, die oft in einem Eid zum Ausdruck kommt, sodass manchmal „Eid“ geradezu ein Synonym von „Bund“ wird und Untreue zu einem Frevel auch gegenüber der Gottheit wird;
- „Das bundesgemäße Verhalten der Partner ...erschöpft sich nicht in einzelnen Sachleistungen, sondern fordert wesentlich ein freundschaftlicher Gesinnung, Solidarität, Loyalität, Gunst, Treue entsprechendes Gesamtverhalten.“[57]

Bund zwischen ungleichen Partnern

Ein „Bund“ kann auch zwischen ungleichen Partnern wie Siegern und Besiegten geschlossen werden, in dem „der Mächtigere dem Schwächeren seinen Schutz verspricht, während sich dieser zum Dienst für jenen verpflichtet ... In diesen Fällen kann die Anregung zu einem solchen Bund vom Schwächeren ausgehen; der Mächtigere aber gewährt ihn nach eigenem Gutdünken und diktiert seine Bedingungen.“[58]

Die Bedeutung von „Bund" im Alten Testament

Im Alten Testament bezeichnet „Bund" jenes Verhältnis zwischen Gott und Israel, welches Gott Israel schenken wollte: „Ich nehme euch als mein Volk an und werde euer Gott sein" (Ex 6,7; vgl. Lev 26,12 u. ö). Nach der Lehre des Alten Testamentes hat dieses Verhältnis eine Reihe von bemerkenswerten Eigentümlichkeiten:

Ein nicht naturhaft notwendiges, sondern gnadenhaft geschenktes Verhältnis

Das mit „Bund" bezeichnete Verhältnis zwischen Gott und Israel gründet nicht in irgendeiner naturhaften Beziehung zwischen Gott und Israel oder auf irgendeinem Vorzug oder einer Leistung Israels, sondern in der völlig souveränen Erwählung durch Gott. Dies wurde Israel gleichsam ins Stammbuch geschrieben: „Dich hat der Herr, dein Gott, ausgewählt, damit du unter allen Völkern, die auf der Erde leben, das Volk wirst, das ihm persönlich gehört. Nicht weil ihr zahlreicher als die anderen Völker wärt, hat euch der Herr ins Herz geschlossen und ausgewählt; ihr seid das kleinste unter den Völkern. Weil der Herr euch liebt und weil er auf den Schwur achtet, den er euren Vätern geleistet hat, deshalb hat der Herr euch mit starker Hand herausgeführt und euch aus dem Sklavenhaus freigekauft" [und zu seinem Volk gemacht] (Dtn 7,6–8; vgl. Dtn 10,15). Wenn das Alte Testament an anderen Stellen die Beziehung zwischen Gott und Israel wie die von Eltern zu ihren Kindern (z. B. Ex 4,22–23; Jes 1,2) oder wie die zwischen Mann und Frau (z. B. Jes 54,4–6, Hos 1–3) darstellt, betrachtet es nicht die Beziehung zwischen Gott und Israel als eine naturhafte auf Fleisch und Blut gegründete Beziehung, sondern hebt die Innigkeit der aus purer Gnade gewährten Beziehung hervor. Durch die Verwendung dieser Bilder aus dem familiären Bereich begegnet sie der Gefahr, die mit „Bund" bezeichnete Beziehung nach Art einer nur rechtlichen Beziehung zu verstehen.

Selbstbindung Gottes

Obwohl Gott in absolut souveräner Freiheit den Bund mit Israel schließt, bindet er im Bunde gleichsam sich selbst, verspricht und verpflichtet sich, dem Bund treu zu sein. Nach dem Buch Exodus ging bei der Erneuerung des Bundes der Herr an Mose vorüber und rief: „Jahwe ist ein barmherziger Gott, reich an Güte und Treue" (Ex 34,6). Im Buch Deuteronomium sagt Mose dem Bundesvolk: „Jahwe, dein Gott, ist der Gott; er ist der verlässliche Gott; noch nach tausend Generationen achtet er den Bund und hält denen die Treue, die ihn lieben und auf seine Gebote achten“ (Dtn 7,9).

Der Bund und die menschliche Freiheit

Weil in der „Bund“ genannten Beziehung Gott absolute Freiheit und souveräner Vorrang zukommt, ist Bund nicht gleichsam ein Vertrag unter Gleichen. Dennoch unterdrückt der absolut freie Gott keineswegs die Freiheit der zum Bund gerufenen Menschen, sondern fordert die Aktivität des Menschen heraus. Das zeigen die biblischen Darstellungen des Bundesschlusses und der Bundeserneuerungen (vgl. Dt 26,17–19; Jos 24,15–24). Demnach bietet Gott von sich aus den Bund an, doch erwartet er eine Annahme von Seiten des Volkes wie in Ex 19,7–8: Mose „rief die Ältesten des Volkes zusammen: er legte ihnen alles vor, was der Herr ihm aufgetragen hatte. Das ganze Volk antwortete einstimmig und erklärte: Alles, was der Herr gesagt hat, wollen wir tun. Mose überbrachte dem Herrn die Antwort des Volkes.“ So hat die Bundesbeziehung zwischen Gott und Israel trotz der radikalen Ungleichheit der Partner ein Element der Gegenseitigkeit.

Das Geschenk des Bundes und die Pflicht des Bundesvolkes

Der Gott, der aus Liebe Israel den einzigartigen Bund schenkte, verlangt vom Bundesvolk Gegenliebe: „Höre, Israel! Jahwe, unser Gott, Jahwe ist einzig. Darum sollst du den Herrn, deinen Gott, lieben mit ganzem Herzen, mit ganzer Seele, und mit ganzer Kraft“ (Dtn 6,4 f). Er fordert rückhaltloses Vertrauen (vgl. Num 14,11; 20,10–12). Weil zusammen mit dem Bundesschluss auch Gebote und Gesetze verkündet werden (vgl. Ex 19–20), ist die Befolgung der Gebote Verwirklichung und Zeichen der Treue gegenüber dem Bund. Wenn das Buch Deuteronomium (27 – 30) den dem Bundesgesetz Gehorsamen Segen verheißt, den Ungehorsamen aber Fluch androht, sagt es mit aller Deutlichkeit: Der Bund und die Zugehörigkeit zum Bund sind reine Gnade, jedoch nichts Billiges, denn sie sind untrennbar vom Befolgen der Gebote des Bundesherren.

Der Bund mit Gott und gesellschaftliche Pflichten

Die mit dem Bundesschluss verkündeten Gebote und Vorschriften handeln nicht nur von den Pflichten des Bundesvolkes gegenüber Gott, sondern auch von Pflichten gegenüber Mitmenschen. Besonders die Propheten (z. B. Jes 1,10–17; Mich 2,1–11; 3,1–3,3,9–11 u. ö.) betonen: Der Bund mit Gott verbietet Gewalt, Ausbeutung der Armen und

Unterdrückung der Schwachen, Bestechung und Rechtsbeugung, und er verlangt Gerechtigkeit gegenüber den Mitmenschen und Sorge um die Armen und Schwachen. Weil die Gesetze des gesellschaftlichen Lebens in den mit dem Bundesschluss verkündeten Geboten und Vorschriften gründen, darum beherrscht der Bund mit Gott das gesamte Leben des Bundesvolkes.

Der Bund und die Liturgie des Bundesvolkes

Die mit dem Bundesschluss verkündeten Gebote und Gesetze enthalten zahlreiche Vorschriften für den Kult (vgl. z. B. Ex 25 – 31; Lev 22,1–33). Aus dieser Beziehung zwischen dem Geschenk des Bundes und den liturgischen Vorschriften empfängt die Liturgie Israels ihre besondere Prägung: Sie hat den Charakter der Gedächtnisses an die großen Werke Gottes, die Befreiung aus Ägypten und die Erwählung zum Bundesvolk. Aufgrund ihres Zusammenhangs mit dem Geschenk des Bundes sind alle Opfer nicht menschliche Gaben, die Gott gnädig stimmen wollen oder von Gott Gegengaben verlangen. Und alle Sühneriten sind nicht menschliche Versuche, Gott von Zorn zu Güte und Versöhnung zu bewegen, sondern – als Teile des Bundes – sind sie von Gott aus Güte gewährte Wege, auf denen die (schuldig gewordenen) Menschen sich (wieder) Gott nähern dürfen.

Die Lehre des Neuen Testaments über den Neuen Bund

Die Wirklichkeit des Neuen Bundes

Ausdrücklich sprechen in den Evangelien über die Wirklichkeit des Neuen Bundes nur die schon erwähnten eucharistischen Einsetzungsberichte im Markusevangelium (14,24), im Matthäusevangelium (26,28) und im Lukasevangelium (22,20). Wenn wir jedoch verstehen, dass „Bund" eine dauerhafte Beziehung gegenseitigen Wohlwollens bezeichnet, dann können wir sagen, dass durch das Kommen und Leben, Wirken und Lehren, durch den Tod und die Auferweckung Christi die Beziehung der Menschen zu Gott eine neue Gestalt fand, und dass dies in Anlehnung an den zentralen Begriff des Alten Testaments „Stiftung eines Neuen Bundes" genannt werden kann.

Jesu Wirken und der Neue Bund

Das Markusevangelium fasst die Verkündigung Jesu zusammen mit den Worten: Jesus „verkündigte das Evangelium Gottes und sprach: Die Zeit ist erfüllt, das Reich Gottes ist nahe. Kehrt um, und glaubt an das Evangelium“ (Mk 1,14 –15). Jesus selbst interpretiert sein Wirken als Anbruch des Reiches Gottes: „Wenn ich die Dämonen durch den Geist Gottes austreibe, dann ist das Reich Gottes zu euch gekommen“ (Mt 12,28; vgl. Lk 11,20). In der Bergpredigt stellt Jesus seine Autorität über die des Mosaischen Gesetzes, wenn er sagt: „Ihr habt gehört, dass gesagt worden ist: Du sollst nicht die Ehe brechen. Ich aber sage euch: Wer eine Frau auch nur lüstern ansieht, hat in seinem Herzen schon Ehebruch mit ihr begangen“ (Mt 5,27–28). Von sich sagt er, dass in ihm Gott in höherer Weise als im Tempel gegenwärtig ist. „Ich sage euch: Hier ist einer, der größer ist als der Tempel“ (Mt 12,6). Er beansprucht, dass in ihm die Sehnsucht der Gläubigen des Alten Bundes Erfüllung findet, wenn er zu seinen Jüngern sagt: „Selig sind die, deren Augen sehen, was ihr seht. Ich sage euch: Viele Könige und Propheten wollten sehen, was ihr seht, und haben es nicht gesehen, und wollten hören, was ihr hört, und haben es nicht gehört“ (Lk 10,23–24; vgl. Mt 13,16–17). Anbruch des Gottesreiches, ein Neues Gesetz, ein neuer „Ort“ der besonderen Gegenwart Gottes, Erfüllung bislang nicht erfüllter Sehnsucht aber beinhaltet in biblischer Sprache die Wirklichkeit eines neuen „Bundes“.

Wendepunkt der Heilsgeschichte

Mit den Worten: „Bis zu Johannes hatte man nur das Gesetz und die Propheten. Seitdem wird das Evangelium vom Reich Gottes verkündet“ (Lk 16,16), beansprucht Jesus, dass mit ihm ein neuer Abschnitt der Heilsgeschichte beginnt. Derselbe Gedanke findet sich im Prolog des Johannesevangeliums: „Das Gesetz wurde durch Mose gegeben, die Gnade und Wahrheit kamen durch Jesus Christus“ (Joh 1,17). Auf ähnliche Weise spricht Paulus von einem Wandel der Heilssituation: „Ihr steht nicht unter dem Gesetz, sondern unter der Gnade“ (Röm 6,14; vgl. Röm 6,15; Gal 3,23–25). Nach diesen Worten des Neuen Testamentes war die Zeit vor Christus eine vom Gesetz beherrschte Periode der Heilsgeschichte; der durch Jesus Christus inaugurierte Abschnitt hingegen ist die Zeit der Gnade und der Wahrheit. Obwohl die biblischen Autoren nicht von „Bund“ sprechen, drücken sie die Überzeugung aus: Jesus Christus ist ein Wendepunkt der Heilsgeschichte; die Ordnung der früheren Periode (der alte „Bund“) wird umgestaltet, sodass eine neue Ordnung (ein neuer „Bund“) begründet wird.

Ein neues Bundesvolk

Einige neutestamentlichen Texte sprechen von einem neuen Volk Gottes. Im Titusbrief heißt es: Christus Jesus „hat sich für uns hingegeben, um uns von aller Schuld zu erlösen und sich ein reines Volk zu schaffen, das ihm als besonderes gehört“ (Tit 2,14). Der Erste Petrusbrief sagt den Gläubigen: „Ihr seid ein auserwähltes Geschlecht, eine königliche Priesterschaft, ein heiliger Stamm, ein Volk, das sein besonderes Eigentum wurde“ (1 Petr 2,9). In der Offenbarung des Johannes (5,9–10) singen die vierundzwanzig Ältesten zum Preis des Lammes:

„Du wurdest geschlachtet und hast mit deinem Blut Menschen für Gott erworben aus allen Stämmen und Sprachen, aus allen Nationen und Völkern, und du hast sie für unseren Gott zu Königen und Priestern gemacht.“

Gewiss, in den angeführten Stellen wird „Bund“ nicht ausdrücklich genannt. Doch da im Alten Testament „Bund“ die Beziehung zwischen Jahwe und dem Volk Israel bezeichnet, schließt die Rede von einem neuen Volk die Wirklichkeit eines neuen Bundes mit ein.

Die Beziehung zwischen Altem und Neuem Bund

Wie die Gläubigen des Alten Bundes so betrachteten auch die Apostel und die ersten Christen den Bund Gottes mit Israel als großes Gnadengeschenk (vgl. Röm 9,4; Eph 2,12). Daher „mussten“ sie über die Beziehung zwischen dem Alten und Neuen Bund nachdenken.

Kontinuität

Nach dem von Paulus überlieferten Bericht (1 Kor 11,25) sagt Jesus beim Letzten Abendmahl: „Dieser Kelch ist der Neue Bund in meinem Blut.“ Nach dem Lukasevangelium (22,20) sagt Jesus: „Dieser Kelch ist der Neue Bund in meinem Blut, das für Euch vergossen wird“. Dieses Wort spielt auf die Verheißung eines Neuen Bundes bei dem Propheten Jeremia an: „Seht, Tage kommen – Wort des Herrn –, in denen ich mit dem Haus Israel und dem Haus Juda einen Neuen Bund schließen werde“ (Jer 31,31). Obwohl der Hebräerbrief die Überlegenheit des Neuen Bundes betont, zitiert er (8,8–12) die durch den Propheten Jeremia vermittelte Verheißung des Neuen Bundes und lehrt damit eine Kontinuität zwischen Altem und Neuen Bund. Auf ähnliche Weise betrachten das Lukasevangelium (Lk 1,72–73) und die Apostelgeschichte (Apg 3,24–25,13,32–33) das Werk Gottes in Jesus als Erfüllung der Verheißungen Gottes im Alten Bund. Kurz: Weil Gottes Verheißungen in Christus erfüllt wurden, weil überdies im Alten Bund die Verheißung eines neuen Bundes erging, darum besteht Kontinuität zwischen Altem und Neuem Bund.

Überlegenheit des Neuen Bundes

Im Galaterbrief 4,21–31 vergleicht Paulus unter Rückgriff auf die Erzählungen von den zwei Frauen des Abraham und ihrer Söhne (Gen 16–21) die zwei Testamente: Hagar und ihr Sohn Ismael repräsentieren den Alten Bund, Sarah und ihr Sohn Isaak repräsentieren den Neuen Bund. Demnach wurden die Glieder des Alten Bundes auf natürliche Weise gezeugt (4,22), sind Söhne einer Sklavin (4,22), sie leben in der Knechtschaft (4,25), sind nicht Erben (4,30): Die Glieder des Neuen Bundes hingegen wurden aufgrund der Verheißung gezeugt (4,23.28), sind Söhne der Freien (4,30), sind Erben (4,30).

Auch der Zweite Korintherbrief (3,6–18) handelt von dem Unterschied des Alten und Neuen Bundes und betont die Überlegenheit des Neuen Bundes: Demnach ist der Alte Bund ein Dienst, der zum Tod (3,6.7), der Verurteilung führt (3,9); er hatte eine vergängliche Herrlichkeit (3,7), nimmt in Christus ein Ende (3,14). Der Neue Bund hingegen ist ein Bund des Geistes, der lebendig macht (3,6) und zur Gerechtigkeit führt (3,9).

Der Hebräerbrief thematisiert ebenfalls die Überlegenheit des Neuen Bundes. Nach dieser Schrift ist der Erste Bund veraltet und dem Untergang nahe (8,13), sein Gesetz enthält nur einen Schatten der zukünftigen Dinge, nicht die Gestalt der Dinge selbst (10,1). Es war schwach und nutzlos (7,18). Weil der erste Bund nicht ohne Tadel war, musste man versuchen, einen zweiten an seine Stelle zu setzen (8,7) Der Neue Bund hingegen ist ein besserer Bund (7,22), der auf bessere Verheißungen gegründet ist (8,6), mit ihm wird eine bessere Hoffnung eingeführt, durch die wir Gott nahe kommen (7,19). Im Neuen Bund waltet ein Hohepriester, der ein unvergängliches Priestertum hat (7,24), einer der heilig ist, unschuldig, makellos, abgesondert von den Sündern, erhöht über die Himmel, einer, der es nicht nötig hat, wie die Hohenpriester (des ersten Bundes), zuerst für die eigenen Sünden Opfer darzubringen und dann für die des Volkes (7,26).

Die Schärfe mancher der zitierten Urteile ist wohl bedingt durch die damalige Auseinandersetzung um die Verbindlichkeit des mosaischen Gesetzes und um die Bedeutung des Tempelkultes. Doch bringen die genannten neutestamentlichen Schriften im Grunde dieselbe Überzeugung wie andere Schriften zum Ausdruck: Mit Jesu Lehren und Wirken ist das Reich Gottes schon angebrochen (Mk 1,14–15, Mt 12,28); Jesu Autorität übertrifft die Autorität des Mosaischen Gesetzes (Mt 5,27–28); im Neuen Bund ist einer, der größer ist als der Tempel (Mt 12,6); in ihm findet die Sehnsucht der Gläubigen des Alten Bundes Erfüllung (Lk 10,23–24; Mt 13,26–27).

Eigenschaften des Neuen Bundes

Universalität des Neuen Bundes

In den sogenannten Einsetzungsberichten des Markus- und Matthäusevangeliums sagt Jesus über den Becher, den er den Jüngern reicht: „Das ist mein Blut, das Blut des Bundes, das für viele vergossen wird" (Mk 14,24; Mt 26,28). Dieses Becherwort ähnelt dem Lösegeldwort „Der Menschensohn ist nicht gekommen, um sich dienen zu lassen, sondern um zu dienen und sein Leben hinzugeben als Lösegeld für viele" (Mk 10,45 = Mt 20,28). Da 1 Tim 2,6 anscheinend auf dieses Lösegeldwort anspielt, jedoch das „für viele" mit „für alle" wiedergibt, können wir sagen: Das Becherwort spricht von der universalen Heilsbedeutung des Sterbens Christi; und da es zugleich vom Bund spricht, spricht es von der universalen Offenheit des Bundesangebotes.

Die Überzeugung, dass der Neue Bund allen Menschen angeboten ist, liegt wichtigen Weisungen Jesu und Anschauungen der Urchristen zugrunde: Sendung der Jünger zu allen Völkern (Mt 28,19); Feier des Herrenmahles, in welchem im Kelch der neue Bund (vgl. 1 Kor 11,25; Lk 22,20) Juden und Heiden dargeboten wird. Von der Universalität des Neuen Bundes sprechen auch alle Stellen, die von einem neuen Gottesvolk aus allen Völkern sprechen (vgl. Offb 5,9–10), überall, wo die Privilegien des Ersten Bundes dem aus Juden und Heiden gebildeten Neuen Gottesvolk, zugesprochen werden (Petr 2,9–10), wo die Rede ist von der Einheit von Juden und Heiden vor Gott und von ihrem gleichen Zugang zu Gott (Eph 2,11–12; Röm 11,25–32).

Endgültigkeit und Ewigkeit

Von einem „ewigen" Bund spricht das Neue Testament ausdrücklich nur ein einziges Mal: In dem Segenswunsch am Ende seines Schreibens nennt der Hebräerbrief Jesus den erhabenen Hirten seiner Schafe, den Gott „von den Toten heraufgeführt hat durch das Blut eines ewigen Bundes" (Hebr 13,20). Doch aus dem Gesamt der Lehre der Schrift geht hervor, dass das (mit „Bund" zusammengefasste) von Jesus Gesagte und Getane Endgültigkeit beansprucht: Nach Mt 24,35 sagt Jesus: „Himmel und Erde werden vergehen, aber meine Worte werden nicht vergehen". Jesu Zeigen des Vaters genügt den Menschen (vgl. Joh 14,8–9). Er ist der einzige Mittler zwischen Gott und den Menschen (1 Tim 2,5; Apg 4,12), *der* Weg zum Vater (Joh 14,6). Jesus „hat, weil er auf ewig bleibt, ein unvergängliches Priestertum. Dadurch kann er auch die, die durch ihn vor Gott hintreten, für immer retten; denn er lebt allezeit um für sie einzutreten" (Hebr 7,24–25). Kurz: Wer glaubt, dass durch Jesu Wort und Wirken das Reich Gottes angebrochen ist, dass Jesu Wort für immer gilt, dass er *der* Weg zum Vater ist, der glaubt, dass durch ihn ein neuer und ewiger Bund gestiftet wurde.

Die Frohbotschaft von der Stiftung eines Neuen Bundes durch Jesus Christus – Ein Deutungsversuch

Die Stiftung des Neuen Bundes

Da in den sogenannten eucharistischen Einsetzungsberichten das Wort „Bund" sich in einem Wort Jesu findet (Mt 26,28; Mk 14,24; Lk 22. 20; 1 Kor 11,25), erscheint das Letzte Abendmahl wie der Akt der Stiftung des Neuen Bundes. In anderen Texten des Neuen Testaments jedoch scheint der Tod Jesu (Apg 20,28; Tit 2,14; Hebr 9,12) und in Hebr 13,20 die Auferweckung eine wichtige Rolle in der Stiftung des Neuen Bundes zu spielen. Aufgrund dieser Lehre der Schrift können wir sagen: Der Neue Bund wurde nicht in einem Einzelakt gestiftet, sondern durch sein ganzes Werk, durch sein Kommen und Leben, sein Lehren und Wirken, sein Leiden und seine Verherrlichung ist Jesus Christus Mittler eines Neuen Bundes geworden.

Jesu Lehren und Wirken und die Stiftung eines Neuen Bundes
Durch Jesu Ankündigung des Reiches Gottes und durch sein Wirken, durch welches das Reich Gottes schon anfängt, verändert sich die Beziehung der Menschen zu Gott. In seiner Bergpredigt (Mt 5–7) spricht er wie ein Neuer Mose und am letzten Abend verkündet er ein neues Gebot (Joh 13,34). So vermittelt Jesu Leben und Wirken den Men-

schen ein neues Gottesverhältnis, einen neuen Zugang zu Gott, einen neuen „Bund".

Jesu Tod und Auferweckung und die Stiftung des Neuen Bundes

Jesu Einstellung zum Tempel und zum Gesetz offenbart sein Bewusstsein, dass mit ihm ein neuer Abschnitt der Heilsgeschichte begonnen hat. Wegen dieses Anspruchs wurde er von den religiösen Autoritäten als Gotteslästerer verworfen und den Römern zur Hinrichtung am Kreuz ausgeliefert. Durch die Machttat der Auferweckung von den Toten aber bestätigte Gott Jesu Anspruch, dass durch ihn ein neues Verhältnis der Menschen zu Gott seinen Anfang nahm, dass ein neuer Bund begründet wurde. Kurz: Die Stiftung des Neuen Bundes ereignete sich nicht durch einen bestimmten Akt, oder in einer feierlichen Zeremonie. Vielmehr wurde durch das ganze Werk Christi, durch sein Kommen und Leben, Wirken und Lehren, Leiden, Sterben und Auferstehen und durch die Sendung des Heiligen Geistes der Neue Bund begründet.

Der Sinn der Rede von der Stiftung eines Neuen Bundes

Mit dem Ausdruck „Jesus Christus ist Mittler des Neuen Bundes" kann unter einem bestimmten Gesichtspunkt sein Werk auf folgende Weise zusammengefasst werden: Durch Christi Kommen und Leben, Wirken und Lehren, Tod und Auferstehen bietet Gott allen Menschen verlässliche Gemeinschaft in Erbarmen und Partnerschaft mit ihm an. Dadurch erfährt die Situation des Menschen vor Gott und die Beziehung zwischen Gott und Mensch eine grundlegende Änderung. Die Verwendung der Rede von „Bund" betont die Eigenart der neu geschaffenen Beziehung:

- Die Beziehung gründet nicht auf menschlicher Leistung, sondern allein in Gottes freier Gnade.
- Obwohl Gott in absoluter Freiheit und Macht diese Beziehung schenkt, obwohl er immer freier und absoluter Herr ist und bleibt, bindet er gleichsam sich selbst, legt sich gleichsam für immer fest, dem Menschen ein treuer und wohlwollender Partner zu sein
- Obwohl Gott aus völlig eigener Initiative durch Christus den Neuen Bund stiftet, überspringt er nicht die Freiheit des Menschen, sondern fordert durch das Bundesgesetz das Tun des Menschen heraus: Als Mitglied des Bundes wird der Mensch nicht nur gerufen: Du sollst „den Herrn, deinen Gott, lieben mit ganzem Herzen und ganzer Seele, mit all deinen Gedanken und all deiner Kraft … und den

Nächsten lieben wie dich selbst" (Mk 12,30–31). Im Gesetz des Neuen Bundes verlangt Christus mehr, wenn er sagt: „Liebt einander! Wie ich euch geliebt habe, so sollt auch ihr einander lieben" (Joh 13,31), und wenn er von den Gliedern des Bundes die Bereitschaft zu vergeben fordert (Mt 18,21–35) und sogar von ihnen verlangt, durch Feindesliebe Gott nachzuahmen (Mt 5,43–48). So ist Bund und Gliedschaft im Bund ein völlig unverdientes Geschenk, aber keineswegs eine billige Gnade.

Stiftung des Neuen Bundes – ein Aspekt des Heilswerkes

Nach den vorangehenden Darlegungen vollbrachte Jesus Christus durch dieselben Akte und Geschehnisse sein Offenbarungswerk, sein Versöhnungswerk, sein Befreiungswerk und sein Werk der Stiftung des Neuen Bundes. Demnach gibt es nur ein Heilswerk. Um die Einheit und den vielgestaltigen Reichtum des Heiles Christi zu erfassen, soll im Folgenden die Beziehung der Bundesstiftung zu anderen Aspekten des Heilswerkes erörtert werden.

Die Stiftung des Neuen Bundes und das Offenbarungswerk

Obwohl im Mund Jesu das Wort „Bund" nur in den sogenannten Einsetzungsberichten zu finden ist, und die Becherworte beachtliche Unterschiede aufweisen, und obwohl man nicht den ursprünglichen Wortlaut rekonstruieren kann, kann man die Möglichkeit, dass Jesus selbst von „Bund" und von einem „Neuen Bund" gesprochen habe, nicht ausschließen: Die Worte entstammen zwei verschiedenen Traditionen; beide Traditionen sprechen von einem Ereignis beim Letzten Abendmahl; beide Traditionen können weit zurück und bis in die Nähe der berichteten Ereignisse verfolgt werden; sie haben die Eigenart liturgischer Texte; trotz ihrer Verschiedenheit enthalten sie das sonst von Jesus nicht gebrauchte Wort „Bund". Im Hinblick auf diese Beobachtungen ist es berechtigt zu sagen: Möglicherweise hat Jesus in der Tat beim letzten Abendmahl vom „Bund" gesprochen.

Doch: Selbst wer beweisen könnte, dass Jesus ausdrücklich von der Stiftung eines neuen Bundes gesprochen habe, kann nicht glauben, dass Jesus Mittler eines Neuen Bundes ist, solange er nicht Jesus als Offenbarer Gottes erkannt und geglaubt hat. „Bund" bezeichnet ja ein von Gott in unableitbarer freier Entscheidung dem Menschen gewährtes

Verhältnis zu ihm. Wenn Jesus nicht der Offenbarer Gottes wäre, dann wäre sein Sprechen von einem durch ihn vermittelten Gottesbund eine ungeheuerliche Anmaßung. Mit anderen Worten: Nur wenn wir in Jesu Worten Gottes Entscheidung vernehmen, nur wenn wir, sofern wir ihn sehen, auch Gott „sehen", können wir ihn als Mittler eines Neuen Bundes kennen und anerkennen. Nochmals und anders gewendet: Jesu Werk als Mittler des Bundes setzt seine Eigenschaft und Sendung als Offenbarer der Liebe Gottes voraus.

Die Stiftung des Bundes und das Werk der Versöhnung

„Gott hat durch Christus die Welt mit sich versöhnt" und „Gott hat durch Christus einen Neuen Bund begründet" sprechen in ähnlicher Weise davon, dass es im Heilswerk vornehmlich um die Beziehung des Menschen zu Gott geht. Doch setzen „Bundesstiftung" und „Versöhnung" verschiedene Akzente:

- „Versöhnung" spricht von Beendigung einer Entfremdung, eines Zwistes, einer Feindschaft und von Wiederaufnahme guter Beziehungen. „Versöhnung mit Gott" deutet an, dass wir Menschen oft in einer Situation des Misstrauens gegenüber Gott und des Zwistes leben, dass aber durch die in Jesus erscheinende Güte und Menschenfreundlichkeit Gottes den Menschen Frieden mit Gott angeboten wird. Zu „Versöhnung" gehören Begriffe wie „Vergebung" und „Verzeihung".
- „Bundesstiftung" spricht von Begründung einer besonderen freundschaftlichen Beziehung zwischen Menschen, die ursprünglich keine Beziehung haben. „Stiftung des Neuen Bundes" deutet an, dass durch Jesus Christus den Menschen eine besondere Beziehung zu Gott ermöglicht wurde, dass sie Gott gehören und unter seinem Schutz stehen. Zu „Bundesstiftung" gehören Begriffe wie „Auserwählung", „Schutzherrschaft", „Treue", „Bindung".

Die Stiftung des Bundes und das Befreiungswerk

Nach der Darstellung des Alten Testamentes befreite Gott sein Volk aus der Knechtschaft Ägyptens, besiegte die Armee des Pharao und schloss in der Wüste einen Bund, durch den Jahwe sich zum Gott Israels machte und Israel das Volk Jahwes wurde (vgl. Ex 20,2–3; Dtn 29,24 u. ö.) Nach der Darstellung des Neuen Testaments hat Gottes Heilswerk in Christus eine ähnliche Struktur: Gott befreit Menschen aus Gefangenschaft und nimmt sie in die Gemeinschaft mit sich auf. Wenn Gott Gefangene befreit, löst und zerbricht er nicht nur die Fesseln und öffnet nicht nur die Kerkertüren, sondern bietet ihnen im Vaterhaus Gemeinschaft mit ihm und mit Brüdern und Schwestern an. Somit ergänzt „Bundesstiftung“ die Rede von „Befreiung“ durch Loskauf oder Sieg über versklavende Mächte. „Befreiung“ entspricht dem urtümlichen Verlangen des Menschen nach Freiheit; „Bundesstiftung“ entspricht dem gleichfalls urtümlichen Verlangen des Menschen nach Zugehörigkeit und Annahme.

IV. Das Pascha des Mittlers des Heils

Die neutestamentlichen Schriften und die Liturgie sprechen oft gleichsam im gleichen Atemzug von Christi Kreuzestod und seiner Auferstehung: Im Ersten Brief an die Korinther schreibt der Apostel Paulus von der Bedeutung des Glaubens an den gekreuzigten Herrn: „Ich hatte mich entschlossen, bei euch nichts zu wissen, außer Jesus Christus, und zwar als den Gekreuzigten“ (1 Kor 2,2). Im selben Brief (15,14) betont Paulus jedoch mit Emphase die einzigartige Heilsbedeutung der Auferweckung Christi mit den Worten: „Ist Christus nicht auferweckt worden, dann ist unsere Verkündigung leer und euer Glaube sinnlos“. Auf ähnliche Weise fügen die Gläubigen in der Eucharistie dem Bekenntnis „Deinen Tod, o Herr, verkünden wir“ unmittelbar hinzu: „Deine Auferstehung preisen wir.“ Für Christen ist ja der Gekreuzigte nicht der einmal Gewesene und Vergangene, sondern der Auferweckte und der Lebende. Und der Auferweckte und Lebende ist nicht irgendein göttliches Wesen, sondern Jesus von Nazaret, der unter Pontius Pilatus gekreuzigt wurde.

Da im Neuen Testament sowohl der Kreuzestod wie auch die Auferweckung, diese zwei grundverschiedenen Ereignisse, im Zentrum des Glaubens stehen, ist es verständlich, dass die Liturgie, die Frömmigkeit und die Theologie oft eines dieser Elemente mehr als das andere betont haben. So stand seit Jahrhunderten in der Westkirche der Kreuzestod Jesu im Zentrum der Aufmerksamkeit der Frömmigkeit und der theologischen Besinnung. Seit der Mitte des vergangenen Jahrhunderts betonen jedoch manche theologischen Werke vor allem die Heilsbedeutsamkeit der Auferstehung Christi von den Toten. Wir können die Frage, welche Ausprägung der theologischen Reflexion auf das Geheimnis des Heils die bessere sei, dahingestellt sein lassen. Denn im Hinblick auf das Zeugnis der Schrift muss die Theologie sich mit der Heilsbedeutung sowohl des Todes wie der Auferweckung Christi befassen.

1. Der Kreuzestod des Mittlers des Heils

Er wurde für uns gekreuzigt unter Pontius Pilatus
hat gelitten und ist begraben worden.
(Ökumenisches Glaubensbekenntnis)

Der Kreuzestod Jesu Christi steht im Zentrum des Christlichen Glaubens. Das Kreuz wurde zum Zeichen der Christen aller Kirchen. In der Mitte der Eucharistiefeier wird das Geheimnis des Glaubens gefeiert mit den Worten: „Deinen Tod, o Herr, verkünden wir." Doch was bedeutet das?

Die Wirklichkeit des Kreuzestodes Jesu

Die Tatsächlichkeit des Kreuzestodes

Dass Jesus von Nazaret tatsächlich am Kreuz gestorben ist, kann aus folgenden Gründen vernünftigerweise nicht bestritten werden:
- Tacitus, ein römischer, nicht-christlicher Geschichtsschreiber, erwähnt, dass Jesus von Nazaret unter Pontius Pilatus zum Tod verurteilt und durch Kreuzigung hingerichtet wurde. Da diese Notiz in einem antichristlichen Zusammenhang verzeichnet ist, kann es sich schwerlich um eine christliche Einfügung handeln.
- Die wichtigsten Quellen des christlichen Glaubens, die Evangelien und die neutestamentlichen Briefe, sprechen vom Kreuzestod Jesu. Da die Verfasser und die Adressaten um die abstoßende Grausamkeit und Schmach der Hinrichtung am Kreuz wussten und sie tief empfanden (vgl. 1 Kor 1,23; Gal 5,11; Hebr 12,2; 13,13), „konnten" sie nicht erfinden, dass jener, den sie als Retter der Welt verkündeten, durch die nur auf Sklaven und Hochverräter anwendbare Todesstrafe hingerichtet worden sei. Eher als einen unverblümten Bericht und wiederholte Erwähnung hätte man betretenes Verschweigen erwartet. Doch hier stellt sich die Frage:

Wie kam es zur Hinrichtung Jesu durch Kreuzigung? Die Evangelien lassen erkennen: Jesu Hinrichtung am Kreuz, war Folge seines Konfliktes mit Kreisen führender Juden und Römer.

Jesu Konflikt mit den Juden

Gewöhnlich hielt sich Jesus an die Gebräuche seines Volkes und der jüdischen Religion. Doch in den Augen mancher Leute brach er das Sabbatgebot (Mk 2,23–36), seine Jünger hielten nicht das Fasten (Mk 2,18–22) und beobachteten nicht die Reinheitsvorschriften (Mk 7,1–5). Er sprach und lehrte mit einer Autorität, sodass die die Menschen betroffen waren „von seiner Lehre; denn er lehrte sie wie einer, der Vollmacht hat, nicht wie die Schriftgelehrten“ (Mk 1,22). In der Bergpredigt stellte er sein Wort zwar nicht gegen, aber doch über die höchste Autorität des Judentums, über das Wort des Mose, welches als Wort Gottes galt. Er erwartete, dass Menschen um seinetwillen alles aufgeben (Mk 10,29). Er sagte Menschen Vergebung ihrer Sünden zu und nahm notorische Sünder in seine Mahlgemeinschaft und damit in seine Gottesbeziehung auf. Sein Reden und Tun enthält den Anspruch, dass er Salomon und Jona überragt (Mt 12,41 f), dass er über dem Sabbatgebot steht (Mt 12,1–8), dass in ihm Gott in höherer Weise als im Tempel gegenwärtig ist, wenn er sagt: „Ich sage euch: Hier ist einer, der größer ist als der Tempel“ (Mt 12,6). Ein derartiger Anspruch galt als eine Gotteslästerung, welche nach dem Gesetz (vgl. Lev 24,16) den Tod verdient. In der Sicht der religiösen und politischen Führer seines Volkes untergrub Jesus damit nicht nur ihre Religion, sondern gefährdete auch die Sicherheit des Volkes. Menschen hielten ihn für den Messias, von dem sie Befreiung aus der Fremdherrschaft der Römer erhofften. Und manche wollten „ihn in ihre Gewalt bringen und zum König machen“ (Joh 6,15). So sehr sie ein Ende der Römerherrschaft herbeiwünschten, bei den Führern des Volkes erregte die Möglichkeit von Unruhen Besorgnis und Angst; sie fürchteten das Eingreifen der übermächtigen Römer, dass bei Unruhen „die Römer kommen und uns die heilige Stätte und das Volk nehmen“ (Joh 11,48). Und so haben die religiösen Führer der Juden sowohl aus religiösen Motiven wie auch aus politischen Gründen Jesus den Römern ausgeliefert.

Jesu Konflikt mit den Römern

Da in der Zeit Jesu in Palästina die Kreuzigung eine von den Römern verhängte und ausgeführte Weise der Hinrichtung war, muss auch ein Konflikt mit den Römern Ursache des Kreuzestodes gewesen sein.

Obwohl nach dem Zeugnis des Neuen Testamentes Jesus sich nirgendwo gegen die Fremdherrschaft der heidnischen Römer über Israel, ja nicht einmal gegen die verhasste, dem römischen Kaiser zu entrichtende Steuer aussprach (Mk 12,13–17), gab es dennoch vieles, weswegen Jesus den Römern unliebsam wurde: Die Begeisterung der Massen für Jesus schürte ihre Angst vor Aufständen und Unruhen. Zu seinem Jüngerkreis gehörte einer, der „Eiferer" genannt wurde und vielleicht der Partei der Zeloten angehörte, welche einen gewaltsamen Umsturz anstrebte. Den mit den Römern sich arrangierenden Herodes nannte Jesus „Fuchs" (Lk 13,32) und den Herodianern gab er eine blamable Abfuhr (vgl. Mk 12,13–17). Begleiter Jesu trugen bei seiner Verhaftung ein Schwert (Mk 14,47, Lk 22,38). Wenn das Volk Jesus als Messias feierte, konnten die Römer nur an politischen Aufruhr denken und Unruhen befürchten.

Menschliche Sünde und Jesu Kreuzestod

Da im Neuen Testament der Tod Jesu oft mit Sündenvergebung in Zusammenhang gebracht wird, muss der Beziehung zwischen menschlicher Bosheit und dem Kreuzestod Jesu nachgegangen werden. Dabei geht es nicht um Schuldzuweisung, sondern nur um die konkreten Umstände des Todes des Jesus von Nazaret, welchen der christliche Glaube als Quelle von Sündenvergebung und Rechtfertigung betrachtet.

Irrtum, Verblendung, Sünde auf Seiten der Römer

Nach der Darstellung des Lukasevangeliums wusste Pilatus, dass Jesus kein todeswürdiges Verbrechen begangen hatte (Lk 23,4. 13–26). Ähnliches sagt das Matthäusevangelium: „Während Pilatus auf dem Richterstuhl saß, ließ seine Frau ihm sagen: Lass die Hände von diesem Mann, er ist unschuldig. Ich hatte seinetwegen heute Nacht einen schrecklichen Traum" (Mt 27,19). Pilatus aber „wusch sich vor allen Menschen die Hände und sagte: ich bin unschuldig am Blut dieses Menschen … Darauf ließ er Barabbas frei und gab den Befehl, Jesus zu geißeln und zu kreuzigen" (Mt 27,24–26). Nach der Darstellung des Markusevangeliums merkte Pilatus, „dass die Hohenpriester nur aus Neid Jesus an ihn ausgeliefert hatten" (15,10). Dennoch aber „ließ Pilatus, um die Menge zufriedenzustellen, Barabbas frei und gab den Befehl, Jesus zu geißeln und zu kreuzigen" (15,15).

Anderseits müssen wir fragen: Was verstand Pilatus schon von dem „Fall Jesus“, dem kleinen Mann aus Galiläa, von seinem Streit mit der religiösen und politischen Elite Israels? Musste er nicht auf jeden Fall gegen Ruhestörer jedweder Art streng vorgehen? Konnte er in der Zeit wachsender Gärung überhaupt sich eingehend mit diesem Fall befassen?

Irrtum, Verblendung, Sünde auf Seiten der Juden

Nach der Apostelgeschichte sagt Petrus in seiner Pfingstpredigt: Ihr habt Jesus „durch die Hand von Gesetzlosen ans Kreuz geschlagen und umgebracht“ (2,23: vgl. 1 Thess 2,15). Nach dem Johannesevangelium wurde Jesus kühlem politischem Kalkül geopfert (11,47–50). Jesus spricht (19,11) von der Schuld dessen, der ihn dem Pilatus ausgeliefert hatte. Nach dem Markusevangelium merkte sogar Pilatus, „dass die Hohenpriester nur aus Neid Jesus an ihn ausgeliefert hatten“ (15,10).

Anderseits jedoch sagte Petrus in seiner Rede auf dem Tempelplatz: „Nun, Brüder, ich weiß, ihr habt aus Unwissenheit gehandelt, ebenso wie eure Führer“ (Apg 3,17). In der Tat: Wie konnte ein im Glauben seines Volkes tief verwurzelter Frommer, der sah, wie Jesus das Sabbatgebot brach und mit Zöllnern und Sündern Umgang hatte und mit ihnen Tischgemeinschaft hielt; wie konnte ein gläubiger Israelit, der hörte, wie der nicht als Rabbi ausgebildete Zimmermann von Gott und dem Gesetz sprach und die anerkannten Autoritäten heftig kritisierte (Mt 23,1–32); wie konnte ein das Gesetz als Glück und Wonne preisender und besingender Frommer (Ps 119) angesichts des ungewöhnlichen Verhaltens Jesu nicht wie Jesu eigene Brüder sagen: „Er ist von Sinnen“ (Mk 3,21)? Und wenn sie die Zeichen und Wunder sahen, welche dieser das Gesetz brechende Jesus wirkte, wie konnten sie nicht befürchten, da sei eine übermenschliche böse Macht im Spiel (vgl. Mk 3,22)? Und wie konnten die Jerusalemer Ratsherren und Hohepriester, die von dem Zulauf der Volksscharen in Galiläa und dem triumphalen Einzug Jesu in Jerusalem gehört hatten, nicht meinen, man habe es mit einem Demagogen und in der prekären politischen Situation mit einer Gefahr für das Volk und seine Religion zu tun?

Wir können nicht über Schuld und Unschuld der an dem Kreuzestod Jesu Beteiligten urteilen. Doch können wir sagen: Jesus starb in der typisch menschlichen Situation, in welcher guter Wille aber auch Irrtum, Verblendung und Bosheit in einer von uns nicht entwirrbaren Weise oft ihr grausiges Spiel treiben. In dieser unserer Welt ereignete sich der Kreuzestod Jesu und diese Situation prägte den Tod Jesu.

Jesus und sein Tod

Gegenüber dem unausweichlichen Tod können Menschen sehr verschieden Stellung beziehen. Das Buch Genesis sagt von Abraham: „Er starb in hohem Alter, betagt und lebenssatt, und wurde zu seinen Vorfahren versammelt" (Gen 25,8). Ein chinesischer Ausdruck von nur vier Silben und Schriftzeichen sagt: Man kann, darf, soll „den Tod sehen wie eine Heimkehr". Auch wir sagen manchmal, wenn jemand nach schwerem Leiden starb, der Tod war für ihn oder für sie eine Erlösung. Auch dem gewaltsamen Tod einer ungerechten Hinrichtung gegenüber können Menschen verschiedene Stellung beziehen: Wer wegen seines Einsatzes für Gerechtigkeit zum Tod verurteilt wird, kann angesichts eines solchen Urteils seinen Einsatz bereuen und gleichsam zurücknehmen oder er kann ja sagen zu seinem Tod, den er als Risiko gesehen und angenommen hat. In diesem Sinn stellt sich die Frage: Wie hat Jesus seinen Tod gesehen?

Wenn wir im Folgenden dieser Frage nachgehen, können wir nicht einfach die Leidensankündigungen in den synoptischen Evangelien (z. B. Mk 8,31–33, 9,31 und 10,32–34) zitieren. Die Konstitution über die göttliche Offenbarung des Zweiten Vatikanischen Konzils lehrt nämlich ausdrücklich: Die Apostel haben „nach der Auffahrt des Herrn das, was er selbst gesagt und getan hatte, ihren Hörern mit jenem volleren Verständnis überliefert, das ihnen aus der Erfahrung der Verherrlichung und aus dem Licht des Geistes der Wahrheit zufloss" (DV 22). Mit anderen Worten: Wir können annehmen, dass Jesu nicht auf die in den Evangelien beschriebene ausdrückliche Weise von seinem bevorstehenden Tod und der Auferstehung gesprochen hat, dass er aber mit der Gefahr eines gewaltsamen Todes gerechnet hat und sich dennoch auf Gott verlassen hat.

Auch können wir uns nicht auf das Dogma berufen, dass Jesus wahrer Gott ist. Dieses vom Konzil von Chalkedon (451) verkündete Dogma lehrt ja ausdrücklich, dass bei der Einung der göttlichen und menschlichen Natur in der einen Person, „nirgends der Unterschied der Naturen aufgehoben" wird, sodass „die Eigentümlichkeit jeder der beiden Naturen gewahrt bleibt" (DH 302). Demnach bleibt das Denken Jesu menschliches Denken und Wissen mit seinen Grenzen und seiner Entwicklung, seinem Fragen und Suchen, Beobachten, Vermuten und Schlussfolgern. In diesem Sinne soll nun zunächst der Frage nachgegangen werden:

Hat Jesus einen gewaltsamen Tod vorausgesehen?

Jesus konnte um die Gefahr eines gewaltsamen Todes wissen. Für diese These sprechen folgende Beobachtungen und Überlegungen:

- Nach der Enthauptung Johannes des Täufers kritisierte Jesus Herodes und nannte ihn Fuchs (Lk 13,32). Manche Menschen hielten Jesus für den von den Toten auferstandenen Täufer (Mk 6,14). Nach der Heilung eines Mannes am Sabbat „gingen die Pharisäer hinaus und fassten zusammen mit den Anhängern des Herodes den Beschluss, Jesus umzubringen“ (Mk 3,6). Die von dieser Seite kommende Gefahr konnte Jesus schwerlich verborgen bleiben.
- Jesus wusste wohl, dass der Hohe Rat das Recht hatte, die Todesstrafe durch Steinigung zu verhängen und auszuüben. Jesu Umgang mit notorischen Sündern und seine Tischgemeinschaft wie auch das Wort nach der Heilung eines Gelähmten: „Mein Sohn, deine Sünden sind dir vergeben“ (Mk 2,5), bedeutete in den Augen der Schriftgelehrten eine Gotteslästerung (vgl. Mk 2,5–7). Wegen seiner Heilungen und Dämonenaustreibungen wurde er verdächtigt, im Bund mit dem Teufel zu stehen. All dies brachte Jesus in Gefahr, als Gotteslästerer gesteinigt zu werden. Und diese – von Seiten der Pharisäer und Schriftgelehrten und der Priesterschaft ihm drohende – Gefahr konnte Jesus schwerlich verborgen bleiben.
- Jesus wusste wohl, dass die Römer Aufrührer kreuzigten. Zum engeren Kreis seiner Anhänger zählte ein Simon, der den Beinamen „Zelot“ trug und möglicherweise jener Partei angehörte, die mit Waffengewalt die Römer vertreiben wollte. Die Begeisterung des Volkes, ihn zum König zu machen (vgl. Joh 6,15) konnten die Römer nur machtpolitisch verstehen. So musste die Begeisterung des Volkes zur Gefährdung Jesu werden. Auch um diese Gefahr hat Jesus wohl gewusst.

Auf Grund dieser Überlegungen gehen wir im Folgenden davon aus, dass Jesus mit der Gefahr eines gewaltsamen Todes gerechnet hat. Dann aber stellt sich die Frage:

Wie hat Jesus seinen Tod verstanden?

„Die Frage, wie Jesus seinen Tod verstand, stellt uns angesichts der Lage der Quellen vor ganz erhebliche Probleme.“[59] In der Tat, wollte man dieser Frage genauer nachgehen, müsste man auf eine Unzahl von traditionsgeschichtlichen und formgeschichtlichen usw. Fragen eingehen. Man müsste fragen, ob und wie zur Zeit Jesu das Leiden des Gottesknechtes verstanden wurde, was Anspielungen auf die Gottesknechtlieder im Neuen Testament bedeuten, wie Opfer und Sühneriten von den Zeitgenossen der biblischen Schriftsteller und von diesen selbst übernommen wurden, ob das „für euch" zu den ipsissima verba (= von Jesus selbst stammende Worte) Jesu gehört; wenn ja, was meinte Jesus damit; wenn nein, wer hat es (unter welchen Einflüssen, mit welcher Absicht, mit welchem Recht) eingeführt und so formuliert? Auf derlei Fragen kann ich mich nicht einlassen. Dennoch kann vermittels begründeter Thesen die Hauptfrage soweit beantwortet werden, dass wir den Versuch fortsetzen können, den Reichtum des Heils Christi tiefer zu verstehen.

These I: Jesus hat seinen Tod nicht als Bedingung des Heilswillens Gottes verstanden

Für diese These sprechen folgende Gründe:

- Nirgendwo in den Evangelien deutet Jesus an, dass sein künftiger Kreuzestod Vorbedingung sei für den von ihm angekündigten Anbruch des Reiches Gottes, die von ihm gewirkte Befreiung von Menschen aus der Gewalt der Dämonen, die von ihm verkündigte Liebe des Vaters. Die Deutung, dass Jesus zwar so gedacht, aber nichts davon gesagt habe, ist nicht zu begründen.
- Nach der Lehre des Neuen Testamentes ist der grausame und schmachvolle Kreuzestod Christi gewiss ein wesentliches Element des ganzen Heilswerks. Doch wird er nicht als Ursache der Liebe Gottes, sondern als Werk und Offenbarung der Liebe Gottes gesehen. So schreibt Paulus im Römerbrief (5,8): „Gott hat seine Liebe zu uns darin erwiesen, dass Christus für uns gestorben ist, als wir noch Sünder waren." Auf ähnliche Weise betrachtet der Hebräerbrief (2,9) die Gnade Gottes als Urquell des Sterbens Christi und damit den Tod Christi nicht als Ursache, sondern als Werk und Offenbarung der Liebe Gottes, wenn er sagt: „Es war Gottes gnädiger Wille, dass er für uns alle den Tod erlitt". Auf ähnliche Weise sieht das Vierte Evangelium (3,16) den Tod Christi: „Gott hat die Welt so sehr geliebt, dass er seinen einzigen Sohn [in den Tod] dahingab, damit jeder, der an ihn glaubt, nicht zugrunde geht, sondern das ewige Leben hat." Sogar dort, wo von „Opfer" und „Sühne" die Rede ist, erscheint der Tod Christi nicht als Bedingung, sondern als Werk und Zeichen der Liebe des Vaters: „Die Liebe Gottes wurde unter uns dadurch offenbart, dass Gott seinen einzigen Sohn in die Welt gesandt hat, damit wir durch ihn leben. Nicht darin besteht die Liebe, dass wir Gott geliebt haben, sondern dass er uns geliebt und seinen Sohn als Sühne für unsere Sünden gesandt hat" (1 Joh 4,9–10).

These II: Jesus hat die Gefahr eines gewaltsamen Todes als Risiko angenommen

Für diese These sprechen folgende Gründe

- Auch wer alle in den Evangelien erwähnten Voraussagen und Andeutungen seines bevorstehenden gewaltsamen Todes als nachösterliche Bildungen versteht, kann schwerlich bestreiten, dass Jesus um die von verschiedenen Seiten ihn bedrohende tödliche Gefahr wissen konnte und wohl auch wusste.
- Nach dem Zeugnis der Schrift war Jesus von einem starken Sendungsbewusstsein erfüllt und ließ sich nicht durch Widerstände, Anfeindungen und Drohungen von der Erfüllung seiner Sendung abbringen. Nirgendwo gibt es ein Nachgeben in der Sache, nirgendwo ein Zeichen, dass er bedauerte, dass er durch sein Reden und Tun Widerspruch hervorrief und sich in Gefahr brachte. Wer so handelt, der nimmt die geahnte Gefahr als mögliche Konsequenz seines Handelns, als bejahtes Risiko, als Preis an, den er für die Treue zu seinem Auftrag zu zahlen bereit ist.

Zusammenfassung

Da Jesus wohl um die drohende Gefahr wusste und das Risiko eines gewaltsamen Todes in Kauf nahm, da er die Menschen zu absolutem Vertrauen zu Gott als Vater aufrief, ohne dessen Wissen kein Spatz vom Dach fällt (Mt 10,29) und da er seinen Auftrag als eine den Menschen Freiheit und Hoffnung bringende Tat verstand (Mk 10,45; Lk 4,18), konnte er auch seinen gewaltsamen Tod irgendwie als Teil seiner Heilssendung verstehen und annehmen.

Die Heilsbedeutung des Todes Christi im Neuen Testament

Wenn wir den Tod Jesu mit all seiner Willkürlichkeit, Grausamkeit und Schmach, seinem Ort in der Gemengelage menschlichen Irrtums, Verblendung und Bosheit sehen, ist es schwer begreiflich, dass diesem Tod Heilsbedeutung zugeschrieben wurde. Genau dies aber wurde getan von Menschen, welche um Ursachen und die Grausamkeit der an Jesus vollzogenen Todesstrafe durch Kreuzigung wussten. So begegnen wir in den Schriften des Neuen Testaments der Überzeugung: Der Kreuzestod Jesu Christi ist nicht nur die Hinrichtung eines Unschuldigen, über welche auf Recht und Gerechtigkeit bedachte Menschen sich empören; er ist auch nicht wie der beklagenswerte Tod eines großen Menschen, der noch viel Gutes hätte leisten können; er ist auch nicht bloß ein vergangenes Ereignis, welches unbeteiligte Menschen nichts angeht. Der Kreuzestod Jesu wird vielmehr gesehen als ein Geschehen, welches für die Menschen von höchster positiver Bedeutung („Heilsbedeutung") ist. In ihrem Großen Glaubensbekenntnis sagen darum Christen in Ost und West: Er wurde für uns gekreuzigt.

Das vielfältige Zeugnis des Neuen Testaments

„Für"-Formeln

Die neutestamentlichen Schriften sprechen oft von einem „Für" des Todes Christi. Mit dem Hinweis auf seine Lebenshingabe für die Menschen mahnt Jesus in den synoptischen Evangelien seine Jünger, einander zu dienen, denn „auch der Menschensohn ist nicht gekommen, um sich dienen zu lassen, sondern um zu dienen und sein Leben hinzugeben als Lösegeld für viele" (Mk 10,45; vgl. Mt 20,28). Besonders in den Berichten vom Abendmahl findet sich das „Für" in verschiedenen Formen. Im Lukasevangelium lesen wir: Jesus „nahm das Brot, sprach das Dankgebet, brach das Brot und reichte es ihnen mit den Worten: Das ist mein Leib, der für euch hingegeben wird" (Lk 22,19; vgl. 1 Kor 11,24). Im Bericht des *Markusevangeliums* findet sich die „Für"-Formel im Becherwort: „Das ist mein Blut, das Blut des Bundes, das für viele vergossen wird" (Mk 14,24). Ähnlich lautet das Becherwort im *Matthäusevangelium* (26,28): „das ist mein Blut, das Blut des Bundes, das für viele vergossen wird zur Vergebung der Sünden."

Im *Johannesevangelium* findet sich der Gedanke des „Für" in der Hirtenrede, in der Jesus von sich sagt: „Ich gebe mein Leben hin für die Schafe" (10,15). Sogar in dem Wort kalten politischen Kalküls des Hohenpriesters, der den Zögernden sagt: „Ihr versteht überhaupt nichts. Ihr bedenkt nicht, dass es besser für euch ist, wenn ein einziger Mensch für das Volk stirbt, als wenn das ganze Volk zugrunde geht", erkennt der Evangelist eine wahre Aussage über den Heilssinn des Todes Jesu, wenn er hinzufügt: „Das sagte er nicht aus sich selbst, sondern weil er der Hohepriester jenes Jahres war, sagte er aus prophetischer Eingebung, dass Jesus für das Volk sterben werde. Aber er sollte nicht nur für das Volk sterben, sondern auch, um die versprengten Kinder Gottes wieder zu sammeln" (Joh 11,49–51). Auch der *Erste Johannesbrief* spricht vom Für des Todes Jesu mit den Worten „Daran haben wir die Liebe erkannt, dass er sein Leben für uns hingegeben hat" (1 Joh 3,16). Sowohl vom Ursprung des Heilswerks in der Liebe des Vaters wie auch vom Für des Todes Jesu spricht der Erste Johannesbrief mit den Worten: „Die Liebe Gottes wurde unter uns dadurch offenbart, dass Gott seinen einzigen Sohn in die Welt gesandt hat, damit wir durch ihn leben. Nicht darin besteht die Liebe, dass wir Gott geliebt haben, sondern dass er uns geliebt hat und seinen Sohn als Sühne für unsere Sünden gesandt hat" (4,9–14; vgl. 2,2).

In den *paulinischen Schriften* finden wir das „Für" des Todes Jesu in verschiedenen Variationen und Zusammenhängen: Im Ersten Korintherbrief zitiert Paulus ein altes Glaubensbekenntnis, das er selbst empfangen hat, in dem es heißt: „Christus ist für unsere Sünden gestorben" (1 Kor 15,3). Im Römerbrief (5,6–8) sieht er im Für des Todes einen Erweis der Liebe Christi und Gottes, wenn er sagt: „Christus ist schon zu der Zeit, da wir noch schwach und gottlos waren, für uns gestorben. Dabei wird nur schwerlich jemand für einen Gerechten sterben; vielleicht wird er jedoch für einen guten Menschen sein Leben wagen. Gott aber hat seine Liebe zu uns darin erwiesen, dass Christus für uns gestorben ist, als wir noch Sünder waren." Nach dem Epheserbrief (5,2) hat „Christus uns geliebt und sich für uns hingegeben als Gabe und Opfer, das Gott gefällt." In Eph 5,25 werden die Männer gemahnt: „Ihr Männer, liebt eure Frauen, wie Christus die Kirche geliebt und sich für sie hingegeben hat." Der Erste Timotheus Brief 2,6–7 spricht – das Lösegeldwort Wort von Mk 10,45 (= Mt 20,28) leicht abwandelnd – von „Christus Jesus, der sich als Lösegeld hingegeben hat für alle". Der Gedanke an das Für des Todes Christi ist für Paulus so geläufig, dass er in seiner Mahnung zur Rücksicht auf die „Schwachen" davon spricht: „Wenn wegen einer Speise, die du isst, dein Bruder betrübt und verwirrt wird, dann handelst du nicht mehr nach dem Gebot der Liebe. Richte durch seine Speise nicht den zugrunde, für den Christus gestorben ist" (Röm 14,15, vgl. 1 Kor 8,11).

Auch in *anderen Schriften* begegnet uns der Gedanke des Für des Leidens und Sterbens Jesu. So lesen wir im *Hebräerbrief* 2,9: „es war Gottes gnädiger Wille, dass er für alle den Tod erlitt". Und im *Ersten Petrusbrief* heißt es: „Christus hat für Euch gelitten und euch ein Beispiel gegeben, damit ihr seinen Spuren folgt" (2,21) und ähnlich in 3,18: „Christus ist der Sünden wegen ein einziges Mal gestorben, er, der Gerechte, für die Ungerechten, um euch zu Gott hinzuführen."

Der Tod Jesu als Element des Heilswerkes

Die Heilsbedeutung des Todes Christi lehrt das Neue Testament, wenn es den Kreuzestod Jesu als Element des Heilswerkes erwähnt:

- Der Hebräerbrief erachtet den Tod Christi als ein Element des Sieges über den Tod und der Befreiung der Menschen aus der Macht des Todes: „Da nun die Kinder Menschen von Fleisch und Blut sind, hat auch er in gleicher Weise Fleisch und Blut angenommen, um durch seinen Tod den zu entmachten, der die Gewalt über den Tod hat, nämlich den Teufel, und um die zu befreien, die durch die Furcht vor dem Tod ihr Leben lang der Knechtschaft verfallen waren“ (Hebr 2,14–15; vgl. Kol 2,14–15; Offb 12,11).
- Der Tod Christi erscheint als Element des Heilswerkes, wo der Tod oder die Lebenshingabe oder das Blut als Lösepreis für die Befreiung von Gefangenen dargestellt wird. So sagt zum Beispiel der Erste Petrusbrief: „Ihr wisst, dass ihr aus eurer sinnlosen, von den Vätern ererbten Lebensweise nicht um einen vergänglichen Preis losgekauft wurdet, nicht um Silber oder Gold, sondern mit dem kostbaren Blut Christi, des Lammes ohne Fehl und Makel“ (1 Petr 1,18; vgl. Mk 10,45; 1 Tim 2,6; Hebr 9,12).
- An einigen Stellen (z.B. Mk 14,24; Mt 26,28; Lk 22,20; 1 Kor 11,25) wird das im Tod vergossene Blut Christi und damit der Tod Jesu mit der Stiftung des Neuen Bundes in Verbindung gebracht. Da die Bundesbeziehung Israels auch den Autoren des Neuen Testamentes als große Gnadengabe Gottes an das Volk Israel galt, wird an diesen Stellen der Tod Jesu am Kreuz als ein Element des Heilswerkes gesehen.

Der Tod Jesu als Quelle von Heilsgaben

Von der Heilsbedeutung des Todes Jesu sprechen die Schriften des Neuen Testaments gleichfalls an Stellen, in denen Jesu Tod als Quelle von Heilsgaben dargestellt wird. Dies geschieht, wenn

- sie sagen, dass wir durch sein Blut gerecht gemacht sind (Röm 5,9), dass wir mit Gott durch den Tod seines Sohnes mit Gott versöhnt wurden (Röm 5,10, Kol 1,22), dass uns sein Tod zu Gott führen soll (1 Petr 3,18; vgl. Hebr 10,19–20), dass im Tod Christi die Liebe Gottes offenbar (Röm 5,8) wird;
- sie im Zusammenhang mit Gnade und Erlösung in gleichsam beiläufiger Weise vom Tod oder dem Blut Christi sprechen. Zum Beispiel: „Er [Gott] hat sie [seine herrliche Gnade] uns geschenkt durch seinen geliebten Sohn; durch sein Blut haben wir die Erlösung, die Vergebung der Sünden durch den Reichtum seiner Gnade“ (Eph 1,6 –7). Ebenso 1 Joh 1,7: „Das Blut seines Sohnes Jesus reinigt uns von aller Sünde“[60];

- sie dem Tod Christi oder seinem (im Tod vergossenen) Blut oder Christus selbst und seinem Kommen Sühnecharakter zusprechen. Dieser Gedanke findet sich im Ersten Johannesbrief: „Wenn einer sündigt, haben wir einen Beistand beim Vater: Jesus Christus, den Gerechten. Er ist die Sühne für unsere Sünden, aber nicht nur für unsere Sünden, sondern auch für die der ganzen Welt" (2,1–2). Die Initiative der Liebe des Vaters im ganzen Heilswerk betonend, deutet dieser Brief des Heilsbedeutung des Todes Christi an mit den Worten: „Nicht darin besteht die Liebe, dass wir Gott geliebt haben, sondern dass er uns geliebt und seinen Sohn als Sühne für unsere Sünden gesandt hat" (4,10, vgl. Röm 3,25).

Die Eigenart des Schriftzeugnisses

Nachösterliche Sicht des Todes Christi

Die oben zitierten Texte aus den neutestamentlichen Schriften wurden von Menschen geschrieben, die an Christus glaubten. Für sie war der Gekreuzigte der von Gott Auferweckte und Lebende. Alles, was sie über ihn und seinen grässlichen Tod sagten, sahen sie im Licht seiner Auferweckung. Besonders im Hinblick auf die Aussagen über die Heilsbedeutsamkeit des Kreuzestodes gilt die schon zitierte Lehre des Zweiten Vatikanischen Konzils: Die Apostel haben „nach der Auffahrt des Herrn das, was er selbst gesagt und getan hatte, ihren Hörern mit jenem volleren Verständnis überliefert, das ihnen aus der Erfahrung der Verherrlichung und aus dem Licht des Geistes der Wahrheit zufloss" (DV 22). Mit anderen Worten: Dass der durch Intrigen und kaltblütiges politisches Kalkül, durch Unverständnis, Missverständnis und Verblendung verursachte, unbeschreiblich grausame und schmachvolle Tod Jesu am Kreuz mehr sei als nur ein weiterer Fall und Erweis der Absurdität des menschlichen Daseins sei, dass er vielmehr von entscheidend wichtiger positiver Bedeutung, von Heilsbedeutung, erkannten Menschen erst im Licht der Auferweckung.

Doch die Worte des Paulus über das Ärgernis und die Torheit des Kreuzes (1 Kor 1,18–31) und das Wort des Hebräerbriefes über die „Schmach des Kreuzes" lassen erkennen, dass diese nachösterliche Sicht keineswegs aus dem Auge verlor, dass bei der Rede von Jesu Tod es sich nicht um den normalen menschlichen Tod, nicht um einen Tod aufgrund von Krankheit und Altern, nicht um einen Tod durch Unfall, sondern um den grausamen und schmachvollen Hinrichtungstod durch Kreuzigung handelte.

Verwendung des Für in anderen Zusammenhängen

Gewiss, die neutestamentlichen Schriften sprechen oft vom „Für" des Todes Jesu. Doch verwenden sie ähnliche Ausdrucksweisen, wenn sie von der Heilsbedeutung anderer Geschehnisse wie dem Wirken des verherrlichten Christus sprechen. Nach dem Hebräerbrief kann der verherrlichte Christus alle, „die durch ihn vor Gott hintreten, für immer retten; denn er lebt allezeit, um für sie einzutreten" (7,25; vgl. Röm 8,34). Nach diesem Schreiben ist Christus „nicht in ein von Menschenhand errichtetes Heiligtum hineingegangen, in ein Abbild des wirklichen, sondern in den Himmel selbst, um jetzt für uns vor Gottes Angesicht zu erscheinen" (9,24, vgl. 6,20). Wenn der Erste Petrusbrief (1,20) seinen Adressaten sagt: „euretwegen ist er am Ende der Zeiten erschienen" verbindet das Für mit dem ganzen Kommen und Wirken, dem Tod und der Auferweckung Christi. In diesem Sinne spricht das ökumenische Glaubensbekenntnis zuerst vom Für der Inkarnation des Logos mit den Worten: „Für uns Menschen und zu unserem Heil ist er vom Himmel gekommen, hat Fleisch angenommen durch den Heiligen Geist von der Jungfrau Maria und ist Mensch geworden." Erst danach spricht es vom Für des Leidens und des Todes Christi: „Er wurde für uns gekreuzigt unter Pontius Pilatus, hat gelitten und ist begraben worden". Kurz: Das Für, mit dem die Heilige Schrift die Heilsbedeutung des Kreuzestodes ausspricht, gilt auch für sein ganzes Werk, sein Kommen und Leben, Lehren und Wirken, sein Leiden und Tod, seine Auferweckung und Wirken in seiner Verherrlichung. Demnach kann weder der Tod Jesu am Kreuz allein von Heilsbedeutung sein, noch kann das „Für" immer im Sinn von „stellvertretend für ..." verstanden werden.

Verschiedene Quellen derselben Heilsgabe

Manchmal führen die neutestamentlichen Schriften dieselbe durch den Tod Christi vermittelte Heilsgabe auf eine andere Quelle zurück. Zum Beispiel: Röm 5,9 sind wir durch Jesu Blut gerecht gemacht; nach Röm 4,5 und 22 hingegen wird der Glaube als Gerechtigkeit angerechnet. Im Lösegeldwort Mk 10,45 vermittelt Jesu Lebenshingabe für die vielen Freiheit; in Joh 8,31 ist es die Wahrheit, die freimacht. In Joh 15,3 reinigt das Wort Jesu, in 1 Joh 1,7 heißt es: „das Blut seines Sohnes Jesus reinigt uns von aller Sünde" (vgl. Offb 7,14). Wenn auf diese und ähnliche Weise die neutestamentlichen Schriften dieselben Heilsgaben auf verschiedene Quellen zurückführen, deuten sie an, dass der Tod Jesu nicht allein und nicht auf gleichsam automatische Weise seine Heilsbedeutung entfaltet.

Gebrauch verschiedener Bilder

Um von der Heilsbedeutung des Todes Jesu zu sprechen, verwenden die neutestamentlichen Schriften sehr verschiedene Bilder: Um von Befreiung durch den gekreuzigten Christus zu sprechen, vergleichen sie den Tod Jesu manchmal mit dem zur Befreiung von Gefangenen zu bezahlenden Lösegeld. Um von Sündenvergebung zu sprechen, stellen sie den Tod Christi als Sühneopfer dar. Um von der durch Christus und seinen Tod eröffneten neuen Gottesbeziehung zu sprechen, vergleichen sie den Tod Jesu und das im Tod vergossene Blut mit der Zeremonie des Bundesschlusses im Alten Testament, in welcher die Besprengung des Altares und des Volkes mit dem Blut der Opfertiere die Gemeinschaft Gottes mit dem Volk symbolisierte. Manchmal verwenden die neutestamentlichen Autoren zugleich verschiedene Bilder wie im Becherwort des Abendmahlberichtes im Matthäusevangelium (26,28), das mit dem „Bundesblut" auf die Verwendung des Blutes bei Verträgen und bei dem Bundesschluss im Alten Testament, mit dem „zur Vergebung der Sünden" auf die Verwendung des Blutes in Sühneriten anspielt.

Die Tatsache, dass die neutestamentlichen Schriften sehr verschiedene Ausdrucksweisen und Bilder verwenden, um von der Heilsbedeutung des Todes Jesu zu sprechen, zeigt, dass sie nicht

- mit der Rede vom Loskauf oder Lösegeld lehren wollten, dass Gott oder dem Teufel Geld für die Freilassung von Gefangenen bezahlt wurden;
- mit der Rede vom Sieg über den Teufel lehren wollten, dass sich im Himmel oder in der Unterwelt ein Kampf abspielte, in dem Gott oder Christus Sieger blieben über einen bislang herrschenden Tyrannen;
- mit den Anspielungen auf Opfer und Sühneriten des Alten Bundes die grausame und schmachvolle Hinrichtung Jesu am Kreuz als ein liturgisches und kultisches Opfer oder als einen liturgischen Sühneritus verstehen wollten.

Der Gebrauch verschiedener Ausdrucksweisen und Bilder zur Darlegung der Heilsbedeutung des Kreuzestodes Jesu zeigt vielmehr,

- dass die urchristlichen Verkündiger einerseits um das Ärgernis und die Schmach des Kreuzes wussten, anderseits jedoch von der Heilsbedeutung des Todes Jesu überzeugt waren und sie mit damals verständlichen Bildern darstellen wollten;
- das durch den Tod Christi vermittelte Heil nur durch eine Vielfalt von Bildern und Begriffen beschrieben werden kann;

- dass allen Bildern und Redeweisen dieselbe Aussageabsicht zugrunde liegt, nämlich dass der schreckliche Kreuzestod irgendwie zum Heilswerk Christi gehört und den Menschen irgendwie zum Wohl, zum Heil gereicht;
- dass die verwendeten Bilder (wie Lösegeld, Sieg) Ausdrucksmittel sind, welche jeweils nur einen wahren Aspekt des vermittelten Heils (wie Befreiung) zum Ausdruck bringen konnten.

Wie können wir diese von der Heiligen Schrift bezeugte und von der Kirche gelehrte Heilsbedeutung des Todes Jesu verstehen?

Der Grund der Heilsbedeutung des Kreuzestodes

Gott hat seine Liebe zu uns darin erwiesen,
dass Christus für uns gestorben ist, als wir noch Sünder waren.
(Röm 5,8)

Stellvertretung – Grund der Heilsbedeutung?

An über 40 Stellen sprechen die neutestamentlichen Schriften in vielfältig abgewandelter Form vom „Für“ (uns, euch, alle ...) des Todes Jesu. In dem „Für“ hat sich der Glaube an die Heilsbedeutsamkeit des Todes Christi gleichsam verdichtet. So wurde das Für des Kreuzestodes Jesu in der Theologie zu einem Angelpunkt von bis heute einflussreichen Anschauungen über das Wesen des Heilswerkes.

Manchmal wird in Anknüpfung an biblische Ausdrücke und Vorstellungen das „Für uns“ des Todes Jesu als „stellvertretend für“ verstanden im Sinne von: In seinem Tod hat Christus stellvertretend für uns sich als Opfer Gott hingegeben, an unserer Stelle Genugtuung geleistet, an unserer Stelle Strafe ertragen. Im Anschluss daran betrachten bekannte Theologen „Stellvertretung“ als einen Grund- und Schlüsselbegriff des christlichen Glaubens und der Theologie. Da das kirchliche Lehramt zwar solche Redeweisen verwendet, sie aber nicht ausdrücklich sanktioniert hat, stellt sich die Frage: Kann oder muss sogar das in der Heiligen Schrift oft verwendete „Für“ des Todes Jesu als „stellvertretend für“

verstanden werden? Bevor wir die gestellte Frage bejahen oder verneinen, ja auch nur in vernünftigerweise erwägen können, müssen wir die Frage stellen:

Was ist „Stellvertretung"?

Wenn normalerweise eine bestimmte Person einen Preis, eine Auszeichnung verleiht, dies ihr aber einmal nicht möglich ist, kann jemand anders sie vertreten, indem diese andere Person den Preis oder den Pokal übergibt. Damit tut der Vertreter etwas für die Vertretenen, übernimmt ihre Aufgabe, entlastet sie, bringt das von den Vertretenen Gewollte zum Ziel. So hat „Stellvertretung" den Charakter des Für.

Jedoch ist nicht jedes „Für" eine Art von „Stellvertretung": Wenn eine Mutter für ihre Kinder kocht und wäscht, tut sie das für ihre Kinder, jedoch vertritt sie in dieser Arbeit nicht ihre Kinder, welche dies nicht selbst tun können.

Kurz: Man kann nur dann im eigentlichen Sinn von „Stellvertretung" sprechen, wenn jemand etwas für einen anderen tut, das der Zweite tun sollte, aber (wenigstens hier und jetzt) nicht tun kann. Dieses Element gehört zu dem Begriff der Stellvertretung, wie er bei der Frage nach dem Sinn des Für uns des Todes Jesu hier diskutiert, von den einen bejaht, von anderen jedoch verneint wird.

Es gibt vieles, das andere – mich *vertretend* – für mich tun können. Doch gibt es auch vieles, das niemand – *mich* vertretend – für mich tun kann: Andere können mein Auto zum Service bringen oder den Hund füttern und ausführen. Doch niemand kann mich bei der zahnärztlichen Behandlung vertreten. Bei einem schönen Erlebnis oder einem Erfolg können Menschen sich mit mir freuen, bei einem schweren Verlust können Freunde mit mir trauern und für mich vieles tun, was nach dem schönen deutschen Sprichwort meine Freude verdoppelt und meine Traurigkeit mildert. Doch kann niemand – mich stellvertretend – sich freuen, an meiner Stelle trauern. Andere mögen das von mir getane Unrecht materiell wiedergutmachen, doch kann niemand mich dabei vertreten, das Unrecht anzuerkennen und zu bereuen und mich um Gerechtigkeit zu mühen.

Wenn wir Stellvertretung im dargelegten Sinn verstehen, können wir begründet sagen:

Das „Für" des Todes Jesu bedeutet nicht „stellvertretend für uns".

Diese These stützt sich auf folgende Überlegungen:

- Das Für des Todes Jesu kann nicht als „stellvertretend für uns" verstanden werden, wenn damit der leibliche Tod oder der sogenannte ewige Tod gemeint ist, denn durch den Kreuzestod Jesu wird keinem einzigen Menschen das leibliche Sterben erspart; und den „ewigen" Tod hat Jesus nicht erlitten und er wird auch keinem erspart, der sich definitiv Gott und seiner Liebe verschließt.
- Die Idee, im Geschehen seines Sterbens habe Jesus etwas (wie ein Opfer oder eine Wiedergutmachung) als Vertreter der Menschen anstelle der Menschen geleistet, was die Menschen selbst nicht leisten konnten, was aber geleistet werden musste, damit die Menschen des Heiles teilhaftig werden können, übersieht die schon erwähnten Grenzen der Möglichkeit der Stellvertretung: Vieles können Menschen stellvertretend für mich tun, aber längst nicht alles. Sie können für mich einkaufen und für mich kochen, doch können sie nicht für mich essen. Sie können mich zum Lachen bringen, aber nicht an meiner Stelle belustigt sein. Sie können mich mahnen und warnen und ein mitreißendes Beispiel geben, aber sie können nicht an meiner Stelle ein guter und gütiger Mensch sein. Sie können für mich beten, aber nicht an meiner Stelle beten. Kurz: Im Bereich der Ethik (in meiner Beziehung zu den Menschen) und der Religion (in meiner Beziehung zu Gott) können Menschen vielerlei für mich tun, doch kann niemand an meiner Stelle tun, was ich in diesen Bereichen tun sollte.[61]

Auf Grund der dargelegten Überlegungen können wir sagen: Das „Für uns" des Todes Jesu kann nicht als „stellvertretend für uns" verstanden werden. Man kann also nicht sagen: In seinem Tod habe Jesus in Stellvertretung für die Menschen ein vollkommenes Opfer dargebracht; er habe die Menschen stellvertretend Gott vollkommene Genugtuung geleistet, er habe, die sündige Menschheit vertretend, in seinem Leiden und Tod für die Sünden der Menschen gebüßt und die Strafe übernommen.

Wenn wir aus den dargelegten Gründen den Gedanken eines stellvertretenden Leidens und Sterbens entschieden ablehnen, wird dadurch keineswegs das „Für uns" des Todes Jesu geleugnet.

Deutungsversuch des „Für uns" des Kreuzestodes Christi

Der Tod Jesu – Folge seines Wirkens und Lehrens

Da Jesu Tod Folge seines Wirkens und Lehrens und seines Zusammenstoßes mit den religiösen und politischen Autoritäten war, da Jesus trotz drohender Gefahr nicht sein Lehren und Wirken aufgab und damit den gewaltsamen Tod als Risiko auf sich nahm, ist sein Tod ein Teil seines Gesamtwerkes. Im Licht der Auferweckung konnten die durch den Kreuzestod an Jesus irre gewordenen Anhänger verstehen, dass auch der grausame und entehrende Kreuzestod kein Unfall war, sondern in dem Geschehen mit und um Jesus irgendeinen Sinn, irgendeine Bedeutung für die Menschen haben musste. Zusammen mit der Auferweckung wurde so der Tod Jesu als „Ort" einer Offenbarung Gottes erkennbar.

Jesu Tod als „Ort" einer Offenbarung Gottes

Die Auferweckung des Jesus von Nazaret war ja nicht die Auferweckung eines mit Erfolg und Ehrungen überhäuften oder eines schmählich verkannten Genies, nicht eines im Kreis seiner Kinder und Enkel nach einem erfüllten Leben entschlafenen Patriarchen, sondern die Auferweckung des wegen seines Wirkens und Lehrens Verworfenen und kaltem politischem Kalkül Geopferten. Dieser „Ort" der Gottestat der Auferweckung des Gekreuzigten bestimmt zuinnerst ihren Inhalt und Sinn.[62] Darum bedeutet die Gottestat der Auferweckung des Gekreuzigten nicht nur den Beginn eines neuen Lebens für den Auferweckten, sondern auch eine Kundgabe der Stellungnahme Gottes zu dem in den Augen der Menschen und auch seiner Jüngern Gescheiterten und scheinbar von Gott Verlassenen. Durch sie offenbart Gott seine Leben schenkende Macht und seine Liebe zu den in einer durch Bosheit geprägten Welt lebenden und leidenden Menschen. Indem die Gottestat der Auferweckung an dem von Freunden Verratenen und Verlassenen, dem politischen Kalkül Geopferten, zwischen die Mühlsteine der Politik Geratenen geschah, ist sie ein Wort für uns, sie besagt: Auch in dieser Welt und bei diesen unter der Bosheit leidenden Menschen ist Gott da mit seiner Leben spendenden Macht.

Die hier befürwortete Deutung des „Für uns" des Todes Jesu erweist sich als hilfreich und erfährt zugleich eine Bestätigung, wenn wir der Frage nachgehen:

Wie kann das „Muss" des Todes Jesu verstanden werden?

Nach dem Lukasevangelium (24,25–26) sagt der auferstandene Jesus den Jüngern, die mit einander über die Ereignisse der Verurteilung Jesu und seines Todes am Kreuz sprechen: „Begreift ihr denn nicht? Wie schwer fällt es euch, alles zu glauben, was die Propheten gesagt haben. Musste nicht der Messias all das erleiden, um so in seine Herrlichkeit zu gelangen?" Auch an anderen Stellen sprechen die neutestamentlichen Schriften von einem geheimnisvollen „Muss" des Leidens und des Todes Jesu. Nach dem Markusevangelium (8,31–32) begann Jesus nach dem Messiasbekenntnis des Petrus seine Jünger „zu belehren, der Menschensohn müsse vieles erleiden und von den Ältesten, den Hohepriestern und den Schriftgelehrten verworfen werden; er werde getötet, aber nach drei Tagen werde er auferstehen. Und er redete ganz offen darüber." Auf seine eigentümliche Weise spricht der Hebräerbrief vom Muss des Leidens und Sterbens Jesu, wenn er (Hebr 5,7–9) mit bewegenden Worten von Jesu lautem Schreien, von seinen Tränen und flehentlichen Bitten spricht, dieses Leiden aber als Schule darstellt, durch welche der Sohn zur Vollkommenheit gelangte und Urheber des Heils wurde. Der Gedanke, dass das Leiden und Sterben Jesu geschehen musste, findet sich auch an Stellen, an denen (z. B. 1 Kor 15,3; Apg 3,18) vom Tod Jesu und der Erfüllung der Schrift die Rede ist. Diese Lehre des Neuen Testaments aber wirft die schwierige Frage auf: Weshalb „musste" Jesus zu unserem Heil diesen grausamen und schmachvollen Tod erleiden?

Eine fragwürdige Deutung

Das in der Heiligen Schrift (und auch in der Liturgie[63]) ausgedrückte „Muss" des Leidens Christi wurde von den Theologen auf verschiedene Weise gedeutet. Größten und weithin akzeptierten Einfluss auf das Glaubensbewusstsein der westlichen Christenheit erlangte die sogenannte „Satisfaktionstheorie, die Anselm von Canterbury an der Schwelle des Mittelalters entwickelt hatte und die im Abendland immer ausschließlicher das Bewusstsein bestimmte."[64] Die Grundlinien dieser Anschauung lassen sich „so wiedergeben: Durch die Sünde, die sich gegen Gott richtete, wurde die Ordnung der Gerechtigkeit unendlich verletzt, Gott unendlich beleidigt. Dahinter steht die Vorstellung, dass sich das Ausmaß der Beleidigung nach dem Beleidigten richtet … Je nach dem Adressaten hat die Beleidigung ein anderes Gewicht. Da Gott der Unendliche ist, hat auch die Beleidigung, die ihm von der Menschheit in der Sünde zugefügt wurde, unendliches Gewicht. Das solchermaßen verletzte Recht muss wiederhergestellt werden, weil Gott ein Gott der Ordnung und der Gerechtigkeit, ja, die Gerechtigkeit selber ist. Entsprechend dem Maß der Beleidigung ist aber eine unendliche Wiedergutmachung nötig. Dazu ist der Mensch jedoch nicht imstande. Er kann unendlich beleidigen, dazu reicht sein Vermögen, aber er kann nicht unendliche Gutmachung erbringen: Was er, der Endliche, gibt, wird immer nur endlich sein ... So aber muss zwischen allen Wiedergutmachungen, die der Mensch versuchen wird, und der Größe seiner Schuld ein unendlicher Abstand bleiben, den er nie überbrücken kann ... Soll also die Ordnung für immer zerstört, der Mensch ewig in den Abgrund seiner Schuld eingeschlossen sein?“ Anselms Antwort auf diese Frage „lautet: Gott selber bereinigt das Unrecht, aber nicht (wie er es könnte) in einer einfachen Amnestie, ... sondern dadurch, dass der Unendliche selbst Mensch wird und dann als Mensch, der dem Geschlecht der Beleidiger zugehört und der dennoch die dem bloßen Menschen versagte Kraft unendlicher Wiedergutmachung besitzt, die erforderte Sühne leistet.“

Trotz mancher theologischer Kritik, Ergänzung und Modifikation kann man sagen: Diese Anschauung Anselms „hat das zweite Jahrtausend der abendländischen Christenheit entscheidend geprägt: Für sie galt, dass Christus am Kreuze sterben musste, um die unendliche Beleidigung gutzumachen, die geschehen war, und solchermaßen die verletzte Ordnung wiederherzustellen.“

Nach Ratzinger hat Anselm in seinem Werk viel Bedeutsames zum „Muss“ des Leidens und Sterbens Christi gesagt.

- Er versuchte, „das Werk Christi mit notwendigen Gründen (rationibus necessariis) abzuleiten und so unwiderleglich zu zeigen, dass dies Werk gerade so geschehen musste, wie es geschehen ist.“ Er hat sich also nicht auf ein „Geheimnis“ oder ein „Dekret“ Gottes berufen.
- So war sein Werk „ein Versuch, die Einzelelemente der biblischen Aussage in einem großen, durchgreifenden Systemzusammenhang zusammenzudenken“.
- Das Werk zeigt deutlich, „dass trotz aller philosophischen und juristischen Denkmittel, die hier eingesetzt werden, jene Wahrheit leitend bleibt, welche die Bibel in dem kleinen Wörtchen ‚Für‘ ausdrückt“.

Kirchliche Lehräußerungen haben in vereinfachter und abgewandelter Form diese Sicht des Heilswerkes vielfach übernommen. Dennoch wird sie heute oft kritisiert. Denn wenn man all das Gesagte „zugibt, wird man auf der anderen Seite doch nicht leugnen können, dass das perfekt logisierte göttlich-menschliche Rechtssystem, das Anselm aufgerichtet hat, die Perspektiven verzerrt und mit seiner ehernen Logik, das Gottesbild in eine unheimliches Licht tauchen kann." Dies geschieht, wenn das Leiden und Sterben Jesu als stellvertretendes Strafleiden oder als ein von Gott gefordertes Sühneopfer dargestellt wird. Wenn dann diese Auffassung als Lehre der Kirche dargestellt und ernst genommen wird, können trotz der guten Meinung der Befürworter die Christen an der „Entstehung des Atheismus ...einen erheblichen Anteil haben, insofern man sagen muss, dass sie ... durch missverständliche Darstellung der Lehre der Kirche ... das wahre Antlitz Gottes und der Religion eher verhüllen als offenbaren" (GS 20).

Da es bei der Deutung des „Für" und des „Muss" des Leidens und Sterbens Jesu um ein zentrales Thema des christlichen Glaubens geht, soll im Folgenden ein Deutungsversuch unternommen werden.

Ein alternativer Deutungsversuch

Der Versuch stützt sich auf die Überlegungen zu dem Dialog Jesu mit Philippus in Joh 14,8–9. Demnach hatte Jesu Kommen und Leben, Wirken und Lehren den Sinn, den Vater zu zeigen, Gott als den Vater und seine Liebe zu uns sterblichen und sündigen Menschen zu offenbaren. Es war also Christi Sendung zu zeigen, dass Gott in allen Situationen unseres Lebens mit uns ist, wie es Jesu Name „Immanuel" (Gott mit uns) andeutet (vgl. Mt 1,22–23).

Weil sein Leben und Wirken diesen Sinn hatte, „konnte" Jesu Leben nicht in einer Reihe von Erfolgen und Siegen bestehen, es „konnte" sich nicht auf den Höhen des Daseins und in Palästen abspielen. Um uns zu zeigen, dass Gott immer bei uns ist, „musste" er hinabsteigen in die Abgründe des Leides und des Todes, um uns von dort her die Gegenwart Gottes auch in diesen Abgründen zu bezeugen. In den Stunden des Glücks und Erfolgs können wir ja leicht an die Gegenwart und Liebe Gottes glauben. Doch in den Stunden des Scheiterns und des Leidens erheben wir nicht die Augen zu den Hoch-Zeiten des Lebens, sondern starren in die Abgründe des Daseins, und wenn wir dann noch an Gott denken, fragen wir: Wo bist Du? Und nur wenn der „Immanuel Gott mit uns" auch in den Abgründen des Daseins sich uns zeigt, können wir glauben, dass Gott *immer* bei uns ist.

Nach der hier versuchten Deutung gründet das „Muss" des Leidens und Todes Jesu nicht in der Forderung einer Strafe für ein Verbrechen, einer Genugtuung für eine Beleidigung, eines Sühneopfers für eine Sünde. Das „Muss" hat vielmehr seinen Grund in der Heilsfrage des

Menschen, der angesichts der Vergänglichkeit und der Zerstörung, Verblendung und Bosheit nach Zeichen der Gegenwart des Gottes des Lebens und der Vergebung *in dieser Welt* ausschaut. Solange diese von Vergehen und Tod geprägte, von Unrecht und Bosheit verdorbene Welt besteht, „kann“ die Frage des Menschen nach Sinn und Hoffnung und Heil nicht durch ein Zeichen, welches von Tod und Bosheit nichts weiß, beantwortet werden. Mit anderen Worten: Dass unser ins Böse verstricktes, dem Tod unausweichlich zueilendes Dasein durch Gott Leben und Erfüllung finden kann, dass auch den unschuldig Ermordeten Gerechtigkeit zuteil werden wird, dies „konnte“ nicht in einer paradiesischen Welt geoffenbart werden. Es „musste“ an einem schuldlos Ermordeten sich erweisen.

Der Opfercharakter des Todes Christi und seine Heilsbedeutung

Im Zusammenhang mit Erlösung sprechen Christen oft mit Worten der Heiligen Schrift vom Tode Christi als einem Opfer. Dies legt den Gedanken nahe, dass wir durch den Tod Christi erlöst wurden, weil der Kreuzestod ein Gott dargebotenes und ihm wohlgefälliges Opfer war, dass auf Grund seines Opfercharakters dem Tod Christi Heilsbedeutung zukommt. Diese Deutung des Todes Christi (als eines Opfers) und seines (durch ein Opfer vollbrachten) Heilswerkes wurde von Andachtsbüchern, Katechismen, theologischen Lehrbüchern und kirchlichen Äußerungen übernommen und weithin verbreitet.

Dennoch haben seit der Mitte des vergangenen Jahrhunderts bedeutende Theologen diese Anschauung ernsthafter Kritik unterzogen. In ihrer ursprünglichen Gestalt unterscheidet sich zwar der Gedanke der Erlösung durch das Opfer von der Satisfaktionstheorie. Für die meisten Gläubigen jedoch sind diese Deutungen schwer zu unterscheiden und vermischen sich, sodass bald (mit rechtlichen Begriffen) von Genugtuung und Wiederherstellung des Rechts, bald (mit kultischen Begriffen) von Opfer und Sühne die Rede ist. Das zeigt sich in der Kritik, die Joseph Ratzinger schon vor Jahrzehnten an derlei Vorstellungen geübt hat: „Das christliche Allgemeinbewusstsein ist in dieser Sache weithin von einer reichlich vergröberten Vorstellung der Sühnetheologie Anselms von Canterbury bestimmt, deren Grundlinien wir in anderem Zusammenhang bedacht haben. Für sehr viele Christen und besonders für jene, die den Glauben nur ziemlich von Weitem kennen, sieht es so aus, als wäre das Kreuz zu verstehen innerhalb eines Mechanismus des beleidigten und wiederhergestellten Rechtes. Es wäre die Form, wie die unendlich beleidigte Gerechtigkeit Gottes mit einer unendlichen Sühne wieder versöhnt würde. So erscheint es den Menschen als Ausdruck einer Haltung, die auf einem genauen Ausgleich zwischen Soll und Haben besteht, zugleich behält man das Gefühl, dass dieser Ausgleich dennoch auf einer Fiktion beruht. Man gibt zuerst im Geheimen mit der linken Hand, was man feierlich mit der rechten wieder entgegennimmt. Die ‚unendliche Sühne', auf der Gott zu bestehen scheint, rückt so in ein doppelt unheimliches Licht. Von manchen Andachtstexten her drängt sich dem Bewusstsein dann geradezu die Vorstellung auf, der christliche Glaube an das Kreuz stellt sich einen Gott vor, dessen unnachgiebige Gerechtigkeit ein Menschenopfer, das Opfer seines eigenen Sohnes, verlangt habe. Und man wendet sich mit Schrecken von einer Gerechtigkeit ab, deren finsterer Zorn die Botschaft von der Liebe unglaubwürdig macht. *So verbreitet dieses Bild ist, so falsch ist es.*"[65]

Heute werden vielleicht nur wenige Prediger und Katecheten in der beschriebenen Weise von Erlösung und Heil sprechen. Da aber die Liturgie oft vom Opfertod Jesu, von Sühnetod, von der Erlösung durch Jesu Lebensopfer spricht, besteht Gefahr, dass Menschen auf der Suche nach gläubigem Verstehen dieser Kernwahrheit des christlichen Glaubens doch nur auf die bislang üblichen Vorstellungen zurückgreifen (können). Daher muss die Lehre vom Tod Jesu als Opfer und seine Rolle im Heilswerk überdacht werden. Eine theologische Besinnung über dieses zentrale Thema des christlichen Glaubens kommt nicht umhin, Kritik an bislang weithin akzeptierten und durch kirchliche Dokumente scheinbar sanktionierten Vorstellungen und Ausdrucksweisen zu üben. Da aber die Kirche über das Wesen des Heilswerkes keine definitive Lehräußerung gemacht hat, kann die Theologie mutig diese Aufgabe übernehmen, auch wenn zu erwarten ist, dass eine „neue" Sicht weitreichende Folgen für das Verständnis des ganzen Glaubens haben wird.

Auf viele Fragen wie Herkunft und Arten der Opfer des Alten Bundes, Tatsache und Gewicht der Anspielungen der neutestamentlichen Schriften auf die Opfer des Alten Bundes usw. können wir nicht eingehen und brauchen es auch nicht, denn die Frage nach dem Opfercharakter des Todes Jesu und seiner Heilsbedeutung können wir mit Hilfe der folgender Überlegungen beantworten.

These: Der Tod Jesu kann nicht als ein Gott umstimmendes Opfer verstanden werden.

Für diese These sprechen folgende Gründe[66]:

Altes Testament

Im Alten Testament sind die Sühneriten nicht Handlungen des Menschen auf Gott hin, sondern bedeuten Gottes Handeln auf den Menschen und seine Welt zu. Der Sinn der Besprengung durch Sünde verunreinigter Orte mit Blut ist es nicht, Gott gnädig zu stimmen, sondern symbolisiert die gnadenhaft neu geschenkte Gegenwart Gottes.

Alle Opferriten sind letztlich Teile des größten Geschenkes, des Bundes. Was immer ihre Herkunft gewesen sein mag, wie immer Menschen sie verstanden und sie vielleicht oft missverstanden haben, auf Grund ihrer Verankerung im Bundesgesetz sind sie letztlich nicht Handlungen der Menschen, die versuchen Gott zu besänftigen oder gnädig zu stimmen, sondern immer schon Geschenke des gnädigen Gottes, von ihm gewährte Wege, zu ihm zu kommen.

Hebräerbrief

Im Hebräerbrief ist auf den ersten Blick „Hohepriester" der Grundbegriff der Christologie, und die „ein für allemal gültige Darbringung seines Lebens" ist der Grundbegriff der Soteriologie dieses Schreibens. Aufgrund nachstehender Überlegungen können wir jedoch sagen: Auch wenn dieses neutestamentliche Schreiben von „Sühne", von Jesu „Opfer", von Reinigung durch Jesu Blut u. ä. spricht, betrachtet es den Tod Jesu nicht als ein Gott umstimmendes Opfer:

- Der Verfasser charakterisiert sein tiefsinniges Schreiben als eine „Mahnrede" (13,22). In diesem „Brief" geht es dem Schreiber also nicht um die Frage nach dem Wesen des Todes Jesu und seiner Rolle im Heilswerk. Mit seiner Mahnrede will er vielmehr eine müde gewordene und wegen drohender Verfolgung geängstigte Gemeinde aufrütteln, warnen und ermutigen.
- Selbst dogmatisch gesehen geht es dem Autor nicht um den Charakter des Todes Jesu und um den Grund seiner Heilsbedeutung, sondern um die Überlegenheit des Neuen Bundes gegenüber dem Ersten Bund (vgl. Hebr 7 – 10).
- Der Verfasser weiß und anerkennt, dass im Sinne des mosaischen Gesetzes Jesus nicht Priester, sondern „Laie war, [der] kein Amt im Kultdienst Israels innehatte".[67]

- Der Verfasser kannte den Unterschied zwischen der durch das Gesetz geregelten Darbringung von Tieropfern im Tempel und der grausamen Hinrichtung eines der sadistischen Willkür der Henker ausgelieferten Menschen.
- Das Schreiben betrachtet Jesus nicht nur als Hohepriester, sondern auch als Bundesmittler (9,15 –17) und als alle früheren Offenbarungen übertreffendes Wort (1,1–3).
- Der Brief spricht vom Tod Jesu und dem Heilswerk nicht nur mit den (kultischen) Begriffen wie Opfer und Sühne, sondern auch mit dem (kommerziellen) Bild von der Bezahlung eines Lösepreises (9,12) und dem (martialen) Bild des Sieges über Tyrannen und Sklavenhalter (2,14–15). Nach 2,9 war es „Gottes gnädiger Wille, dass er für alle den Tod erlitt". Demnach kann der Tod, auch wenn er an anderen Stellen „Opfer" genannt wird, nicht als ein Gott umstimmendes Opfer betrachtet werden.

Der Erste Johannesbrief

Im Ersten Johannesbrief wird Christus in 2,1–2 selbst Sühne genannt: „Wenn einer sündigt, haben wir einen Beistand beim Vater: Jesus Christus, den Gerechten. Er ist unsere Sühne für unsere Sünden, aber nicht nur für unsere Sünden, sondern auch für die der ganzen Welt." Und in 4,9–10 heißt es: „Die Liebe Gottes wurde uns dadurch offenbart, dass Gott seinen einzigen Sohn in die Welt gesandt hat, damit wir durch ihn leben. Nicht darin besteht die Liebe, dass wir Gott geliebt haben, sondern dass er uns geliebt hat und seinen Sohn als Sühne für unsere Sünden gesandt hat" (4,9–10).

Obwohl diese Texte von Sühne sprechen und somit scheinbar den Gedanken eines Sühneopfers nahe legen, können wir mit guten Gründen sagen: Auch an diesen Stellen wird der Kreuzestod Jesu nicht als ein Gott umstimmendes Opfer dargestellt, denn

- in 1 Joh 2,1–2 geht es nicht um die Frage, ob der Tod Jesu ein Opfer und gar ein Gott umstimmendes Opfer war. In diesem Text und in seinem Zusammenhang geht es vielmehr um Sünde und Sündenbewusstsein der Christen. Sie werden zu Vertrauen auf Sündenvergebung aufgerufen. Dies geschieht vermittels zweier verschiedener Bilder, nach denen Christus zugleich der Rechtsbeistand und auch Sühne ist.
- In 1 Joh 4,9–10 gilt die Liebe Gottes als Ursprung des Kommens und des Werkes Christi und auch seines Sühne-Seins für uns. Die Liebe

Gottes ist also Urgrund des Sühne- Seins Christi, nicht Frucht irgendeines Gott umstimmenden Sühnewerkes.

Wenn wir entschieden den Gedanken eines Gott umstimmenden Opfers zurückweisen, soll damit keineswegs der tiefe Sinn der Rede vom Opfertod Christi bestritten werden. So stellt sich die Frage:

Zwischenüberlegung: Welchen Sinn hat „Opfer"?

Im Deutschen bezeichnen wir mit dem Wort „Opfer" Verschiedenes. Zwei Gebrauchsweisen sind in unserem Zusammenhang von Bedeutung.

Das für andere geleistete „Verzicht-Opfer"

In der alltäglichen Sprache ist manchmal die Rede davon, dass jemand etwas für andere opfert, zum Beispiel, dass jemand seinen Schlaf opfert, um Schwerkranken beizustehen, dass jemand seine Zeit opfert für Schüler, die Nachhilfe brauchen. In solchen Redeweisen finden sich folgende Elemente: Der (seinen Schlaf, seine Zeit) Opfernde verzichtet auf etwas, auf das er gleichsam ein Recht hat, um anderen etwas Gutes zu tun, ihnen einen Dienst zu leisten. Dem Verzicht und dem geleisteten Dienst, dem „Opfer", liegt eine Liebe zu anderen zugrunde. Darum offenbart der größere Verzicht, das größere „Opfer", eine größere Liebe. Wir nennen es hier „Verzicht-Opfer".

Der Gottheit dargebrachtes Opfer, „religiöses Opfer"

Damit werden vielerlei Handlungen im religiösen Bereich bezeichnet, wie bestimmte Riten im Alten Testament und anderen Religionen. In solchen „Opfern" findet sich eine rituelle Übereignung eines Gutes an die Gottheit.

Der Kreuzestod Jesu als Opfer

Der Kreuzestod Jesu als Verzicht-Opfer

Das Neue Testament gebraucht zwar nicht Ausdrücke wie „Opfer" und „sich opfern", doch sprechen die Schriften mit sehr eindrucksvollen Worten und Bildern von der Lebenshingabe Jesu und deuten damit den Tod Jesu als ein Opfer im dargelegten Sinn. Im Markusevangelium 10,45 spricht Jesus von seinem Lebensopfer mit dem Bild vom Lösegeld: „Der

Menschensohn ist nicht gekommen, um sich dienen zu lassen, sondern um zu dienen und sein Leben hinzugeben als Lösegeld für viele." Paulus spricht vom Opfersinn der Lebenshingabe und des Todes Jesu im Römerbrief 5,6–7: „Christus ist schon zu der Zeit, da wir noch schwach und gottlos waren, für uns gestorben. Dabei wird nur schwerlich jemand für einen Gerechten sterben; vielleicht wird er jedoch für einen guten Menschen sein Leben wagen." Nach einem Wort Jesu im Johannesevangelium (14,13) ist das Opfer des eigenen Lebens Tat und Erweis höchster Liebe: „Es gibt keine größere Liebe, als wenn einer sein Leben für seine Freunde hingibt." Auch wenn die neutestamentlichen Schriften die Ausdrücke „Opfer", „sich opfern" u. ä. nicht gebrauchen, sprechen doch manche Texte, die vom „Für uns" des Leidens und Todes handeln, von dem unter Verzicht auf eigenes Wohlergehen und eigene Sicherheit vollbrachten Einsatz des Lebens, von einem (Verzicht)„Opfer".

Mit diesen Ausdrücken spricht die Schrift vom Heilswerk Christi und betont so wichtige Aspekte:

- Die Vollbringung seiner Heilssendung geschah unter großem Verzicht auf kostbare Güter. Gewiss, Jesu Leben und Wirken hatte Tage des Jubels (Mt 11,25–27; Lk 10,21–22). Jedoch, um Zeuge zu sein, dass Gott nicht nur an frohen Tagen, sondern auch in den Abgründen des Scheiterns, des Schmerzes, des Sterbens bei uns ist, verzichtete er darauf, „wie Gott zu sein", und „entäußerte sich selbst", und darum „war sein Leben das eines Menschen" (Phil 2,6–7) mit seinen Misserfolgen, mit seiner Erfahrung von Widerspruch und Zufall. Die Rede von „Opfer" hebt hervor, dass Widerstand, Leiden und Tod von Jesus akzeptiert wurden, um seine Sendung zu erfüllen, um für die Leid und Tod unterworfenen Menschen der „treue Zeuge" (Offb 1,5) zu sein, dass Gott mit uns (Mt 1,23) ist auch in den Abgründen des Daseins,
- Die Rede von „Opfer" hebt hervor, dass der Verzicht auf Erfolg und Wohlergehen von Jesus aus Liebe zu den Menschen übernommen wurde.

Der Tod Christi als Gott dargebrachtes Opfer

Gleichgültig, ob Opfer Dank oder flehentliches Bitten ausdrücken sollen, ob sie die Gottheit zu besänftigen suchen, sie enthalten immer ein Element der Anerkennung der Überlegenheit der Gottheit, der menschlichen Abhängigkeit von der Gottheit. Im Alten Testament zum Beispiel erinnerten sich bei der Darbringung der Erstlingsfrüchte (vgl. Dtn

26,1–11) die Gläubigen der Heilstaten Gottes an ihrem Volk, der Befreiung aus der Knechtschaft Ägyptens, der Führung in das Gelobte Land.

Zum Wesen eines (religiösen) Opfers gehört ferner, dass diese Anerkennung Gottes Ausdruck findet in Gesten der Übereignung von Gaben an die Gottheit. So drückte die Übergabe des Korbes mit den Erstlingsfrüchten die Anerkennung Gottes als des Herrn der Geschichte des Volkes, als Geber des Landes und seiner Fruchtbarkeit und des Lebens der Menschen aus. In dem Vollzug der Riten der Opfer drückt sich die Anerkennung Gottes und die Dankbarkeit des Menschen aus.

Demnach können wir den Kern des kultischen Opfers als verleiblichte Anerkennung der Herrschaft Gottes über unser Dasein umschreiben. Die zum Wesen des Opfers gehörenden Elemente Verleiblichung und Anerkennung der Herrschaft Gottes können in verschiedenen Formen realisiert werden.

Die Rede vom Tod Christi als einem Gott dargebrachten Opfer ist gleichsam eine Art Kurzformel, welche besagt: Jesu Tod verwirklicht in höchstem Grade das innerste Wesen eines Opfers. Die Anerkennung der Herrschaft Gottes über sein Leben und Geschick (Mk 14,36), den Gehorsam gegenüber dem Vater, der ihn immer beseelte (Joh 4,34; Phil 2,6–11), drückte Jesus nicht durch Darbringung kostbarer Dinge aus, sondern durch die Hingabe seines Lebens, durch seinen Gehorsam bis zum Tod. Weil er seinen Tod im Gehorsam gegenüber Gottes Auftrag und Fügung annahm und weil sich in der Annahme seines Todes sein absoluter Gehorsam verleiblichte, verwirklichte Jesus in seinem Tod jene Gesinnung, welche den Ritus der Übergabe eines Gutes zu einem Opfer macht.

Man kann noch einen Schritt weiter gehen und sagen: Nur der Tod Christi verwirklichte in voller Wahrheit das, was die rituellen Opfer wollen, jedoch nur andeuten können: die totale Selbstübergabe an den unbegreiflichen Gott. Die kultischen Opfer wollen zwar den Gehorsam des Glaubens, in dem sich der Mensch als ganzer in Freiheit Gott übereignet (DV 5), zum Ausdruck bringen, doch können sie es nur durch die Darbringung begrenzter, vom Menschen selbst verschiedener Gaben. In der gehorsamen Annahme des Kreuzestodes hingegen übereignete Jesus sein ganzes menschliches Dasein dem unbegreiflichen Gott.

Der Unterschied von Opfercharakter und Heilsbedeutung des Todes Christi

Nach dem Gesagten dürfen wir das Leiden und Sterben Christi nicht als eine uns ersparte, aber an ihm vollzogene und von ihm angenommene Bestrafung, nicht als eine von Gott geforderte und durch Christi Tod an unserer Stelle geleistete Wiedergutmachung, nicht als ein Gottes Zorn besänftigendes Opfer, nicht als ein Gottes Gnade verdienendes oder erwirkendes Opfer betrachten. Wenn wir im dargelegten Sinn den Tod Christi als Opfer bezeichnen, ist der Opfercharakter nicht Grund der Heilsbedeutung des Kreuzestodes Christi. Somit unterscheiden wir zwischen dem Opfercharakter und der Heilsbedeutung des Todes Jesu.

Mit folgendem Beispiel können wir diesen Unterschied zwischen dem Opfercharakter und der Heilsbedeutung des Todes Jesu verdeutlichen: Ein Feuerwehrmann rettet ein Kind unter Einsatz seines Lebens aus einem brennenden Haus; dabei zieht er sich Brandwunden zu, denen er erliegt. Mit gutem Grund sagen wir dann: Er hat sein Leben für das Kind geopfert. Doch müssen wir auch sagen: Nicht sein Tod hat das Kind gerettet, sondern sein mutiges Tun. Die Bereitschaft, sein eigenes Leben zu riskieren, es für das Leben eines Kindes zu „opfern“, war ein wesentliches Element seiner Rettungstat, doch nicht die rettende Tat selbst.

Die hier vertretene Unterscheidung zwischen der Heilsbedeutung und dem Opfercharakter des Todes Jesu mag wie eine müßige Spitzfindigkeit erscheinen. In Wirklichkeit geht es jedoch um das Gottesbild: Solange der Tod Jesu als Gott dargebrachtes Opfer *und deswegen* als Quelle der Gnade Gottes verstanden wird, liegt es nahe, dass Gott als unnachgiebiger, auf seinem Recht bestehender Herrscher, als zorniger, nur durch ein blutiges Opfer zu besänftigender Moloch (miss)verstanden wird. Wenn in Predigt und Katechese die Rede vom Opfer Christi ist, sollte dieses gefährliche Missverständnis vermieden und überdies betont werden, dass Jesus Christus sein vollkommenstes Opfer nicht in einer feierlichen Liturgie an einem geheiligten Ort, sondern am blutverschmierten Hinrichtungsort bei in einer grausigen Exekution vollzog. Dies hat eine beträchtliche Bedeutung für das Verständnis des christlichen Daseins und die Rolle der Liturgie im christlichen Leben.

Die Heilsbedeutung des Todes Christi in Bildern

Das Ärgernis des Kreuzestodes Jesu und die Überzeugung von der Heilsbedeutung des Todes Jesu ließen gläubige Christen Ausschau halten nach Andeutungen und Vor-Bildern des Kreuzestodes.

Das Opfer Abrahams – Vorbild des Opfers Christi?

Das 22. Kapitel des Buches Genesis erzählt mit bewegenden Worten von der Bereitschaft Abrahams, seinen einzigen, sehnlich erwarteten und innig geliebten Sohn Isaak Gott als Opfer darzubringen. In der Katechese und in der Kunst gilt das Opfer Abrahams oft als Vor-Bild des Opfers Christi.

Anspielungen auf Abrahams Opfer
Einige neutestamentliche Texte, die zugleich vom Heilswerk Gottes und vom Tod Christi sprechen, spielen *vielleicht* auf das Opfer Abrahams an. Ein Wort im Johannesevangelium (3,16: „Gott hat die Welt so sehr geliebt, dass er seinen einzigen Sohn hingab, damit jeder, der an ihn glaubt, nicht zugrunde geht, sondern das ewige Leben hat."), ein Wort im Römerbrief (8,32: „Er (Gott) hat seinen eigenen Sohn nicht verschont, sondern ihn für uns alle hingegeben – wie sollte er uns mit ihm nicht alles schenken?"), und eine Wendung im Gleichnis von den bösen Winzern (Mk 12,6: der Gutsherr sendet zuletzt „seinen geliebten Sohn", der von den bösen Winzern getötet wird) spielen *vielleicht* auf einen Passus der Erzählung von Abrahams Opfer an: „Der Engel des Herrn rief Abraham noch einmal vom Himmel her zu und sprach: Bei mir habe ich geschworen – spricht der Herr: Weil du das getan hast *und deinen einzigen Sohn mir nicht entzogen hast,* will ich dich reichlich segnen und deine Nachkommen zahlreich machen …" (22,15–17).

Die Fragen, ob diese neutestamentlichen Texte tatsächlich auf den Bericht von Abrahams Opfer anspielen; wenn ja, mit welcher Absicht sie das tun; welches Gewicht diesen – auf jeden Fall nur sehr leichten – Anspielungen zukommt, ob und wann diese Anspielungen zu der Idee führten, dass Abrahams Opfer ein Vor-Bild des Kreuzesopfer sei – diese Fragen können wir dahingestellt sein lassen. Denn offensichtlich bestehen beträchtliche Unterschiede zwischen dem Kreuzestod Jesu und dem Opfer Abrahams:

- In Genesis 22,12 verbietet Gott, Isaak zu töten und ihn zu opfern. – Jesus hingegen erlitt einen äußert qualvollen Tod am Kreuz.
- Im dem von Abraham geplanten Opfer finden wir gleichsam eine Bewegung von unten nach oben, denn es sollte ein Akt des Gehorsams Abrahams gegenüber Gott sein. – Die besagten neutestamentlichen Texte hingegen sprechen von einer Bewegung von oben nach unten, denn sie sprechen von der Liebe Gottes zu den Menschen.
- Das von Abraham geplante Opfer hatte den Charakter eines von einem Menschen Gott dargebrachten Opfers. – Die besagten neutestamentlichen Texte hingegen sprechen sozusagen von einem (Verzicht-) Opfer Gottes für die Menschen.

Der Sinn der Anspielungen

Um die Größe des Glaubens und Gehorsams Abrahams hervorzuheben, beschreibt das Buch Genesis in Kap. 22 mit bewegenden Worten die Liebe Abrahams zu seinem Sohn Isaak, den er lange ersehnt und erwartet hatte: Darum heißt es in dem Befehl, ihn zu opfern, „nimm deinen Sohn, deinen einzigen, den du liebst, Isaak … und bring ihn … als Brandopfer dar“ (Gen 22,2). Auch das kurze Gespräch (Gen 22,6–8) zwischen Abraham und Isaak auf dem Weg zum Opferberg zeugt von der innigen Liebe Abrahams zu seinem Sohn. Der Engel, der die Schlachtung und Opferung Isaaks verhindert, spricht gleichfalls von der besonderen Vaterliebe Abrahams, denn er nennt Isaak den „einzigen Sohn“ (Gen 22,12. 16). Indem das Buch Genesis die Liebe Abrahams zu seinem Sohn hervorhebt, spricht die Erzählung von der Größe des Verzichts, zu dem Abraham bereit war und betont damit die Größe seines Glaubens und Gehorsams gegenüber Gott.

Einen ähnlichen und zugleich ganz verschiedenen Sinn haben die neutestamentlichen Anspielungen: Auch sie sprechen von der Liebe eines Vaters zu seinem Sohn, den er dahingibt. Aber sie sprechen von einer ganz anderen Liebe und einem ganz anderen Opfer. Sie wollen sagen: Um den Menschen seine Liebe zu erweisen, sandte Gott nicht nur Propheten, die Gottes Liebe verkündeten. Er setzte vielmehr das ihm Wertvollste ein, das Leben seines geliebten Sohnes (Mk 1,11). Sein Leben und Wirken, sein Tod und seine Auferweckung sollten der Ort sein, an dem Gott seine Leben schenkende und Vergebung spendende Gegenwart in der von Scheitern und Tod, Irrtum und Bosheit geprägten Welt erweisen wollte. Um das zu tun, gab er seinen Sohn dahin. Die im Neuen Testament (vielleicht) enthaltenen Anspielungen auf das Opfer Abrahams sprechen also gar nicht von einem Gott *dargebrachten* Opfer. Sie sprechen vielmehr gleichsam von einem *Verzicht*-Opfer Gottes zum Wohl der Menschen. Der Gedanke, der Tod Christi wäre ein von Gott gefordertes, ihm selbst darzubringendes Opfer liegt den Verfassern der Schrift völlig fern. Die biblischen Anspielungen enthalten vielmehr die Zentralbotschaft des christlichen Glaubens: „Gott ist Liebe" (1 Joh 4,16).

Der gekreuzigte Jesus – Sühnemal des Neuen Bundes

Die Einheitsübersetzung gibt Röm 3,25 wider mit den Worten: „Ihn [Christus Jesus] hat Gott dazu bestimmt, Sühne zu leisten durch sein Blut, Sühne wirksam durch Glauben." Die Neue Jerusalemer Bibel fügt die Anmerkung hinzu: „Andere Übersetzung: ‚als Sühne(mal) aufgestellt ...' Mit ‚Sühne' wird auch die Deckplatte der Bundeslade bezeichnet, Ex 25,17, vgl. Hebr 9,5. Am großen Versöhnungstag, Lev 16,1 wurde sie mit Blut besprengt, Lev 6,15." Die nachstehenden Überlegungen *bevorzugen*[68] diese Übersetzung. Gestützt auf die von Lyonnet[69] vertretene Meinung, können wir das schwer verständliche Wort Röm 3,25 sinngemäß wiedergeben mit: Gott hat (den gekreuzigten) Jesus Christus als Sühnemal aufgestellt, bei dem die Glaubenden Vergebung der Sünden finden. Um den tiefen Sinn dieses Textes zu verstehen, muss die Bedeutung des Sühnemales kurz besprochen werden

Das Sühnemal des Tempels im Alten Bund

Nach dem Buch Ex 25,17–22 bedeckte eine Platte aus purem Gold die Bundeslade. Die Bundeslade befand sich im Allerheiligsten, dem innersten Ort des Tempels, den nur der Hohepriester und auch er nur einmal im Jahr betreten durfte. Für die Liturgie des Alten Bundes war der Ort, an dem sich die Bundeslade mit ihrem goldenem Deckel, dem „Sühnemal", befand, der heiligste Teil des Tempels. Nach alttestamentlicher Auffassung war die Bundeslade mit dem Sühnemal der Thron Gottes, der Ort seiner Gegenwart (Ps 99,1), der Ort, an dem dem Volk Israel am Versöhnungstag Vergebung seiner Sünden zuteil wurde (Lev 16,12–16). An diesem Ort gewährte Gott dem sündigen Volk seine gnädige, vergebende Gegenwart. Die an diesem Ort jedes Jahr gefeierte Liturgie des Versöhnungstages bezeugte den Vergebungswillen Gottes. Weil das Sühnemal als Ort der Begegnung mit Gott betrachtet wird, als Ort an dem Gott seine Gnade erweist, wird es auch „Gnadenthron" genannt.

Der gekreuzigte Jesus als Sühnemal

Der reiche und tiefe Sinn der Rede von dem gekreuzigten Jesus als Sühnemal lässt sich vermittels folgender Schritte erkennen:

Wenn Paulus in Röm 3,25 und der Erste Johannesbrief (2,1–2: 4,9–10) den gekreuzigten Jesus als von Gott errichtetes Sühnemal beschreiben, verwenden sie eine offensichtlich bildliche Redeweise: Jesus ist eine Person, das Sühnemal hingegen ein Ding; das Sühnemal stand am heiligsten Ort des alttestamentlichen Tempels; der Ort, an dem Jesus am Kreuz starb, hingegen war eine von Blut verschmierte Richtstätte. Da am Sühnemal ein Blutritus vollzogen wurde und Röm 3,25 ausdrücklich von „Blut" spricht, handeln diese Stellen vom Kreuzestod Christi.

Da für die neutestamentlichen Autoren der gekreuzigte Jesus immer der auferweckte Christus war, steht im Hintergrund ihrer Aussagen über den Tod Jesu die Überzeugung, dass der Gekreuzigte von Gott zum Leben erweckt wurde. Daraus können wir schließen: Wenn neutestamentliche Autoren den gekreuzigten Jesus Sühnemal nennen, dann sagen sie:

- Der gekreuzigte (und auferweckte) Jesus ist „Ort" der gnädigen Gegenwart Gottes. Wer den gnädigen Gott sucht, findet ihn in Christus, dem Gekreuzigten und Auferweckten.
- Der Gekreuzigte ist nicht ein von Gott Verfluchter, wie die wegen eines Verbrechens Erhängten, die das Lande verunreinigen, wie es das Wort von Dt. 21,23 sagt. Er ist vielmehr Zeichen der gnädigen Gegenwart des heiligen Gottes, Ort und Thron der Gnade Gottes.
- Der Ort der Begegnung mit dem gnädigen Gott ist nicht mehr das im Tempel verborgene und nur dem Hohepriester und ihm nur einmal im Jahr zugängliche Allerheiligste. Im Glauben an Jesus, den Gekreuzigten und Auferweckten, steht der Weg ins Heiligtum zum Thron der Gnade jederzeit allen Menschen offen. Diesen Gedanken können wir auch im Markus- und Matthäusevangelium finden, denn nach ihrem Bericht riss in der Todesstunde Jesu „der Vorhang im Tempel von oben bis unten entzwei" (Mk 15,38; vgl. Mt 27,51).

Jesus Christus – das Sühnemal und die neutestamentliche Soteriologie

Erst nachdem gläubige Menschen im Licht der Auferweckung ahnend verstanden hatten, dass der als Gotteslästerer von den religiösen Führern Verworfene und wie ein Verbrecher Hingerichtete von Gott nicht verworfen, sondern bestätigt und angenommen wurde, konnten sie diesen Jesus mit dem heiligsten Gegenstand des alttestamentlichen Glaubens vergleichen und ihn als „Ort“ der gnädigen Gegenwart Gottes anerkennen. Mit anderen Worten: Der Gedanke: „Der gekreuzigte (und auferweckte) Jesus ist das von Gott errichtete ‚Sühnemal‘, gründet in dem Glauben, dass in Jesus und durch Jesus Gott sich offenbart hat, sodass wer (den gekreuzigten und auferweckten) Jesus sieht, den „Gott allen Trostes“ (2 Kor 1,3), den „Gott aller Gnade“ (1 Petr 5,10), den Vater sieht.

Das „Blut des Bundes“

Das „Blut des Bundes“ im Neuem Testament

In den sogenannten Einsetzungsberichten im Markus- und Matthäusevangelium sagt Jesus über den Kelch: „Das ist mein Blut, das Blut des Bundes, das für viele vergossen wird“ (Mk 14,24, Mt 26,28). In ähnlicher Weise finden wir in anderen neutestamentlichen Schriften die Rede vom Bundesblut: Nach dem Hebräerbrief 12,24 sind die Glaubenden hingetreten „zum Mittler eines neuen Bundes, Jesus, und zum Blut der Besprengung …“ Nach Hebr 13,20 hat der Gott des Friedens, Jesus, unseren Herrn, den erhabenen Hirten der Schafe, „von den Toten heraufgeführt durch das Blut eines ewigen Bundes.“

Da Besprengung mit Blut zum Ritus des Bundesschlusses gehörte, da ferner durch den Bund Israel zum Volk Gottes wurde, finden wir die Idee, dass Jesu (im Tod vergossenes) Blut eine Art Bundesblut sei. So mahnt Paulus in seiner Abschiedsrede in Milet die Ältesten: „Gebt acht auf die ganze Herde, in der euch der Heilige Geist zu Bischöfen bestellt hat, damit ihr als Hirten für die Kirche Gottes sorgt, die er sich durch das Blut seines eigenen Sohnes erworben hat“ (Apg 20,28, vgl. 1 Petr 1,2; Offb 5,9).

„Blut des Bundes“ im Buch Exodus

Nach der Darstellung des Buches Exodus schickte Mose „die jungen Männer aus. Sie brachten Brandopfer dar und schlachteten junge Stiere als Heilsopfer für den Herrn. Mose nahm die Hälfte des Blutes und goss es in eine Schüssel, mit der anderen Hälfte besprengte er den Altar. Darauf nahm er die Urkunde des Bundes und verlas sie vor dem Volk. Sie antworteten: Alles, was der Herr gesagt hat, wollen wir tun; wir wollen gehorchen. Da nahm Mose das Blut, besprengte damit das Volk und sagte: Das ist das Blut des Bundes, den der Herr aufgrund all dieser Worte mit euch geschlossen hat“ (Ex 24,5–8).

Deutet „Blut des Bundes" den Tod Christi als Opfer?

Weil das Becherwort im Markus- und Matthäusevangelium auf die Darstellung des Bundesschlusses anspielt, in der von Opfer und Bundesschluss die Rede ist, darum wird manchmal der Kreuzestod Jesu „Bundesopfer" genannt. Auf Grund nachstehender Überlegungen stimme ich dieser Auffassung nicht zu:

- Schon in Ex 24,8 hat das Wort „Blut des Bundes" nicht die Bedeutung von Opfer. Es wird gesprochen beim Besprengungsritus, der den Bund besiegelt. Der Sinn der Besprengung aber ist nicht die Darbringung eines Opfers. „Das Opfertier wurde Jahwe gegeben, aber das Blut, das nun Gott gehörte, wurde über das Volk zurückgesprengt. Das Blut ist eine Gabe Gottes an Israel; da ist nun ein und dasselbe Blut (Leben) bei Gott und Israel: Blutsbrüderschaft, beinahe sollte man sagen: Blutsverwandtschaft."[70]
- Die neutestamentlichen Texte, welche auf das „Blut des Bundes" in Ex 24,8 anspielen, sprechen gar nicht von „Opfer", sondern beziehen sich auf den Besprengungsritus und seinen Sinn im Rahmen des Bundesschlusses.
- An einigen Stellen (wie Apg 20,28 und Offb 5,9) erscheint das Blut nicht als Blut von Opfertieren, sondern wie ein für den Loskauf von Gefangenen und für den Erwerb von Sklaven bezahlter Löse- oder Kaufpreis.
- Obwohl Texte des Neuen Testaments gelegentlich auf diesen Ritus der Besprengung mit dem Blut geopferter Tiere beim Bundesschluss anspielen, wird der Tod Jesu selbst nie „Bundesopfer" genannt.

Mit dieser These wird jedoch der tiefe Sinn der Rede vom „Blut des Bundes" keineswegs geleugnet. Vielmehr bekennt „Blut des Bundes" die Heilsbedeutsamkeit des Todes Jesu: In der Heiligen Schrift hat „Blut" ja oft die Bedeutung von „gewaltsamer Tod"; in Ex 24 symbolisiert die Besprengung des Altars und des Volkes mit dem Blut der Opfertiere die Lebensgemeinschaft der Menschen mit Gott. Darum bedeutet die neutestamentliche Redeweise „*Blut* des Bundes", dass

- in der Stiftung des Neuen Bundes der Tod Jesu eine Rolle spielt,
- durch den Tod Jesu (und seine Auferweckung) Gott den Menschen eine Lebensgemeinschaft nach Art eines Bundes gewährt, in dem Gott sich gleichsam verpflichtet zu dem bundesgemäßen Verhalten von Solidarität, Loyalität, Gunst, Treue;
- durch den grausamen und schmachvollen Kreuzestod Jesu Gott den Menschen Wohlwollen erwies. Dies setzt voraus, dass

– die neutestamentlichen Verfasser den Ärgernis erregenden Kreuzestod Jesu nicht als Zeichen göttlicher Verwerfung Jesu und der Menschen betrachteten, sondern ihn vielmehr als Zeichen der Bundeswilligkeit Gottes, seiner Liebe zu den Menschen, erachteten.

Wie aber konnten Menschen, die den Bund Gottes als Gottes größte Gabe erachteten, dem grausamen und schmachvollen Kreuzestod eine derartig wesentliche Rolle in der Stiftung eines neuen und besseren Bundes zuschreiben? Wie kamen sie zu dieser Überzeugung?

2. Die Auferweckung des Mittlers des Heiles

Ist Christus nicht auferweckt worden,
dann ist unsere Verkündigung leer und euer Glaube sinnlos.
(1 Kor 15,14)

Wichtigkeit und Glaubwürdigkeit des Osterglaubens

Die Bedeutung des Glaubens an die Auferstehung Jesu

Die Wichtigkeit des Glaubens an die Auferstehung Christi zeigt sich mit aller Deutlichkeit in der Geschichte der Kirche und ihrer Liturgie. Ostern, das Fest, an dem die Christen die Auferstehung Christi feiern, ist das älteste Fest der Christen. Obwohl für viele Gläubige der Westkirche Weihnachten wichtiger schien, galt in der Liturgie vor dem Zweiten Vatikanischen Konzil Weihnachten nur als Hochfest Dritter Klasse, Ostern hingegen als Hochfest Erster Klasse. Ostern wird manchmal „Fest der Feste“ genannt. Die besondere Bedeutung des Osterfestes leitet sich von der Wichtigkeit der an ihm gefeierten Auferstehung[71] des gekreuzigten Jesus her.

Der Glaube an die Auferstehung Christi – Ursprung der christlichen Bewegung

Nur weil sie glaubten (oder hörten, dass andere Menschen es behaupteten), dass der gekreuzigte Jesus von Nazaret von Gott auferweckt wurde, konnten Menschen daran interessiert sein, allem nachzugehen, was über den Nazarener, über sein Wirken und seine Lehre von Augenzeugen berichtet wurde (vgl. Lk 1,1–4). Auch wer dieser Botschaft keinen Glauben schenkt, kann schwerlich bezweifeln, dass von diesem Glauben die christliche Bewegung ihren Anfang nahm.

Der Glaube an die Auferstehung Christi – Grundlage christlicher Glaubenswahrheiten

Was die Jünger verkündigten und was die Kirche im Laufe der Geschichte lehrte, gründet letztlich im Glauben, dass Gott den gekreuzigten Jesus von den Toten erweckte: Nur weil Menschen glaubten, dass er wahrhaft auferstanden ist, konnten sie ihn als „Messias“, als „Herrn“ verkünden, auf seine Wiederkunft hoffen, an seine Gegenwart inmitten ihrer Versammlung glauben. Der Glaube an die Auferweckung Jesu prägte ihr Gottesbild, für sie bedeutet an Gott glauben „an den glauben, der Jesus, unseren Herrn, von den Toten auferweckt hat“ (Röm 4,24; vgl. 2 Kor 4,14; Gal 1,1; Kol 2,12).

Besonders Paulus betont im Ersten Korintherbrief die Wichtigkeit des Glaubens an die Auferstehung. Gegenüber Zweifelnden sagt er mit starken Worten: „Ist Christus nicht auferweckt worden, dann ist unsere Verkündigung leer und euer Glaube sinnlos“ (15,14). Und er sagt nochmals: „Wenn Christus nicht auferweckt worden ist, dann ist euer Glaube nutzlos, und ihr seid immer noch in euren Sünden“ (15,17). Doch gerade dieser entscheidend wichtige Glaube wurde und wird oft bezweifelt.

Bezweifelter und umstrittener Glaube

Von Anfang an bezweifelter Auferstehungsglaube

Die neutestamentlichen Schriften lassen erkennen, dass schon einige Anhänger Jesu, die ihm gefolgt waren, die Verkündigung „der Herr ist wahrhaft auferstanden“ (Lk 24,34) bezweifelten. Nach dem Lukasevangelium überbrachten Frauen die Nachricht vom leeren Grab und die Botschaft des Engels von der Auferstehung anderen Jüngern und den Aposteln. „Doch die Apostel hielten das alles für Geschwätz und glaubten ihnen nicht“ (Lk 24,11; vgl. Mt 28.17; Mk 16,11.13. Lk 24,38–39.41; Joh 20,25).

In der Gemeinde von Korinth wurde die Verkündigung von der Auferstehung offensichtlich ernstlich bezweifelt. Nur auf Grund seiner Wichtigkeit erklärt sich die Vehemenz, die Ausführlichkeit, das Zitieren einer alten Glaubensformel, die Aufzählung der Zeugen, die angebotenen Verständnishilfen, die Paulus im 15. Kapitel des Ersten Korintherbriefes aufbietet, um den bezweifelten Glauben an die Auferweckung Christi und die Auferweckung der Toten zu verteidigen, zu begründen und darzustellen.

Paulus kannte aus Erfahrung den Zweifel, welchem der Auferstehungsglaube in der Welt der Gebildeten seiner Zeit begegnete (Apg 17,16–32): Den Athenern und den Fremden dort, die „nichts lieber [taten], als die letzten Neuigkeiten zu erzählen oder zu hören", machte Paulus das Kompliment, sie seien „besonders fromme Menschen" und zitierte in zustimmender Weise einen Dichter. Er sprach von Gott und seiner Nähe zu allen Menschen. Doch als „sie [ihn] von der Auferstehung der Toten [sprechen] hörten, spotteten die einen, andere aber sagten: Darüber wollen wir dich ein andermal hören".

In der Gegenwart bezweifelter oder in seiner Deutung umstrittener Glaube

Besonders seit der Zeit der Aufklärung wird das Bekenntnis „Gott hat Jesus von den Toten auferweckt" (Apg 3,15), „der Herr ist wirklich auferstanden" (Lk 24,34), bezweifelt. Dass Atheisten und Materialisten die Auferweckung eines Menschen bezweifeln, ist selbstverständlich. In neuerer Zeit wird jedoch auch von einflussreichen Theologen der Osterglaube manchmal in einer Weise interpretiert, die von der Tradition und vom offiziellen Glauben der Kirchen verschieden ist. Sie „weisen auf das ‚moderne Wirklichkeitsverständnis' hin, das eben keine Auferweckung von Toten kenne. Im Mittelpunkt der Osterbotschaft stehe vielmehr ihre Bedeutung, die sie für damals wie auch heute habe. Einige Beispiele:

Nach Rudolf Bultmann drückt die Botschaft von der Auferstehung Jesu aus, was der Kreuzestod Jesu bedeutet ... Der Auferstehungsglaube ist nichts anderes als der Glaube an das Kreuz als Heilsereignis ... Für Dorothee Sölle ist Auferstehung die Wirkung Jesu auf andere Menschen: ‚Ich glaube an Jesus Christus, der aufersteht in unser Leben ...' Für manche ist die Auferstehung Jesu ein Symbol der Hoffnung auf ewiges Leben."[72] Manche Theologen vertreten die Auffassung, das Bekenntnis: „Gott hat Jesus von den Toten auferweckt", „der Herr ist wirklich auferstanden", bedeute, dass die Jünger Jesu, die durch die

Kreuzigung an Jesus irre geworden waren, wieder zum Glauben an Jesus gefunden haben oder dass die Rede von Jesu Auferstehung besage, dass das Programm Jesu, die von ihm ausgehende Bewegung der Solidarität mit den Armen und Unterdrückten, nicht mit dem Tod Jesu zu Ende ging, sondern sich durchsetzen wird. Trotz aller Unterschiede stimmen diese Deutungen des christlichen Auferstehungsglaubens darin überein, dass „Auferstehung Jesu“ nicht von einem Geschehnis an dem am Kreuz hingerichteten Jesus von Nazaret spreche.

Obwohl diese und ähnliche Auffassungen zu Recht betonen, dass die neutestamentlichen Schriften oft vom *Sinn* des Auferstehungsglaubens handeln, können wir sagen, dass sie nicht den Aussagen der biblischen Schriftsteller entsprechen. Sowohl die zahlreichen in verschiedenen Schriften des Neuen Testaments enthaltenen Bekenntnisformeln wie auch die Erzählungen von den Erscheinungen des Auferstandenen meinen mit dem Bekenntnis: „Gott hat Jesus von den Toten auferweckt“, „der Herr ist wirklich auferstanden“, eine Handlung Gottes und ein Geschehen am gekreuzigten Jesus von Nazaret. Doch: Können wir das glauben?

Die Glaubwürdigkeit der Osterbotschaft

Natürlich kann keine Überlegung, keine Autorität uns nötigen, die Verkündigung von der Auferstehung Jesu als bewiesen und wahr zu erachten. Doch lässt sich zeigen, dass diese für den christlichen Glauben grundlegende Aussage der Bibel glaubwürdig ist, sodass die Annahme dieser Botschaft eine vernunftgemäße Handlung ist. Doch zuerst müssen wir fragen:

Wonach fragen wir, wenn wir nach der Glaubwürdigkeit der Osterbotschaft fragen?

Zunächst sollten falsche Fragen ausgeschlossen werden. Im Folgenden fragen wir nicht,

- ob sich die Osterbotschaft auf Berichte von Augenzeugen des Vorgangs der Auferstehung stützen kann. Denn: Dies beansprucht keine neutestamentliche Schrift und keiner der „Zeugen der Auferstehung“ (Apg 1,22).
- ob das Grab Jesu leer gefunden wurde. Darüber streiten die Experten der Bibelwissenschaften. Wie dem auch sein mag, auch ein hieb- und stichfester Beweis, dass das Grab gefunden wurde und dass es leer

war, wäre kein Beweis für die Auferstehung des gekreuzigten Jesus von Nazaret. Denn auch die gesicherte Tatsache, dass das Grab leer war, könnte anders erklärt werden.

– ob das Bekenntnis: „Gott hat Jesus von den Toten auferweckt", oder „der Herr ist wirklich auferstanden", die Rückkehr des gekreuzigten Jesus in das uns bekannte menschliche Dasein beinhalte. Die Evangelien deuten an, dass der Auferstandene in einer verschiedenen Seinsweise lebt: Er erscheint bei verschlossenen Türen und entzieht sich, er wird von den Jüngern und Magdalena nicht wie andere Menschen erkannt, sondern er gibt sich zu erkennen. Im 15. Kapitel des Ersten Korintherbriefs betont Paulus sowohl die Wichtigkeit des Glaubens an die Auferstehung des Herrn wie auch die Andersartigkeit des Leibes der Auferstandenen. Und im Römerbrief 6,9 hebt er den Unterschied hervor mit den Worten: „Wir wissen, dass Christus, von den Toten auferweckt, nicht mehr stirbt; der Tod hat keine Macht mehr über ihn."

Inhalt und Eigenart der Osterzeugnisse

Im 15. Kapitel des Korintherbriefs setzt sich Paulus mit der Leugnung der Auferstehung und der Glaubwürdigkeit der Osterbotschaft auseinander. Um die Tatsächlichkeit der Auferweckung Christi zu betonen, zitiert er ein altes Credo (15,3–5), welches dem Bekenntnis: Christus „ist am dritten Tag auferweckt worden", gleichsam als Beweis hinzufügt „und [er] erschien dem Kephas, dann den Zwölf" (1 Kor 15,4 f vgl. Lk 24,34), dass Christus einmal fünfhundert Brüdern erschien, von denen die meisten noch am Leben sind (15,6), dass er dem Jakobus und allen Aposteln erschien (15,7), dass er ihm selbst erschien (15,8). Damit zeigt sich: Wenn es um die Tatsächlichkeit der Auferstehung Christi geht, spricht Paulus nicht von der Auffindung des leeren Grabes, sondern beruft sich auf Zeugen *von Erscheinungen* des Auferstandenen. Wie aber können wir uns diese Erscheinungen denken?

Die in den Evangelien enthaltenen Berichte über Erscheinungen des Auferstandenen sind (auch nach Auffassung katholischer Exegeten) „keine protokollarischen Berichte, sondern im Stil damaliger Predigt abgefasste Texte, die den kirchlichen Osterglauben bezeugen und verteidigen."[73] Sie setzen also den Osterglauben voraus. Dieser aber stützt sich auf die „Erscheinungen", welche das alte Credo und Paulus gleichsam als Beweis für die Wirklichkeit der Auferstehung anführen. Obwohl wir über das Wesen, das Wann und Wie dieser Erscheinungen nichts Genaues wissen, können wir sagen, dass sie auf die Empfänger einen derart tiefen Eindruck machten, dass sie das scheinbar Unglaubliche glaubten und verkündeten. Diese scheinbar unglaubliche, jedoch tatsächliche Wendung im Denken und Leben verleiht ihrer Berufung auf eine („Erscheinung“ genannte) Erfahrung hohe Glaubwürdigkeit.

Glaubwürdig von Seiten der Verkünder der Botschaft

Das Neue Testament lässt erkennen, dass Jesu Hinrichtung am Kreuz seine Anhänger zutiefst erschütterte: Jesus wurde ja als Gotteslästerer von den religiösen Führern Israels verworfen und von den Römern wie ein Sklave und Hochverräter hingerichtet. In den Augen gläubiger Juden „musste“ Jesus wie ein von Gott Verfluchter erscheinen (Gal 3,13). Darum erschien den Aposteln die Rede der Frauen von einer Auferstehung Jesu „wie ein leeres Geschwätz“ (Lk 24,11). Zu groß war der Schock des Scheiterns Jesu in der Verwerfung durch Israel und im Verbrechertod am Kreuz. So konnten die Jünger nicht leichtfertig glauben. Nur auf Grund ihrer Erfahrung mit dem auferweckten Jesus und seiner lebendigen Gegenwärtigkeit (Lk 24,13–35) konnten sie bekennen: „Gott hat Jesus von den Toten auferweckt“ (Apg 3,15), „der Herr ist wirklich auferstanden“ (Lk 24,34).

Obwohl die Jünger wussten, dass in ihrer Welt diese Botschaft von der Auferweckung des gekreuzigten Jesus von Nazaret und sie selbst auf Spott und Ablehnung stoßen würden, sprachen sie oft von dieser Überzeugung, denn sie sagten sich selbst und anderen: „Wir können unmöglich schweigen über das, was wir gesehen und gehört haben“ (Apg 4,20). Und alles, was sie sonst noch über Jesus und sein Werk verkündeten, setzt die Überzeugung: „Gott hat Jesus von den Toten auferweckt“ (Apg 3,15), „der Herr ist wirklich auferstanden“ (Lk 24,34), unabdingbar voraus. Sie verkündeten ja den Gekreuzigten als „Messias“, „Herrn“. Und wenn sie ihn „Herrscher und Retter“ (Apg 5,31) nannten, gaben sie dem kleinen Rabbi aus Nazaret und schließlich am Kreuz Hingerichteten einen Titel, der in damaligen Kulten heilenden Gottheiten, im römischen Weltreich dem Kaiser des römischen Weltreichs, im Alten Testament sogar Gott selbst gehörte.

Wenn wir die ganze Grausamkeit und den entehrenden Charakter der Kreuzigung verstehen und sehen, was die ersten Christen über einen zu dieser Strafe Verurteilten glaubten und sagten, dann können wir anerkennen, dass diesem Glauben die feste Überzeugung zugrunde liegt: „Gott hat Jesus von den Toten auferweckt“ (Apg 3,15), „der Herr ist wirklich auferstanden“ (Lk 24,34). Darum sagt Paulus kurz und bündig: „Ist Christus nicht auferweckt worden, dann ist unsere Verkündigung leer und euer Glaube sinnlos“ (1 Kor 15,14).

Die Heilsbedeutung der Auferweckung des gekreuzigten Jesus im Neuen Testament

Im Bewusstsein vieler Christen gilt der Kreuzestod Jesu als das entscheidende Heilswerk. Die herkömmliche Theologie bemühte sich, die Heilsbedeutung des Leidens und Sterbens Christi zu erfassen und zu erklären. Nach dieser Auffassung ist das Heilswerk durch den Kreuzestod Jesu vollendet und die Auferstehung Jesu ist scheinbar nicht eigentlich ein Teil des Heilswerkes, sondern gleichsam eine Belohnung des Gehorsams Jesu bis zum Tod am Kreuz (Phil 2,6–11). Seit der zweiten Hälfte des vergangenen Jahrhunderts jedoch betonen einige Theologen die Wichtigkeit der Auferstehung Jesu für das gesamte Heilswerk. Sie berufen sich dabei mit Recht auf das Zeugnis der Heiligen Schrift.

Die Lehre des Neuen Testamentes

Glaube an die „Auferstehung", „Auferweckung"; „Erhöhung", „Verherrlichung" und ähnliche Ausdrücke sprechen (zwar mit verschiedener Nuancierung und Akzentuierung) von derselben Überzeugung, dass der am Kreuze hingerichtete und gestorbene Jesus von Nazaret in das Leben und die Herrlichkeit Gottes aufgenommen wurde und eine neue Lebendigkeit erlangt hat, dass er „auferweckt wurde", dass „er auferstanden ist". In der folgenden Darlegung der Schriftlehre über die Heilsbedeutung der Auferstehung können wir daher die verschiedenen Ausdrucksweisen auswerten.

Ausdrückliche Aussagen über die Heilsbedeutung der Auferweckung des Gekreuzigten

Nur wenige Texte sprechen ausdrücklich von der Heilsbedeutung der Auferstehung des Gekreuzigten: Röm 4,25 übernimmt ein schon früher geprägtes Wort: „Wegen unserer Verfehlungen wurde er hingegeben, wegen unserer Gerechtmachung wurde er auferweckt:"

Im Ersten Korintherbrief betont Paulus die Wichtigkeit der Auferstehung und ihrer Heilsbedeutung mit den Worten: „Ist Christus nicht auferweckt worden, dann ist unsere Verkündigung leer und euer Glaube sinnlos" (15,14). Und kurz darauf sagt er nochmals: „Wenn Christus nicht auferweckt worden ist, dann ist euer Glaube nutzlos, und ihr seid immer noch in euren Sünden" (15,17).

Auferweckung als Vorbedingung des gegenwärtigen Heilswirkens Christi

Unausdrücklich sprechen von der Heilsbedeutung der Auferweckung Christ die Texte, in welchen die Auferweckung als Vorbedingung des gegenwärtigen Heilswirkens Christi als Messias und Herr dargestellt wird (vgl. Apg 2.32.36; Röm 1,4; 14.9). Erst nach seiner Erhöhung ist er Mittler zwischen Gott und Menschen und unser Fürsprecher: Dann „lebt er allezeit, um für sie einzutreten" (Hebr 7,25, vgl. Röm 8,34; 1 Joh 2,1). Nach dem Johannesevangelium ist die Verherrlichung Jesu Vorbedingung der Herabkunft des Heiligen Geistes. Davon spricht der Evangelist in 7,39: „der Geist war noch nicht gegeben, weil Jesus noch nicht verherrlicht war". Und in den Abschiedsreden sagt Jesus: „Es ist gut für Euch, dass ich fortgehe. Denn wenn ich nicht fortgehe, wird der Beistand nicht zu euch kommen; gehe ich aber, so werde ich ihn zu euch senden" (16,7).

Die Auferweckung Christi als Quelle starker Hoffnung

Durch sie hat uns „der Gott und Vater unseres Herrn Jesus Christus ... in seinem Erbarmen neu geboren, damit wir durch die Auferstehung Jesu Christi von den Toten eine lebendige Hoffnung haben" (1 Petr 1,3, vgl. 1 Petr 1,21; Eph 1,18–20). Besonders angesichts des Todes bedeutet (der Glaube an) die Auferstehung Christi eine Quelle von Trost und Hoffnung. Davon spricht Paulus im Ersten Brief an die Thessalonicher mit eindrucksvollen Worten: „Brüder, wir wollen euch über die Verstorbenen nicht in Unkenntnis lassen, damit ihr nicht trauert wie die anderen, die keine Hoffnung haben. Wenn Jesus – und das ist unser Glaube – gestorben und auferstanden ist, dann wird Gott durch Jesus auch die Verstorbenen zusammen mit ihm zur Herrlichkeit führen ... Tröstet also einander mit diesen Worten" (1 Thess 4,13 –14.18). Kurz: Weil sie den Menschen Trost und Hoffnung ermöglicht, eignet der Auferstehung des Gekreuzigten Heilsbedeutung.

Bemerkung zum Zeugnis der Schrift

Nur wenige Texte des Neuen Testaments sprechen *ausdrücklich* von der Heilsbedeutung der Auferstehung. Nachfolgende Überlegung erklärt diese Tatsache:

Im Gegensatz zu den wenigen ausdrücklichen Aussagen über die Heilsbedeutsamkeit der Auferweckung wurde die Heilsbedeutung des Kreuzestodes Jesu durch die oftmals verwendete und verschieden variierte „Für"-Formel und verschiedene Bilder (wie Bezahlung eines Lösegeldes, Besiegelung eines Vertrags mit Blut) ausgesprochen. Es wäre voreilig, aus dieser Tatsache einen Primat der Heilsbedeutsamkeit des Kreuzestodes abzuleiten. Die besagte Tatsache erklärt sich vielmehr aus der Situation der Autoren des Neuen Testaments: Für ihre Adressaten war Jesu Hinrichtung am Kreuz ein schweres Ärgernis und eine unerträgliche Torheit (1 Kor 1,18–24). Da die urchristliche Verkündigung von Jesus, dem Herrn und Messias, diese Tatsache nicht verschweigen konnte und auch nicht wollte, mussten die Prediger und Verfasser sich besonders bemühen, dieses Ereignis in seiner Sinnhaftigkeit zu verstehen und zu erklären. Die Heilsbedeutung der Auferweckung des Gekreuzigten hingegen war den Hörern und Adressaten leicht verständlich.

Der Grund der Heilsbedeutung der Auferweckung des Gekreuzigten

Wir können einen Zugang zur Heilsbedeutung der Auferstehung Jesu finden, wenn wir der Frage nachgehen: Welchen Sinn konnten die Menschen jener Zeit und können wir in der Auferweckung des Gekreuzigten entdecken?

Die von Jesus gestellte Frage

Jesu Worte und Wirken brachte vielen Menschen Freude und Ermutigung. Die „Menschen waren sehr betroffen von seiner Lehre; denn er lehrte wie einer, der Vollmacht hat, nicht wie die Schriftgelehrten" (Mk 1,22). Sein Wirken an den Kranken fand ein ähnliches Echo. Nach der Heilung eines Gelähmten „gerieten alle außer sich; sie priesen Gott und sagten: So etwas haben wir noch nie gesehen" (Mk 2,11). Dieser von vielen Menschen geschätzte und verehrte Jesus aber warf auch ernste Fragen auf:

Die Frage nach Jesu Vollmacht
Angesichts der Lehre und des Wirkens Jesu fragten seine Landsleute: „Woher hat er das alles? Was ist das für eine Weisheit, die ihm gegeben ist? Und was sind das für Wunder, die durch ihn geschehen? Ist das nicht der Zimmermann, der Sohn der Maria?" (Mk 6,2–3). Diese Frage

richteten die führenden Kreise an Jesus selbst: „Als er im Tempel umherging, kamen die Hohenpriester, die Schriftgelehrten und die Ältesten zu ihm und fragten ihn: „Mit welchem Recht tust du das alles? Wer hat dir Vollmacht gegeben, das zu tun?" (Mk 11,27–28)

Die Frage nach dem Verhältnis Gottes zu Jesus

Gläubige Juden aber „mussten" noch einen Schritt weiter gehen und fragen: Wie verhält sich Gott zu diesem Menschen, zu seinem Lehren über Gott, zu seinem Verhalten gegenüber dem Gesetz und zu seinem Umgang mit Sündern? Ist der heilige Gott einverstanden mit seinen Worten und seinem Tun, mit seinem Anspruch, im Namen Gottes zu sprechen und zu handeln?

Die scheinbar negative Beantwortung dieser Fragen durch die Kreuzigung

Angesichts der Verwerfung Jesu durch die Führer Israels und seiner Hinrichtung durch die Kreuzigung schien die Frage nach Jesus als endgültig – negativ – entschieden. Wer wusste, dass Jesus wegen seiner Gottesverkündigung, seiner Haltung zum Gesetz und zu den religiösen Autoritäten von den religiösen Führern verurteilt worden war, dem „musste" Jesu Tod wie ein Gottesgericht erscheinen. Im Tod Jesu schien Gott sein Urteil über Jesus auszusprechen und denen recht zu geben, die ihn einen „Betrüger" (Mt 27,63) nannten, ja, ihn für einen von Gott Verfluchten (Gal 3,13) hielten.

Die Auferweckung – Gottes Antwort auf die von Jesus gestellte Frage

Auferweckung als Werk und Offenbarung Gottes

Doch bald nach der Kreuzigung Jesu verkündigten die Jünger in Jerusalem: Diesen (scheinbar von Gott verfluchten) Jesus habe Gott von den Toten auferweckt (Apg. 2,32; 3,15, 4,2.10 u. ö.). Mit derartigen Redeweisen charakterisierten die Verfasser der neutestamentlichen Schriften die Auferstehung Jesu als Werk Gottes. In der biblischen Denkweise aber ist ein Werk Gottes zugleich ein Wort, eine Offenbarung Gottes.

Was „sagt" Gott in der Auferweckung des Jesus von Nazaret?

„Der Gott unserer Väter hat Jesus auferweckt" (Apg 5,30–31), besagt nicht nur, dass Gott den Gekreuzigten zu neuem Leben erweckte, sondern enthält auch eine Antwort auf die Frage nach Gottes Beziehung zu Jesus und zur Frage seiner Vollmacht. Die Auferweckung Jesu bedeutet ein Ja Gottes zu Jesu Wort und Werk. Sie „sagt“: Obwohl Jesu Lehren und Verhalten oft Anstoß erregten und obgleich die Führer Israels Jesus als Gotteslästerer abgelehnt und zu Tode gebracht hatten, war Gott mit ihm (Apg 10,38). Im Licht der Auferweckung zeigte sich: Jesu Leiden und sein Tod waren nicht ein Zeichen, dass Gott ihn und sein (für die Frommen oft anstößiges) Wirken und Lehren verworfen habe. In der Auferweckung des (wegen seines Handelns und Lehrens) von den Führern Israels Abgelehnten und von den Römern Gekreuzigten erging nach der Katastrophe des Kreuzes mit großem Nachdruck das Wort Gottes: „Das ist mein geliebter Sohn, an dem ich Gefallen gefunden habe, auf ihn sollt ihr hören“ (Mt 17,5). Durch die Auferweckung des um seiner Gottesverkündigung willen Verworfenen, bestätigte Gott ihn und seine Botschaft und „sagte“: Ja, ich bin der von Jesus verkündigte Gott, der bei den leidenden und sterblichen Menschen ist. Ja, ich bin so wie der Vater, der den verlorenen Sohn mit Freuden aufnimmt, ja sogar ihm entgegen eilt. Weil durch die Kreuzigung Jesus selbst und seine Vollmacht total in Frage gestellt wurden, Gott aber durch die Auferweckung Jesus und seiner (Heils-)Botschaft göttliche Beglaubigung erteilte, darum ist seine Auferweckung ein wesentlicher Teil des Heilswerkes und eine frohe Botschaft für uns.

Das „Muss“ der Auferweckung des gekreuzigten Jesus

In der Apostelgeschichte sagt Petrus in seiner Predigt am Pfingstfest, dass Jesus „durch die Hand von Gesetzlosen ans Kreuz geschlagen und umgebracht“ wurde. Doch fügt er hinzu: „Gott aber hat ihn von den Wehen des Todes befreit und auferweckt; denn es war unmöglich, dass er vom Tod festgehalten wurde“ (Apg 2,23 f). Das damit angedeutete Muss der Auferweckung gründet wie das Muss des Todes Jesu in der Frage nach dem Heil des leiblichen, jedoch sterblichen, des das Gute wollenden, jedoch ins Böse verstrickten Menschen: Ein für diesen Menschen glaubwürdiger Zeuge für die Liebe Gottes zu uns „kann“ nicht ein von Scheitern, Leid und Sterben Verschonter sein. Zugleich „kann“ er auch nicht ein im Tod Vernichteter sein. Um der (Garant des) „Gott mit uns“ (Mt 1,23) sein zu können; „musste“ Jesus die Abgründe und Finsternisse des menschlichen Daseins verkosten, wie auch die bergende und Tod und Bosheit überwindende Macht Gottes erfahren. Das Muss des furchtbaren Leidens, das Muss der herrlichen Auferweckung und die unauflösliche Einheit dieser grundverschiedenen Ereignisse begründen die überragende Bedeutung des christlichen Paschafestes, denn an ihm feiern wir die Ereignisse, welche den sterblichen Menschen von Gott her die Zusage des Heiles vermitteln.

Die Bedeutung des Glaubens an die Auferstehung Christi

Ermächtigung zu Glaube und Hoffnung

Ein Vers aus dem Ersten Petrusbrief spricht mit knappen Worten von der Bedeutung der Auferweckung Christi: „Gott hat Christus von den Toten auferweckt und ihm die Herrlichkeit gegeben, sodass ihr an Gott glauben und auf ihn hoffen könnt" (1 Petr 1,21). Darin erscheint die Auferweckung Christi nicht als ein Problem für den Glauben, ja nicht einmal als „Gegenstand" des Glaubens, sondern als Ermächtigung zu wahrem Glauben an Gott und zu lebendiger Hoffnung auf Gott. Wie können wir das verstehen?

Was ist mit „an Gott glauben" gemeint?
Der Verfasser des Briefes deutet an, dass wahres Glauben an Gott nichts Leichtes ist. Offensichtlich heißt für ihn „an Gott glauben" nicht einfach, die Existenz eines göttlichen Wesens annehmen. Das war zu seiner Zeit kein ernstes Problem. Bei „glauben" dachte der Verfasser wohl eher an den Glauben Abrahams. Von ihm sagt Paulus im Römerbrief: Abraham glaubte „dem Gott, der die Toten lebendig macht und das, was nicht ist, ins Dasein ruft. Gegen alle Hoffnung hat er voll Hoffnung geglaubt, dass er der Vater vieler Völker werde … Ohne im Glauben schwach zu werden, war er, der fast Hundertjährige, sich bewusst, dass sein Leib und auch Saras Mutterschoß erstorben waren. Er zweifelte nicht im Unglauben an der Verheißung Gottes, sondern wurde stark im Glauben, und er erwies Gott die Ehre, fest davon überzeugt, dass Gott die Macht besitzt zu tun, was er verheißen hat" (Röm 4,17–21). Demnach können wir Glauben an Gott beschreiben als „Sich auf Gott Gründen", „Gott zur Grundlage des Daseins nehmen", „auf Gott bauen". Für den Verfasser des Ersten Petrusbriefes ist offensichtlich derartiges Glauben nichts Leichtes.

Warum ist Glaube schwierig?

Ein Glaube, wie ihn Paulus beschreibt und wie ihn der Verfasser des Ersten Petrusbriefes wohl verstand, war nie etwas Leichtes, denn in diesem baut der Mensch das Ganze seines Daseins auf den Unsichtbaren, den niemand je gesehen hat. In unserer Zeit wird der Glaube außerdem erschwert durch die weithin vorherrschende Einstellung, der das Feststellbare, Brauchbare, Manipulierbare als *die* Wirklichkeit gilt und Geist und Gott als unwirklich erscheinen. Damit bereitet schon die Anerkennung der Wirklichkeit Gottes, die doch nur eine Voraussetzung des Glaubens ist, vielen Menschen große Schwierigkeiten. Doch daran dachte der Verfasser des Ersten Petrusbriefes wohl nicht, sondern an ein anderes Problem, das den Menschen aller Zeiten den besagten Glauben schwierig macht: Wenn wir ohne Illusion unsere Sterblichkeit, die oft erfahrene Vergeblichkeit unserer Bemühungen, die Realität des Bösen in Form von Gewalttätigkeit, Ausbeutung und Ungerechtigkeit wahrnehmen, dann erscheint uns Gottes Plan mit dieser Welt wie ein unlösbares Rätsel. Wenn wir uns dieser Welt und unserer Verstricktheit in sie illusionslos stellen, kommen wir nicht umhin zu fragen: Wie können wir unser Dasein mit seinen Enttäuschungen und Hoffnungen auf den unsichtbaren Gott gründen? Doch da erhebt sich die Frage:

Ist es wichtig, an Gott zu glauben und auf ihn zu hoffen?

Viele Menschen, die nicht an Gott glauben, sind zufrieden mit dem Leben und sind gute Nachbarn und Mitbürger und helfen großzügig Menschen, die in Not sind. Doch: wenn wir verstehen, dass wir den Sinn unseres dem Tod entgegen eilenden Daseins nicht verstehen können, dann stehen wir vor der Alternative: *Entweder* können wir „sagen“: dieses Leben hat kein Ziel, keinen Sinn, keinen Wert. Dann aber wird die Erfüllung der Pflichten zum Tragen einer sinnlosen Last und das Verlangen nach Glück wird zum Jagen einer Fata Morgana. *Oder* wir können nach Gott und seinem Plan mit uns sterblichen und vom Bösen betroffenen und ins Böse verstrickten Menschen fragen. Doch zu wem können wir mit dieser Frage nach Gott und seinem Plan mit uns gehen?

Jesus – Helfer zum Glauben an Gott

Besonders in der Bergpredigt spricht Jesus von der Liebe Gottes zu den leidenden und sterblichen Menschen. Sein Leben und Wirken und sein Umgang mit den Sündern bezeugt den Menschen, dass Gott ein allen Menschen naher und ein barmherziger Vater ist. So ermutigt er die Menschen zu unerschütterlichem Gauben und rückhaltlosem Vertrauen auf

Gott. Jesus wurde aber wegen seiner Gottesverkündigung von den Führern Israels abgelehnt, den Römern ausgeliefert und gekreuzigt. Darum erschien vielen gläubigen Juden sein Schicksal wie ein Gottesurteil über Jesus, über seine Lehre von Gott und sein Verhalten zum Gesetz. Wer wusste, warum Jesus abgelehnt und gekreuzigt wurde, kam leicht zum Schluss: Jesu Verhalten und seine Lehre waren Worte und Taten eines „Betrügers“ (Mt 27,32), ja sogar eines von Gott Verfluchten (Gal 3,13).

Als aber Menschen die Botschaft „Gott hat Jesus von den Toten auferweckt“ (Apg 2,32; 3,15, 4,2.10 u. ö.) hörten und annahmen, konnten sie die Auferweckung Jesu wie ein Ja Gottes zu Jesu Wort und Werk erkennen und anerkennen. Die Auferweckung Jesu war nicht nur ein Werk Gottes, sondern gleichsam auch ein Wort Gottes, in dem Gott sagte: Ja, ich bin wie der von Jesus verkündigte Gott, der immer bei den leidenden und sterblichen Menschen ist, der nicht nur siebenmal und auch nicht „nur“ sieben und siebzigmal, sondern immer wieder zu Vergebung bereit ist. Kurz: Weil durch die Kreuzigung Jesus selbst und seine Vollmacht in Frage gestellt wurden, weil aber durch die Auferweckung Gott Jesus und seiner Botschaft Beglaubigung erteilte, darum ist die Auferweckung des Gekreuzigten eine Ermächtigung zum Glauben an Gott und zur Hoffnung auf ihn.

Die Bedeutung des Glaubens an den Gott, der die Toten erweckt

Der durch Jesus Christus, seinen Tod und seine Auferstehung vermittelte und geprägte Glaube an den „Gott der Lebenden“, der auch im Tod noch bei uns ist, kann uns ermutigen, das Leben mit seinen Aufgaben und Abgründen zu bejahen. Die Hoffnung auf (den im Leben, Tod und Auferweckung Jesu offenbarten) Gott kann die Überzeugung vom Sinn unseres Lebens und Mühens, die immer wieder durch Scheitern, Vergeblichkeit und Tod erschüttert wird, aufrichten, stärken und vertiefen. Solcher Glaube erwartet nicht, dass Gott uns alle Fragen beantwortet und die Aufgaben des Lebens abnimmt. Doch ermächtigt dieser (durch den Blick auf die Auferweckung des Gekreuzigten geprägte) Glaube den Menschen dazu, sein immer wieder von Scheitern und Vergehen gebrochenes Dasein Gott zu überantworten in der Hoffnung, dass Gott alle Tränen abwischen, alle Wunden heilen und die Bruchstücke zu einem Ganzen zusammenfügen wird. Solcher Glaube erwartet, dass das von Gott in das Wesen des Menschen eingeschriebene, vom Menschen allein jedoch nicht zu stillende Verlangen nach Glück und Heil von Gott selbst erfüllt wird.

Die vorangehenden Überlegungen über das Wort aus dem Ersten Petrusbrief können wir zusammenfassen, indem das oben zitierte Wort des Paulus im Ersten Korintherbrief 15,4 („Ist Christus nicht auferweckt worden, dann ist unsere Verkündigung leer und euer Glaube sinnlos“) abwandeln und sagen: Da Jesus Christus wahrhaftig auferweckt wurde, darum ist unsere Verkündigung vom Gott der Gnade und des Lebens voller Kraft und unser Glaube Quelle sinnvollen Daseins in allen Gezeiten des Lebens.

Der Osterglaube – Das unterscheidend Christliche

„Religion ist [nur] Hilfe zu einem guten Leben“, so lautet eine weit verbreitete Auffassung über den Sinn aller Religion einschließlich des Christentums.[74] Nach dieser Ansicht stehen die Verpflichtung und das Tun des Menschen im Mittelpunkt aller Religion. Wir können die Fragen offenlassen: Trifft diese weit verbreitete Auffassung auf die „Religion“ genannten Gebilde zu? Soll man das Christentum überhaupt eine Religion nennen?

Wie immer dem sein mag, fürs Christentum gilt die oben zitierte Auffassung nicht. Gewiss, Jesus und der christliche Glaube sprechen oft und mit großem Nachdruck von den Pflichten des Menschen. Jesus hat sogar die Goldene Regel „Was Du nicht willst, das man Dir tu’, das füg’ auch keinem andern zu“ nicht nur durch die positive Wendung „Was ihr von den anderen erwartet, das tut ebenso auch ihnen“ (Lk 6,30) überboten, sondern einen ganz neuen Maßstab der Menschenliebe gesetzt, indem er sagte: „Liebt einander! Wie ich euch geliebt habe, so sollt auch ihr einander lieben“ (Joh 13,34). Und er erklärt, dass alles, was irgendeinem Bedürftigen getan oder verweigert wird, im Endgericht als dem Weltenrichter getan oder verweigert gelten und über Heil oder Unheil entscheiden wird (vgl. Mt 25,31–46).

Doch: Weil er in der Auferweckung des Gekreuzigten seine Quelle und Mitte hat, spricht der christliche Glaube nicht primär vom Sollen und Tun des Menschen, sondern von einer Tat Gottes, der Auferweckung des gekreuzigten Jesus. Und diese Tat Gottes bestätigt und enthält die Botschaft Jesu: In allen Situationen des Lebens, in Freud und Leid, in Erfolg und Scheitern könnt ihr auf Gott, den Vater, vertrauen. So steht im Zentrum des christlichen Glaubens nicht das Sollen und Tun des Menschen, sondern die im Leben und in der Lehre, im Tod und vor allem in der Auferweckung Jesu enthaltene Frohbotschaft: Gottes

Macht übertrifft die für uns unbezwingbare Macht des Todes, seine Güte zu uns sündigen Menschen ist größer alle Bosheit.

Dieser Osterglaube gibt dem christlichen Glauben sein unverwechselbares Gepräge: Er antwortet nicht nur auf die Frage des Menschen: „Was sollen wir tun", sondern auch und zuerst auf die Frage: „Was dürfen wir (sterblichen und ins Böse verstrickten Menschen) erhoffen?". Im Blick auf den gekreuzigten und auferweckten Jesus beantwortet der christliche Glaube diese urmenschliche Frage mit der göttlichen Verheißung von Vergebung und neu geschenktem unvergänglichem Leben.

V. Das Wesen des Heilswerkes

Obwohl die hergebrachte Deutung des Heilswerkes Christi als stellvertretendes Werk der Genugtuung Gegenstand ernster Kritik von Seiten bedeutender Theologen wurde, widmete die Theologie der Frage nach dem Wesen des Heilswerkes wenig Beachtung. So konstatiert Herbert Vorgrimler, dass in der Theologie kein Konsens in dieser Frage bestehe und dass dieser Mangel die Lösung anderer theologischer Fragen behindere. Im Artikel „Christologie" des Neuen Theologischen Wörterbuchs schreibt er: „Die Integration der Soteriologie in die Christologie leidet daran, dass *kein Konsens* darüber besteht, *was ‚Erlösung' durch Jesus Christus ist.*"[75] Und im Artikel „Erbsünde" sagt er, dass die theologischen Versuche über die Erbsündenlehre zwei Probleme nicht lösen konnten, nämlich „die Herkunft der universalen Unheilsituation und die genauere *Bedeutung und Tragweite von Erlösung.*"[76]

Auf den ersten Blick mag die Frage nach dem Wesen des Heilswerkes oder nach dem Grundprinzip der Soteriologie ein nur Theologen vielleicht interessierendes Thema zu sein. In Wirklichkeit geht es jedoch um die theologische Grundlage einer Antwort auf die scheinbar einfache, jedoch wichtige Frage von Gläubigen „Wovon wurden wir erlöst?", „Was bringt's, Christ zu sein, zu bleiben oder gar zu werden?"

Da das kirchliche Lehramt nie das Wesen des Heilswerkes zum Gegenstand einer definitiven Lehräußerung machte[77], kann dem Versuch, eine Sicht des Wesens des Heilswerkes zu entwerfen und ein Grundprinzip der Soteriologie zu formulieren, nicht der Vorwurf gemacht werden, dass er einer ausdrücklichen Lehre der Kirche widerspricht. Der Wert oder Unwert bemisst sich allein danach, ob das vorgeschlagene Grundprinzip

- der biblischen Lehre entspricht und wichtigen Einwänden begegnen kann (I);
- eine Aussage über das Wesen des Heilswerk macht, welche andere Aussagen über das Heil Christi als Entfaltung und Folgerungen jener Grundaussagen erscheinen und die innere Einheit aller Aussagen zutage treten lässt (II);
- es beitragen kann zur Beantwortung verwandter theologischen Fragen (III).

1. Das Grundprinzip der Soteriologie

Auf der Grundlage der vorangehenden Überlegungen fassen wir unsere Auffassung über das Heilswerk zusammen mit der These: Jesus Christus ist Mittler des Heils, weil er Gott als Vater offenbarte. Als Offenbarer des Vaters ist Jesus Christus Mittler des Heils. Weil sein Werk, alles, was er tut und erleidet, Gott als Vater offenbart, eignet ihm Heilsbedeutung.

Inhaltliche Darlegung des vorgeschlagenen Grundprinzips

Jesus Christus ist nicht Mittler des Heils durch ein vorbildliches Leben oder durch die Darbringung eines Gott wohlgefälligen Opfers, durch Leistung einer vollkommenen Genugtuung, durch Übernahme einer verdienten Strafe. Jesus ist Mittler des Heils, weil er Gott als Vater offenbart hat, als Gott der Lebenden und nicht der Toten, als „Vater des Erbarmens und Gott allen Trostes" (2 Kor 1,3), als „Gott aller Gnade" (1 Petr 5,10). Denn damit hat er den Menschen vermittelt, was der die Vollendung seines endlichen und sterblichen Wesens suchende Mensch und der ins Böse seines eigenen Tuns und seiner Welt verstrickte Mensch sucht, sich aber nicht verschaffen kann: die Zusage, dass Gott dem Menschen gewähren will, worin der Mensch volles Genügen finden kann: Gemeinschaft mit Gott, vollendetes leibliches Leben („Auferstehung"), Befreiung aus der Verstrickung ins Böse („Vergebung der Sünde").

Gewiss, in dieser ausdrücklichen Form findet sich dieser Gedanke nicht in den Schriften des Neuen Testaments oder in Verlautbarungen des kirchlichen Lehramtes. Dennoch können wir sagen: Die These ist in der Heiligen Schrift grundgelegt.

Die Lehre der Heiligen Schrift

Sie stützt sich auf das Johannesevangelium, auf die paulinischen Briefe und den Hebräerbrief, in denen Jesus Christus sowohl als Mittler des Heils wie auch als Offenbarer der Liebe Gottes verkündet wird. Aufgrund der Annahme, dass diese Eigenschaften und diese Sendung nicht beziehungslos nebeneinander stehen, betrachtet die These ihre Verbindung auf folgende Weise: Weil das, was durch Jesus offenbart wurde, vom dem nach Heil verlangenden Menschen gesucht wird, darum ist Jesus Christus Mittler des Heils.

Anschauungen früher Kirchenväter

Die Kirchenväter waren keine Theologieprofessoren, sondern meistens Bischöfe. Ihre Hörer waren nicht Theologiestudenten, sondern einfache Gläubige. Zur Übermittlung der Heilsbotschaft gebrauchten sie eindrucksvolle, jedoch auch unpassende Bilder. In ihrer Predigt behandelten sie nicht unsere Frage nach dem Wesen des Heilswerkes. Doch: Im Hintergrund ihrer Verkündigung steht die johanneische Idee von Jesus Christus als dem fleischgewordenen Logos. Insofern Logos die Bedeutung von „Wort" hat, betrachten sie also Leben und Wirken, Tod und Auferstehung Jesu als Wort, als Offenbarung.

Äußerungen des Kirchlichen Lehramts

Das Konzil von Nikaia (325) lehrte, dass das Wort „für uns Menschen und zu unserem Heil" Mensch wurde. Da das Konzil von der Menschwerdung des Wortes spricht, deutet es eine enge Beziehung zwischen dem Offenbarungswerk und dem Heilswerk an.

Im 20. Jahrhundert nennt das Zweite Vatikanische Konzil Jesus Christus „Mittler und Fülle der ganzen Offenbarung" (DV 2). Das Offenbarungswerk beschreibend, spricht das Konzil gleichsam im selben Atemzug vom Heilswerk mit den Worten: „Jesus Christus, das fleischgewordene Wort, als ‚Mensch zu den Menschen' gesandt, ‚redet die Worte Gottes' (Joh 3,34) *und vollendet das Heilswerk*, dessen Durchführung der Vater ihm aufgetragen hat (vgl. Joh 5,36; 17,4). Wer ihn sieht, sieht auch den Vater (vgl. Joh 14,9). Er ist es, der durch sein ganzes Dasein und seine ganze Erscheinung, durch Worte und Werke, durch Zeichen und Wunder, vor allem aber durch seinen Tod und seine herrliche Auferstehung von den Toten, schließlich durch die Sendung des Geistes der Wahrheit die *Offenbarung erfüllt und abschließt* und durch göttliches Zeugnis bekräftigt, dass Gott bei uns ist, um uns aus der Finsternis von Sünde und Tod zu befreien und zu ewigem Leben zu erwecken"[78] (DV 4).

Zwar sprechen weder die Heilige Schrift noch lehramtliche Äußerungen mit gleichen Worten vom Wesen des Heilswerkes. Doch der Blick in die Geschichte des Glaubens und der Theologie kann erkennen, dass es berechtigt ist, in der dargelegten Weise das Grundprinzip der Soteriologie zu formulieren.

Das Grundprinzip – eine Kurzformel für Erlösung

Wenn es in Anlehnung an die zitierten Worte des Zweiten Vatikanischen Konzils formuliert und im hier dargelegten Sinn verstanden und erklärt wird, kann das vorgeschlagene Grundprinzip der Soteriologie als eine Kurzformel von Erlösung dienen: Der von Gott (dem Vater) gesandte Jesus Christus hat durch sein ganzes Dasein und seine ganze Erscheinung, durch Worte und Werke, durch Zeichen und Wunder, vor allem aber durch seinen Tod und seine herrliche Auferstehung von den Toten offenbart und durch göttliches Zeugnis bekräftigt, dass Gott bei uns ist, und uns so aus der Finsternis von Sünde und Tod befreit.

Diese Kurzformel stützt sich auf eines der wichtigsten Dokumente des Zweiten Vatikanischen Konzils, auf die Dogmatische Konstitution über die göttliche Offenbarung. Im hier erarbeiteten und dargelegten Sinn verstanden und erklärt, betont sie wichtige Wahrheiten und verhindert ernste Missverständnisse:

- Indem sie Jesus Christus als von Gott gesandtes Wort bezeichnet, betont sie die im Neuen Testament eindeutig gelehrte Wahrheit, dass der Vater Urheber des ganzen Heilswerkes ist. Das bedeutet, dass auch dort, wo von „Opfer“ oder „Sühne“ die Rede ist, dies nicht als „Umstimmung“ verstanden werden darf.
- Indem sie von Worten und Werken, Zeichen und Wundern, dem Tod und der Auferstehung von den Toten als Wodurch der Offenbarung spricht, betont sie, dass nicht nur dem Kreuzestod, sondern Jesu ganzem Dasein, seinen Worten und Werken, seiner Auferstehung von den Toten und der Sendung des Geistes der Wahrheit Heilsbedeutung eignen und dass dem schmachvollen und grausamen Tod Jesu Heilsbedeutung deswegen zukommt, weil diese grundverschiedenen Ereignisse Teil der einen Offenbarung sind, dass Gott in Freud und Leid, im Leben und im Tod bei uns ist;
- Indem sie von Befreiung aus der *Finsternis* von Sünde und Tod spricht, deutet sie an: Erlösung durch Jesus Christus beinhaltet nicht Befreiung von der Notwendigkeit des Sterbens. Erlösung durch Jesus Christus bedeutet auch nicht Beseitigung des Bösen, in das wir durch eigene Schuld oder durch unsere Zugehörigkeit zu einer von Unrecht geprägten Welt verstrickt sind. Erlösung durch Jesus Christ besagt „nur“, dass Menschen, die an Jesus Christus als Offenbarer des Gottes der Lebenden, an Gott als den Vater des Erbarmens und Gott allen Trostes glauben, aus jener Finsternis befreit werden, welche die Wirklichkeit und das Ausmaß des Bösen und

die unerbittliche Notwendigkeit und undurchdringliche Dunkelheit des Todes über das ganze Dasein des Menschen breiten.

Antwort auf nahe liegende Fragen und Einwände

Die dargelegte Auffassung über das Grundprinzip der Soteriologie begegnet gewichtigen Fragen und Einwänden. Indem wir auf sie eingehen, kann die hier vertretene Sicht entfaltet und verdeutlicht werden.

Ist das ganze Heilswerk nur ein Wort?

Ist das Heilswerk nur eine Mitteilung oder gar ein Theater?[79] Nicht in dieser simplen und groben Form, wohl aber im sachlich selben Sinn, findet sich dieser Einwand in Karl Rahners Ansicht über das Grundproblem der heutigen Soteriologie. Nach ihm ist dieses „wohl darin gelegen, dass das Ereignis des Kreuzes einerseits gewiss *nicht* (wie manche evangelische Theologen unter Berufung auf 2 Kor 5,18–21 wollten) aufgefasst werden kann als eine *bloß auf uns zielende Bezeugung* der vergebenden Liebe Gottes, *sondern* als *Ursache* unseres Heiles anzuerkennen ist. Anderseits darf (soll man nicht in einen primitiven Anthropomorphismus geraten) nicht verdunkelt werden, dass Gott von der Geschichte nicht bewegt oder ‚umgestimmt' wird, dass also das Kreuzesereignis aus dem Vergebungswillen Gottes als dessen Wirkung kommt und diesen nicht erst konstituiert. Warum dann aber dieser ursprüngliche Vergebungswille Gottes nicht einfach ‚senkrecht von oben' die Vergebung in gleicher Weise unmittelbar an allen Raumzeitpunkten bewirkt, sondern dem Menschen von einem geschichtlichen Ereignis her begegnet und *dieses* die Ursache der Vergebung ist, das ist das eigentliche Problem, mindestens für das Verständnis der christlichen Soteriologie in der heutigen Situation"[80]

Ich stimme Rahner zu, dass (1) das Heilswerk Christi nicht Gott gleichsam umstimmt, (2) das Geschehen mit Jesus „unter Pontius Pilatus" *Ursache* unseres Heils ist. Nicht jedoch stimme ich der Meinung zu, dass das Heilswerk Christi nicht Ursache des Heils sein kann, wenn es „nur" Bezeugung / Offenbarung der Liebe Gottes ist. Für diese Auffassung sprechen folgende Überlegungen.

– Wenn wir das Geschehen in Jesus Christus als Offenbarung oder im Anschluss an den Prolog des Johannesevangeliums und des Hebräerbriefes als Wort Gottes betrachten, ist natürlich mit „Wort" nicht eines der vielen oberflächlichen und leichtfertigen, gedanken- und wirkungslosen Menschenworte, sondern Gottes Wort gemeint, wie das Alte und das Neue Testament es versteht. Diesem eignet große Macht: Durch das Wort schafft Gott die Welt (Gen 1; Ps 33,6–9). Durch den Mund eines Propheten spricht Gott von der Macht seines Wortes: „Wie der Regen und der Schnee vom Himmel fallen und nicht zu ihm zurückkehren, sondern die Erde tränken, so dass sie keimt und sprosst, Samen bringt für die Aussaat und Brot zur Nahrung, so ist es auch mit dem Wort, das meinen Mund verlässt: Es kehrt nicht leer zu mir zurück, sondern bewirkt, was ich will, und erreicht all das, wozu ich es ausgesandt habe" (Jes 55,10–11; vgl. Jer 23,29). Ähnliche Aussagen über die Macht des Gotteswortes finden sich im Neuen Testament: „Lebendig ist das Wort Gottes, kraftvoll und schärfer als jedes zweischneidige Schwert; es dringt durch bis zur Scheidung von Seele und Geist, von Gelenk und Mark; es richtet über die Regungen und Gedanken des Herzens" (Hebr 4,12; vgl. 1 Thess 2,13). Durch das Wort Christi wird den Menschen Reinigung (Joh 15,3), Heiligung (Joh 17,17), Freiheit (Joh 8,32), Wiedergeburt (1 Petr 1,23), Übergang vom Tod zum Leben (Joh 5,24. 8,51) zuteil.

– Gewiss, ein Wort ist oft nicht mehr als ein „flatus vocis", ein von der Stimme erzeugter Windhauch, der nichts bewirkt und sogleich erstirbt. Deswegen unterscheidet man oft Worte und Taten und setzt sie einander gegenüber, sodass leicht der Eindruck entsteht, dass dem Wort keine Wirklichkeit und keine Ursächlichkeit zukommt. Doch kennen wir auch die große und entscheidende Macht des (manchmal scheinbar kleinen) Wortes: Ein Wort der Liebe kann einem Menschen neues Lebens schenken. Ein ehrliches Wort der Anerkennung, der Achtung, der Ermutigung kann ein Leben neu gestalten. Und umgekehrt: Ein Wort, das Hass und Verachtung offenbart, kann eine Beziehung, ja ein Leben zerstören. Weil die mächtigsten Diktatoren um die Macht des Wortes wissen und vor ihr erzittern, darum verbieten sie – solange und soweit sie können – das freie Wort.

Ist das Heilswerk nur ein Geschehen von Gott her?

Ein gewichtiger Einwand gegen die hier vertretene Auffassung kann auf folgende Weise zusammengefasst werden: Wenn wir das Heilswerk als Geschehen betrachten, in dem Gott sich in Jesus Christus offenbart, dann ist der Mensch nicht am Heilswerk beteiligt und das Heilswerk hat nicht (auch) die Richtung „von unten nach oben". Dies aber widerspricht der herkömmlichen Auffassung. In ihr spielte dieser Gedanke eine wichtige Rolle: Weil die sündige Menschheit einerseits Gott Genugtuung schuldete, anderseits sie aber nicht leisten konnte, wurde dieser Akt der Genugtuung durch den Gottmenschen geleistet. Auch in der Liturgie findet sich der Gedanke, dass zum Heilswerk ein Tun des Menschen auf Gott hin gehört: Obwohl er das Heilswerk als Werk der Liebe des Vaters darstellt, sagt ein Hymnus der Lesehore in der Karwoche: „Gottes Plan, uns zu erlösen, hat verlangt die Opfertat." Auf ähnliche Weise betont Joseph Ratzinger einerseits, dass im christlichen Glauben Gott selbst Subjekt der Sühne ist, und dass daher „das Kreuz zunächst als eine Bewegung von oben nach unten begriffen werden" muss. Anderseits umschließt nach ihm „Sühne auch eine wahrhaft menschliche Komponente, die aus der wahren Menschlichkeit Jesu Christi resultiert, kraft deren er ebenso Stellvertreter der Menschheit vor dem Vater ist … Hierin liegt der richtige Inhalt von Anselms im ganzen einseitig konstruierter Satisfaktionstheorie"[81]. Mit anderen Worten: Nach dieser Auffassung gehört zum Heilswerk auch ein Geschehen von Seiten des Menschen, welches gleichsam die Richtung „von unten nach oben" hat.

Diesem Einwand und den erwähnten Theorien liegt eine wichtige Einsicht zugrunde: Das Heilsgeschehen muss eine menschliche Komponente umfassen. Für den freien und sein Dasein selbst vollziehenden Menschen kann selbst das Beste nicht wahres Heil sein, wenn es ihn und seine Freiheit überspringt. Was immer sein Heil sein soll, was ihm zum Heil helfen will, darf nicht seine Freiheit und seinen Selbstvollzug unterdrücken oder beeinträchtigen, sondern muss sie fördern und entfalten. So schwierig es sein mag, Gottes absoluten Primat mit der geschaffenen Freiheit des Menschen gedanklich zu vereinbaren, die Kirche hat (in der mit der Soteriologie eng verwandten Gnadenlehre) immer die Freiheit des Menschen verteidigt. In einem im 5. Jahrhundert verfassten und schon um 500 anerkannten Dokument[82] lesen wir über die den Menschen und seine Freiheit heilende und fördernde Gnade: „Durch diese Hilfe und Gabe Gottes wird freilich der freie Wille nicht aufgehoben, sondern befreit, damit er aus einem finsteren zum leuchtenden werde, aus einem verkehrten zum geraden, aus einem kranken zum gesunden, aus einem unklugen zum umsichtigen" (DH 248).

Dennoch lehnen wir alle Auffassungen ab, welche mit einem von Menschen – und sei es durch den Gottmenschen Jesus Christus – vollbrachten Element (wie mit stellvertretender Leistung von Genugtuung, mit Darbringung eines vollkommenen Opfers oder mit Übernahme der den Menschen gebührenden Strafe) die Heilsbedeutung des Werkes Christi erklären wollen. Für diese Ablehnung sprechen folgende Überlegungen:

- Die Heilige Schrift bezeugt in aller Klarheit, dass in allem – auch dort, wo sie von Opfer und Sühne spricht – der Vater Urheber des ganzen Heilswerkes ist. Diese Lehre gleichsam zusammenfassend und betonend sagt der Zweite Korintherbrief: „Das alles kommt von Gott, der uns durch Christus mit sich versöhnt hat" (2 Kor 5,18),
- Wenn theologische Theorien mit einer von Jesus Christus vollbrachten „Leistung von Genugtuung", „Darbringung eines vollkommenen Opfers", „Übernahme der gebührenden Strafe" die Rolle des Menschen im Heilswerk erklären wollen, betonen sie ja, dass ein (bloßer) Mensch *nicht* die notwendige Genugtuung leisten, das vollkommene Opfer darbringen, die gebührende Strafe übernehmen konnte. Auch in dieser Sicht gründet also die Heilsbedeutung des Lebens und Sterbens Jesu nicht in seinem menschlichem, sondern vielmehr in seinem *gott*menschlichen Wesen und Wirken.
- Überdies: Die genannten Erlösungstheorien sprechen eigentlich gar nicht vom Heilswerk Gottes am Menschen, sondern versuchen zu erklären – und dies auf sehr fragwürdige Weise und mit schwerwiegenden Konsequenzen für das Gottesbild – warum Gott dem in Sünde verstrickten Menschengeschlecht gnädig ist. Sie machen also den (gelinde gesprochen) ungeheuerlichen Versuch, den Grund der unergründlichen Liebe Gottes zu finden. Sie sprechen nicht davon, wie dem Menschen Versöhnung, Befreiung, Heil zuteil wird, sondern wie Gott zum Gott des Heils wurde oder gar werden konnte.

Die Ablehnung der genannten Ansichten bedeutet keineswegs, dass nach unserer Auffassung der Mensch mit seiner Freiheit im Heilsgeschehen keine wichtige Rolle spielt.

Wenn wir die Heilsbedeutung des Werkes Christi aus seinem Offenbarungscharakter, aus seinem Charakter als den Menschen ansprechenden, einladenden, herausfordernden Wortes, verstehen, ist von vornherein die nur *scheinbar* passive, in Wirklichkeit jedoch höchst aktive und unabdingbar wichtige Rolle des Menschen, seines Verstehens und Sich-auf-Gottes-Anruf-Einlassens, seines Glaubens sichtbar. Denn: Gleichgültig ob ein Wort nur Auskunft geben oder den Angesprochenen herausfordern will, ob es Verachtung oder Anerkennung oder Hochachtung, Hass oder Liebe ausdrücken will, immer kommt das (erwartete oder überraschende) Wort in sein volles Wesen erst im hörenden Verstehen des Angesprochenen. Und dieses – auch das geringste – Verstehen eines Wortes ist immer ein Tun des Hörenden und Angesprochenen. Kurz: Indem sie die Rolle des Glaubens und des Verstehens hervorhebt, trägt die hier vertretene Sicht des Wesens des Heilswerkes dem Anliegen Rechnung, der Mensch solle an seinem Heilwerden beteiligt sein.

Ist Jesus Christus nur der Überbringer einer göttlichen Botschaft?

Ist er am Offenbarungs- und Heilsgeschehen beteiligt nur wie ein Postbote, der uns eine beglückende Nachricht ins Haus bringt? Ist seine Rolle nur vergleichbar mit der des Fernsehgerätes, das mich sehend und hörend an einer Heiligsprechung in Rom teilnehmen lässt, das aber selbst nichts sieht und nichts hört?

Keineswegs. Die Rolle Jesu im Offenbarungswerk bringt das Wort „Zeuge" (Offb 1,5) treffend zum Ausdruck. Denn Zeuge ist einer, der von einem Ereignis berichtet, das er selbst miterlebt hat. Genau dies aber trifft zu für Jesu Rolle in der durch ihn vermittelten Offenbarung. Er hat es erlebt, wie der Mensch versucht wird, wie der Tod naher Freunde uns schmerzt, wie Scheitern und Todesangst uns nach Gott schreien lassen. Er selbst mit seiner Erfahrung der Höhen und Abgründe des menschlichen Daseins ist der Zeuge für die durch ihn, durch sein Wirken und Leiden ergangenen Offenbarung, „dass Gott bei uns ist, um uns aus der Finsternis von Sünde und Tod zu befreien und zu ewigem Leben zu erwecken." In diesem Sinn ruft uns (in leicht abgewandelter Form) der Hebräerbrief (4,14–5) auf: Lasst uns in guten und bösen Zeiten an diesem Bekenntnis festhalten. Wir haben ja für diesen Glauben nicht einen Zeugen und Garanten, der nicht mitfühlen könnte mit unseren Schwächen und Bedrängnissen, sondern einen, der Misserfolg und Enttäuschung, Leiden und Todesnot durchlitten hat und in Versuchung geführt worden ist, aber nicht vom unbegreiflichen Gott gelassen und gesündigt hat.

2. Das Grundprinzip und Fragen der Soteriologie

Das vorgeschlagene Grundprinzip sollte sich dadurch bewähren, dass es die von der Schrift bezeugten Eigentümlichkeiten des Heilswerkes und des Heils als Entfaltung und Folgerungen jener Grundaussage verstehen und die innere Einheit aller Aussagen zutage treten lässt.

Heil und Glaube

Die Lehre der Heiligen Schrift

In der Heiligen Schrift zeigt sich eine enge Beziehung zwischen Glaube und Heilsempfang.

Obwohl *Jesus* Heilung schenkt, sagt er dem vom Aussatz befreiten Samariter: „Steh auf und geh! Dein *Glaube* hat dir geholfen" (Lk 17,19). Obgleich nur *er* den Menschen Sündenvergebung zusprechen kann, sagt er zu der reuigen Sünderin: „Dein *Glaube* hat dir geholfen. Geh in Frieden!" (Lk 7,50).

Der Autor des Vierten Evangeliums hat in seinem Werk einige der Zeichen, die Jesus vor den Augen seiner Jünger getan hat „aufgeschrieben, damit ihr glaubt, dass Jesus der Messias ist, der Sohn Gottes, und *damit ihr durch den Glauben das Leben habt* in seinem Namen" (Joh 20,31). Der Erste Johannesbrief sagt von der Heilsbedeutung des Glaubens:„Das ist der Sieg, der die Welt besiegt hat: unser *Glaube*. Wer sonst besiegt die Welt, außer dem, der *glaubt*, dass Jesus der Sohn Gottes ist" (1 Joh 5,4–5).

Die Briefe des Heiligen Paulus sprechen mit Nachdruck von der Bedeutung des Glaubens für den Empfang der Heilsgaben. Den römischen Christen schreibt Paulus: „Was sagt die Schrift? Das Wort ist dir nahe, in deinem Mund und in deinem Herzen. Gemeint ist *das Wort des Glaubens,* das wir verkünden. Denn wenn du mit deinem Mund bekennst: ‚Herr ist Jesus', und in deinem Herzen *glaubst:* ‚Gott hat ihn von den Toten auferweckt', dann wirst Du gerettet werden. Wer mit dem Herzen *glaubt* und mit dem Mund bekennt, wird Gerechtigkeit und Heil erlangen. Denn die Schrift sagt: Wer an ihn *glaubt,* wird nicht zugrunde gehen" (Röm 10,8–11). In Bezug auf die Rechtfertigung sagt Paulus mit Emphase: „Wir sind der Überzeugung, dass der Mensch gerecht wird durch *Glauben*, nicht durch Werke des Gesetzes" (Röm 3,28). Glaube ist Bedingung für den Empfang des Geistes (3,2 und 3,5) und der Gotteskindschaft, wie Paulus in Gal 3,26 sagt: „Ihr seid alle *durch den Glauben Söhne Gottes* in Christus Jesus." Wenn er sagt, das Evangelium sei „eine Kraft Gottes, die jeden *rettet, der glaubt*" (Röm 1,16; vgl. 1 Kor 15,2), spricht er von der Beziehung von Glaube und Heil.

Andere Schriften des Neuen Testamentes bezeugen in ähnlicher Weise die untrennbare Einheit von Glaube und Heilsempfang. Nach dem Ersten Petrusbrief (1,22–23) wurde den Gläubigen durch die Verkündigung des Evangeliums und den Glauben Wiedergeburt zuteil: „[Durch Glauben] der Wahrheit gehorsam, habt ihr euer Herz rein gemacht für eine aufrichtige Bruderliebe ... Ihr seid neu geboren worden, nicht aus vergänglichem, sondern aus unvergänglichem Samen: aus Gottes Wort, das lebt und das bleibt."

Angesichts dieser das Neue Testament durchziehenden Lehre ist zu fragen: Was besagt diese Beziehung über das Wesen des Heilswerkes? Von welcher Art ist das Heil, das nur im Glauben empfangen wird? Der Grund der Beziehung zwischen Glauben und Heil kann schwerlich eine willkürliche Verfügung sein, sondern „muss" im Wesen des Heils und des Glaubens gefunden werden.

Der Grund für den Zusammenhang von Heil und Glaube

Die Beziehung von Heil und Glauben und ihre Bedeutung kann auf folgende Weise erklärt werden: Da (nach der dargelegten Auffassung) das Heilswerk vermittels Offenbarung durchgeführt wurde, und weil nach der Lehre des Zweiten Vatikanischen Konzils (DV 5) der Glaube gleichsam das die Offenbarung aufnehmende Organ ist, ist Glaube unabdingbare Bedingung für den Empfang des Heils. Und umgekehrt: Darin, dass Glaube *das* empfangende Organ des Heils ist, zeigt sich, dass das durch Christus vermittelte Heil Offenbarungscharakter hat.

Diesen Zusammenhang können folgende Überlegungen bestätigen: Wenn wir wahrhaft glauben, dass Jesu Leiden und Sterben nicht Zeichen seiner Verwerfung durch Gott war, wenn wir im Glauben an den Auferstandenen, „sehen", dass auch im Tod Gott uns hält, dass der Tod Tor zu unvergänglichem Leben ist, dann werden wir von (der Furcht vor) dem Tod befreit, der durch seine unerbittliche Notwendigkeit und undurchdringliche Finsternis uns lähmt und gleichsam gefangen hält (vgl. Hebr 2,15). Wenn wir auf das durch Irrtum und Verblendung, Schwäche und Bosheit verursachte Leiden und Sterben Christi und auf seine Auferweckung und Rückkehr zu den Jüngern und seinen Auftrag, der Welt das Evangelium von der Gnade Gottes (Apg 20,24) zu verkünden, schauen, dann können wir „verstehen", dass diese (auch) von der Absurdität des Bösen geprägte Welt und unser Dasein in dieser Welt von Gottes Liebe umfangen ist. Aufgrund dieser Offenbarung in Jesus Christus und ihrer Aufnahme im Glauben können Menschen dann Versöhnung finden mit sich selbst und der Wirklichkeit und mit der Quelle aller Wirklichkeit – Gott.

Der Zusammenhang von Glaube, Offenbarung und Heil hat große Bedeutung für das christliche Leben: Weil die in Christus angebotene Versöhnung und Freiheit durch Glauben den Menschen zuteil wird, darum nimmt der Mensch durch alles, was der Vertiefung und Verlebendigung des Glaubens dient (verständliche Katechese, Liturgie, betrachtendes Gebet, Glaubensgespräch), mehr und mehr Anteil am Sieg Christi über die versklavenden Mächte des Todes und des Bösen, an der Versöhnung des Menschen mit Gott und der Wirklichkeit und sich selbst, und verstärkt seine Zugehörigkeit zum Volk des Neuen Bundes.

„Schon" und „Noch nicht" des Heils

Die Lehre der Heiligen Schrift

Obwohl die Schriften des Neuen Testamentes Jesus als Mittler des Heils verkünden, sprechen sie oft von einem „Noch nicht" des Heils.

In den synoptischen Evangelien ist das Kommen des Gottesreiches Inbegriff des Heils. Mit Jesu Lehren und Wirken und seinen Dämonenaustreibungen ist das Reich Gottes schon angekommen: „Wenn ich die Dämonen durch den Geist Gottes austreibe, dann ist das Reich Gottes schon zu euch gekommen" (Mt 12,28). *Anderseits* jedoch lehrt Jesus seine Jünger, um das Kommen des Gottesreiches zu beten (Mt 6,10). Nach Lk 10,17–18 sind die Dämonen schon besiegt, *anderseits* deuten die neutestamentlichen Schriften an, dass bis zum Ende der Zeiten der böse Feind sein Unwesen treiben wird.

In den Paulinischen Briefen ist auf vielerlei Weise die Rede vom „Schon" und „Noch nicht" des Heils Christi: Die Gläubigen sind schon gerechtfertigt (1 Kor 6,11), mit Gott versöhnt (2 Kor 5,10), geheiligt (1 Kor 6,11), befreit (Röm 6,22), sind Kinder Gottes (Röm 8,16), haben den Geist empfangen (1 Kor 2,12). *Anderseits* können die Gläubigen das Heil noch verlieren und erwarten noch die Vollendung ihres Heils. Darum mahnt Paulus (Phil 2,12) die Christen in Philippi: „Müht euch mit Furcht und Zittern um euer Heil!" Obwohl schon „die Liebe Gottes ausgegossen ist in unsere Herzen durch den Heiligen Geist, der uns gegeben ist" (Röm 5,5), ist unser Heil noch nicht vollendet, denn „wir sind gerettet, doch in der Hoffnung. Hoffnung aber, die man schon erfüllt sieht, ist keine Hoffnung" (Röm 8,24).

Besonders deutlich spricht Paulus vom „Schon" und „Noch nicht" des durch Christus vermittelten Heils im Zweiten Korintherbrief, wo er das Heilswerk als Versöhnungswerk darstellt: Weil Gott *in Christus* die Welt mit sich versöhnt hat (2 Kor 5,19), darum ist Versöhnung schon geschehen. *Anderseits* ist jedoch der Vorgang der Versöhnung noch nicht vollendet: Darum sind die Apostel „Gesandte an Christi Statt und

Gott ist es, der durch uns mahnt. Wir bitten an Christi Statt: Lasst euch mit Gott versöhnen!“ (2 Kor 5,20).

Der Epheser- und der Kolosserbrief betonen das „Schon“ des Heiles Christi. Darum ruft der Kolosserbrief die Gläubigen auf: „Dankt dem Vater mit Freude! Er hat euch fähig gemacht, Anteil zu haben am Los der Heiligen, die im Licht sind. Er hat uns der Macht der Finsternis entrissen und aufgenommen in das Reich seines geliebten Sohnes. Durch ihn haben wir die Erlösung, die Vergebung der Sünden“ (Kol 1,12–14). *Anderseits* sprechen auch diese Briefe von einem „Noch nicht“ des empfangenen Heils, wenn sie den schon empfangenen Geist „ersten Anteil des Erbes, das wir erhalten sollen“ (Eph 1,14) nennen.

In den Pastoralbriefen finden wir die gleiche Lehre. Das Heil Christi ist schon geschenkt. Denn Gott „hat uns gerettet; mit einem heiligen Ruf hat er uns gerufen, nicht aufgrund unserer Werke, sondern aus eigenem Entschluss und aus Gnade, die uns schon vor ewigen Zeiten in Christus Jesus geschenkt wurde; jetzt aber wurde sie durch das Erscheinen unseres Retters Christus Jesus offenbart. Er hat dem Tod die Macht genommen und uns das Licht des unvergänglichen Lebens gebracht durch das Evangelium, als dessen Verkünder, Apostel und Lehrer ich eingesetzt bin“ (1 Tim 1,9–11, vgl. Tit 2,11; 3,4–7). *Anderseits* ist das Heil noch nicht zu den Auserwählten gekommen. Darum sagt der Verfasser im Hinblick auf seine Fesseln: „Das alles erdulde ich um der Auswählten willen, damit auch sie das Heil in Christus Jesus erlangen“ (2 Tim 2,10).

Das Johannesevangelium und der Erste Johannesbrief betonen das schon gewährte Heil. So sagt Jesus: „Amen, Amen, ich sage euch: Wer mein Wort hört und dem glaubt, der mich gesandt hat, *hat* das ewige Leben; er kommt nicht ins Gericht, sondern *ist* aus dem Tod ins Leben hinübergegangen“ (Joh 5,24). *Anderseits* sprechen auch diese Schriften von dem noch nicht vollendeten Heil. So sagt Jesus in demselben Abschnitt: Die Stunde kommt, in der alle, die in den Gräbern sind, seine Stimme hören und herauskommen werden: Die das Gute getan haben, werden zum Leben auferstehen“ (5,28 –29). Besonders deutlich spricht der Erste Johannesbrief von der schon verwirklichten Gnadengabe der Sohnschaft und zugleich von dem noch ausstehendem Heil mit den Worten: „Seht, wie groß die Liebe ist, die der Vater uns geschenkt hat: Wir heißen Kinder Gottes, und wir sind es … Liebe Brüder, jetzt sind wir Kinder Gottes. Aber was wir sein werden, ist noch nicht offenbar geworden. Wir wissen, dass wir ihm ähnlich sein werden, wenn er offenbar wird. Denn wir werden ihn sehen, wie er ist“ (1 Joh 3,1–2).

Angesichts dieser durchgehenden Lehre des Neuen Testaments ist zu fragen: Was deutet diese Spannung an über das Wesen des Heilswerkes? Von welcher Art ist das Heilswerk, dem diese Spannung von „Schon“ und „Noch nicht“ eignet und gleichsam notwendig ist? Hat es einen Sinn, sodass diese Spannung einem wahren Heilswerk gar nicht fehlen „kann“? Entspricht ein derartiges Heil dem Verlangen des Menschen?

Der Grund der Spannung des „Schon“ und „Noch nicht“ des Heiles Christi

Mit Hilfe des erarbeiteten Grundprinzips können wir diese die ganze christliche Heilsverkündigung durchziehende Spannung des „Schon“ und „Noch nicht“ verstehen: Sie gründet im Wesen des Heilswerks als Offenbarungswerk und im Wesen des Glaubens als Bedingung der Aufnahme der Offenbarung:

- Das „Schon“ des Heils: Durch das Kommen des Wortes in Jesus Christus und „durch sein ganzes Dasein und seine ganze Erscheinung, durch Worte und Werke, durch Zeichen und Wunder, vor allem aber durch seinen Tod und seine herrliche Auferstehung von den Toten“ ist *schon* die befreiende Wahrheit offenbart worden, „dass Gott bei uns ist, um uns aus der Finsternis von Sünde und Tod zu befreien und zu ewigem Leben zu erwecken“ (DV 4). In dem Geschehen zur Zeit des Kaisers Augustus, des Herodes, des Pontius Pilatus ist *schon* die Einladung zur Versöhnung mit Gott und das Angebot des Neuen Bundes ergangen. Das „Schon“ des Heils Christi kann verglichen werden mit einem Wort der Liebe oder der Anerkennung, das schon gesprochen oder geschrieben wurde.
- Das „Noch nicht“ des Heils der Befreiung, der Versöhnung, kann auf ähnliche Weise aus dem Wortcharakter und der damit gegebenen Beziehung zum Glauben verstanden werden: Ein Wort der Liebe kann schon geäußert worden sein, doch wenn es noch nicht den Adressaten erreicht hat, von ihm verstanden und aufgenommen wurde, ist das Wort noch nicht an sein Ziel gekommen, ist noch nicht in seinem eigenen Wesen vollendet. Und wo das befreiende Wort aufgenommen wird, kann es den vielschichtigen Menschen nicht sofort durchdringen und umwandeln. Selbst wo das Wort über die Liebe Gottes im Glauben aufgenommen wird, kann der Glaubende sich nicht ganz der vergiftenden Atmosphäre des Unglaubens und der Religionsfeindlichkeit entziehen. So bleibt stets ein „Noch nicht“ der von Christus vermittelten Freiheit und Versöhnung, kurz: des Heiles Christi.

Der Sinn des „Schon" und des „Noch nicht" des Heiles Christi

Dieser kann gleichfalls mit Hilfe der vorangehenden Überlegungen verstanden werden:

- Das „Schon" entspricht dem menschlichen Verlangen nach Gewissheit über die Erreichbarkeit der gesuchten Erfüllung.
- Das „Noch nicht" ist gleichsam der Raum, in dem der von Gott angerufene und beschenkte Mensch sein freies und sich selbst verwirklichendes Wesen entfalten kann und soll.
- Das „Schon" und das „Noch nicht" des durch Christus vermittelten Heils erscheint so als ein den Menschen ansprechendes und herausforderndes Wort, das vom Menschen angenommen und durch Tun beantwortet werden soll. Somit hat das Heil Christi den Charakter des Anfangs, des Anstoßes, der nicht ohne das Tun des Menschen an sein Ziel kommen wird. Darum eignet dem christlichen Dasein eine „Spannung, die unüberbrückbar scheint: Zwischen Gnade und Ethos, zwischen totaler Vergebung und ebenso totalem Beanspruchtsein, zwischen gänzlichem Beschenktsein des Menschen, der alles nachgeworfen bekommt, weil er nichts leisten kann, und gleichzeitig völligem Sich-Schenken-Müssen bis hin zu der unerhörten Forderung: ‚Seid also vollkommen, wie euer Vater im Himmel vollkommen ist' (Mt 5,48)".[83]

Die Einheit des Heilswerkes

Nach der Lehre des Neuen Testamentes eignet Heilsbedeutung sowohl dem Wirken und Lehren wie auch dem Leiden und Sterben und auch der Auferweckung Jesu. Gewiss, diese Ereignisse und Phasen sind innerlich verbunden, weil das Wirken und Lehren Jesu zu seiner Verwerfung durch die religiösen und politischen Führer Israels und zu seiner Hinrichtung am Kreuz führte und von Gott nicht irgendein Mensch, sondern eben dieser Jesus auferweckt wurde. Doch trotz dieser inneren Verbindung behält jede Phase ihren unverwechselbaren Charakter. Zugleich aber bilden sie ein einziges Heilswerk.

Da Heil Einheit und Ganzheit besagt, kann seine Quelle nicht in sich geteilt sein. Darum müssen wir fragen: Wie können derart verschiedene Geschehnisse *ein* Heilswerk bilden? Was haben die grundverschiedenen Geschehnisse gemeinsam, sodass sie Ganzheit und Heil vermitteln können? Wenn die Soteriologie nach einem einzigen Gesichtspunkt sucht, von dem aus das ganze Heilswerk Christi verstanden werden kann, darf sie ja nicht als Grundprinzip betrachten, was nur die Heilsbedeutsamkeit eines einzelnen Abschnittes (etwa des Leiden und Sterbens) des Heilsgeschehens erklären kann, nicht aber die Heilsbedeutung anderer Teile und des Ganzen begründen kann. Das gesuchte Fundamentalprinzip der Soteriologie sollte geeignet sein, sowohl den Heilssinn der einzelnen „Teile" wie auch des Ganzen des Heilswerkes zu erklären.

Eine Antwort auf diese Frage können wir mit Hilfe des hier vorgeschlagenen Grundprinzips geben: Das Heilswerk wurde durch die Offenbarung vollendet, welche dem Menschen die Wahrheit vermittelt, dass Gott Vater ist, der im Alltag, in Freud und Leid und auch im Tod noch bei uns ist. Um dieses Wort durch Jesus von Nazaret zu sagen, „musste" dieser in den grauen Alltag mit seiner Freude und seinem Ärger, in die Abgründe des menschlichen Daseins, in Leiden und Sterben hineingehen, um dort das Wort zu „sagen": Wer mich unter Hochzeitern und Trauernden, Gelehrten, Bauern und Fischern, bei Kleinen und Verachteten, bei den Gemiedenen und Geächteten, in Leiden und Sterben, in Auferstehung und Verherrlichung sieht, der sieht den Vater, der immer bei Euch ist. Die grundverschiedenen Phasen des Lebens und Wirkens, des Leidens und Sterbens, der Auferstehung und Verherrlichung kommen darin überein, dass sie das eine Wort des Heils übermitteln.

Das „Für alle" des Heilswerkes Jesu Christi

Nach der Überzeugung der Autoren des Neuen Testaments ist Jesus Christus – in einem gewissen Sinn – der einzige Mittler des Heils. Denn ihm und seinem Werk eignet universale Heilsbedeutung.

Diese Lehre wird heute von vielen Menschen als anstößig empfunden. Denn wir müssen fragen: Wie kann der „unter Pontius Pilatus" gekreuzigte Jesus Mittler des Heils für alle sein?

Wenn Paulus sagt: Gott „hat seinen eigenen Sohn nicht verschont, sondern ihn *für uns alle* hingegeben" (Röm 8,32), soll man dabei auch an Neandertaler und Pekingmenschen denken? Ist Jesus auch für sie Mittler des Heils? Wenn ja, wie und in welchem Sinn? Wenn nein: Welchen Sinn hat dann die Lehre von Jesus Christus als universalem Heilsmittler? Wie können wir sagen, dass Gott ihn „*für uns alle*" hingegeben hat, dass er „*für alle*" den Tod erlitt, ohne die Geschichtlichkeit des „unter Pontius Pilatus" vollbrachten Heilswerkes zu leugnen? Bei dieser Frage geraten wir vor den eigentlichen „Anstoß des Christlichen: das Bekenntnis dazu, dass der Mensch Jesus, ein Einzelner, der um das Jahr 30 in Palästina hingerichtet wurde, der ‚Christus' (Gesalbte, Erwählte) Gottes, ja, Gottes eigener Sohn, die Mitte und die Entscheidung aller menschlichen Geschichte sei. Es erscheint Anmaßung und Torheit in einem, eine einzelne Gestalt, die mit wachsender Entfernung immer mehr in den Nebel der Vergangenheit entschwinden muss, zur maßgebenden Mitte aller Geschichte zu erklären."[84]

Eine fragwürdige Antwort

Wenn sich die Theologie dieser Frage stellt, liegt es vielleicht nahe, sie unter Rückgriff auf das Dogma von der Bewahrung Marias vor der Erbsünde zu beantworten.[85] Denn als im 12. – 14. Jahrhundert bedeutende Theologen die Frage der Befreiung Marias von der Erbsünde diskutierten, ging es im Grunde um die Frage: Wie kann die Mutter des Erlösers eine durch ihren Sohn Erlöste sein? Die bis ins 19. Jahrhundert dauernde Kontroverse fand ihr Ende durch die 1854 als Dogma verkündete Lehre, dass Maria „im *Hinblick auf die Verdienste Jesu, des Erlösers* des Menschengeschlechtes"[86] von der Erbsünde befreit wurde. Mit guten Gründen kann man fragen: Gibt es in Gott den „Hinblick auf die Verdienste Jesu, des Erlösers des Menschengeschlechtes" nur in diesem Einzelfall? Steht denn das Heilswerk Christi und das „Verdienst Jesu, des Erlösers des Menschengeschlechtes" Gott nicht immer vor Augen? Kann man dann nicht mit diesem Prinzip sagen: „Im Hinblick auf die Verdienste Jesu des Erlösers des Menschengeschlechtes" wird allen Menschen Gnade und Erlösung angeboten? Kann dieser (in einem Dogma verwendete) Gedanke nicht das „Für alle" des Leidens und Sterbens Jesu und die universale Bedeutung des Heilswerkes Christi erklären?

Obwohl die Lehre von der Bewahrung Marias vor der Erbsünde von mir nicht in Frage gestellt wird, lehne ich die Ansicht ab, man könne mit „im Hinblick auf die Verdienste Jesu, des Erlösers des Menschengeschlechtes" das marianische Dogma wie auch das „Für Alle" des Heilswerkes Christi erklären:

– Mit Hilfe der zitierten Formel will das Dogma die *Gnadenhaftigkeit* der Bewahrung Marias von der Erbsünde hervorheben. Da aber zur Zeit der besagten Dogmatisierung der Tod Christi als *das* Heilsgeschehen und als *die* Quelle der Gnade betrachtet wurde und die Heilsbedeutung des Leidens und Sterbens Jesu mit den Begriffen Genugtuung, Opfer, Verdienst gedeutet wurde, musste das Lehramt – wenn es von Gnade sprechen wollte – gleichsam notwendigerweise von dem im Leiden und Sterben erworbenen Verdienst Christi sprechen. Die verwendeten Begriffe werden dadurch jedoch nicht sanktioniert, sondern nur (in Ermangelung anderer Begriffe) verwendet, um die Gnadenhaftigkeit der Bewahrung Marias von der Erbsünde zu betonen.

- Nach den obigen Darlegungen widerspricht die Ansicht, dass „im Hinblick auf die Verdienste Jesu, des Erlösers des Menschengeschlechtes, allen Menschen Gnade und Erlösung zuteil [oder angeboten]“ wird, der biblischen Lehre vom Vater als Ursprung des ganzen Heilswerkes und der biblisch begründeten Lehre, dass das Heilswerk Christi nicht Ursache des Heilswillens Gottes, sondern Werk und Zeugnis des Heilswillens ist.

Die universale Bedeutung des in der Geschichte vollendeten Heilswerkes

Da wir das zu bestimmter Zeit und an einem bestimmten Ort von Jesus vollbrachte Heilswerk als ein Geschehen betrachten, welches Gott als Vater offenbart, können wir das „Für alle“ auf folgende Weise verstehen:

- Was durch Christus offenbart wurde, *gilt für alle Menschen*, die nach dem Sinn ihres scheinbar aus einem Nichts kommenden und scheinbar einem unausweichlichen Nichts entgegen eilenden Daseins fragen. Jene durch Jesus Christus erschlossene Wahrheit über Gott und den Menschen kann alle nach Sinn und Hoffnung und Erfüllung und Heil fragenden Menschen aus der Furcht vor der Vergeblichkeit aller Mühen und der scheinbar unbezwingbaren Macht der Bosheit und Ungerechtigkeit, der Vergänglichkeit und des Sterbens befreien.
- Die durch Christus geoffenbarte Wahrheit ist eine befreiende Wahrheit für alle (sich um das Heil der „Anderen“ sorgenden) Menschen. Denn wenn Jesus Christus uns Gott als „Vater des Erbarmens und Gott allen Trostes“ (2 Kor 1,3) offenbarte, dann dürfen, ja müssen wir alle Sorge um das ewige Heil der Menschen aufgeben und die längst vergangenen und vergessenen Menschen im Frieden Gottes hoffen.
- Obwohl das Wort des Heiles zu einer ganz bestimmten Zeit („unter Pontius Pilatus“) und an einem ganz bestimmten Ort (in Palästina) erging und daher von Geschichtlichkeit geprägt ist, eignet ihm *Universalität der Bestimmung*: Es ist ein Wort das allen weitergegeben werden soll. In dieser geschichtlichen Begrenztheit und der Universalität der Ausrichtung findet sich von neuem die typische Spannung des „Schon“ und „Noch nicht“ des durch Christus vermittelten Heils.

3. Das Grundprinzip der Soteriologie und Fragen der Theologie

Auf Grund der Einheit des christlichen Glaubens ist zu erwarten, dass eine bestimmte Sicht des Heilswerkes sich auf das Verständnis anderer Glaubenswahrheiten auswirkt.

Gnadenlehre

Unterscheidung von „Heilsgnade" und „Gnade des Christseins"

Wenn wir überzeugt sind, dass das Heilswerk Christi den Heilswillen Gottes nicht konstituiert, sondern ihn manifestiert; wenn wir im Einklang mit der Heiligen Schrift (z. B. 1 Tim 2,4) und der Lehre des Zweiten Vatikanischen Konzils (z. B. LG 16) glauben, dass Gott allen Menschen, gleichgültig, ob sie vor oder nach Christus lebten, ob sie Jesus Christus kannten oder gar nicht kennen konnten, die Gnade (der Rechtfertigung, Heiligung, der Gotteskindschaft, des ewigen Heiles) anbietet, müssen wir unterscheiden zwischen der allen Menschen angebotenen „Heilsgnade" und der „Gnade des Christseins". Erstere wird allen Menschen angeboten, letztere hingegen nur den Hörern der Frohbotschaft im Sinne des Wortes, das Jesus an seine Jünger richtet: „Selig sind die, deren Augen sehen, was ihr seht. Ich sage euch: Viele Propheten und Könige wollten sehen, was ihr seht, und haben es nicht gesehen, und wollten hören, was ihr hört, und haben es nicht gehört" (Lk 10,23–24).[87]

Fragwürdigkeit bestimmter Begriffe

Wenn wir zu Recht „Heilsgnade" und „Gnade des Christseins" unterscheiden, dann erweist sich der Begriff „anonymer Christ" oder der Gedanke, dass die Adam zuteil gewordene Gnade schon „Gnade Christi" gewesen sei, als fragwürdig, weil diese Begriffe fast unvermeidlich den Gedanken nach sich ziehen, dass Jesus Christus durch Gehorsam, Opfer oder Genugtuung den Heilswillen Gottes und die Gnade für die Menschen „verdient" habe. Im Gefolge der befürworteten Unterscheidung von „Heilsgnade" und „Gnade des Christseins" werden auch bestimmte Deutungen von „Christozentrik" fragwürdig. Denn kann „ohne konstruierende Spekulation gesagt werden, dass alle Gnade ‚immer schon' Gnade Christi ist? Ist das Heil der Menschen zu allen Zeiten und im ganzen Universum von Jesus Christus vermittelt?"[88]

Ekklesiologie

Die vorrangige Aufgabe der Kirche: Verkündigung des Evangeliums

Das Zweite Vatikanische Konzil betrachtet die Verkündigung des Evangeliums als vorrangige Aufgabe der Kirche: Im Abschnitt der Dogmatischen Konstitution über die Kirche, in dem von der Aufgabe der Bischöfe die Rede ist (LG 25), sagt das Konzil: „Unter den hauptsächlichsten Ämtern der Bischöfe hat die Verkündigung des Evangeliums einen hervorragenden Platz." Auf ähnliche Weise heißt es im „Dekret über die Hirtenaufgabe der Bischöfe in der Kirche" (n. 12): „Bei der Erfüllung ihrer Aufgabe zu lehren, sollen sie [die Bischöfe] den Menschen die Frohbotschaft Christi verkünden; das hat den Vorrang unter den hauptsächlichen Aufgaben der Bischöfe." Im Dekret „Über Dienst und Leben der Priester" sagt das Konzil gleich zu Beginn seiner Darlegungen über die priesterlichen Ämter (n. 4): „Da niemand ohne Glaube gerettet werden kann, ist die erste Aufgabe der Priester als Mitarbeiter der Bischöfe, allen die frohe Botschaft Gottes zu verkünden."

Mit Hilfe des vorgeschlagenen Grundprinzips können wir diese Vorrangigkeit der Verkündigung verstehen: Da Jesus sein Heilswerk durch Offenbarung vollbrachte und an seiner Sendung, Licht der Welt zu sein (Joh 8,12), die Jünger teilnehmen lässt (Mt 5,14), ist es vornehmliche Aufgabe der Jünger Jesu, das „Evangelium von der Gnade Gottes" (Apg 20,24) den Menschen zu übermitteln.

Der Sinn der Mission

Wenn man zu Menschen, die um die lange Geschichte der Menschheit wissen und die großen von Nicht-Christen geschaffenen Kulturen kennen, von Heil und Gnade spricht, denken viele Hörer (auch Christen) an das Heil ihrer Eltern und Vorfahren, Weisen und Großen ihres Volkes, die nichts von Jesus Christus und Kirche und Sakramenten hörten und wussten. Natürlich – und sehr zu Recht – fragen sie dann: Wie steht es um Gnade und Heil dieser Menschen? Aufs erste lässt sich diese Frage im Hinblick auf die Lehre des Zweiten Vatikanum leicht in positiver und optimistischer Weise beantworten. Doch entsteht sofort die Frage: Welchen Sinn hat dann die Missionsarbeit und das Christsein?[89]

Auf der Grundlage der vorangehenden Überlegungen über das Wesen des Heilswerkes Christi und im Hinblick auf die Lehre der Schrift über den universalen Heilswillen Gottes und des Zweiten Vatikanischen Konzils über die Heilsmöglichkeit aller Menschen können wir sagen: Der Sinn der Mission kann nicht darin bestehen, den Menschen die Heilsmöglichkeit und die Heilsgnade zu vermitteln, als ob erst durch die christliche Verkündigung, durch Kirche und Sakramente die heiligende, rechtfertigende und zum ewigen Leben berufende Gnade Gottes den Menschen begegnen und angeboten würde und von ihnen angenommen werden könnte. Wohl aber ist es Sinn der Missionsarbeit,

- das Licht des Evangeliums, seine Orientierung und Hoffnung vermittelnde Kraft, in den Lebensraum jener Menschen zu bringen, in dem das Licht des Evangeliums gleichsam noch nicht installiert wurde;
- den Menschen zu helfen, die immer schon angebotene und vielleicht sogar schon angenommene Heilsgnade wie einen bislang im Acker des Lebens verborgenen Schatz zu entdecken und zu ergreifen (vgl. Mt 13,44), sodass er das Leben der Menschen bereichern kann;
- das Angebot der Gnade des Christseins den Menschen zu bringen, die diesem Angebot noch nicht begegnen konnten;
- den Menschen, welche die Gnade des Christseins annehmen, die Berufung zu überbringen, „Arbeiter für die Ernte des Herrn“ (vgl. Lk 10,2) und den Menschen „Helfer zur Freude“ (vgl. 2 Kor 1,24) zu sein. Nach der Lehre des Zweiten Vatikanischen Konzils im Dekret über das Laienapostolat (n. 2) ist ja „die christliche Berufung ihrer Natur nach auch Berufung zum Apostolat.“

Und diese Sicht hat bedeutsame Konsequenzen für die Praxis der Missionsarbeit:

- Wenn wir glauben, dass Gott allen Menschen die Heilsgnade anbietet, können wir das (immer begrenzte) Personal und die (knappen) finanziellen Mittel ohne Sorge um das ewige Heil vieler Menschen an den „Orten“ einsetzen, wo nach menschlichem Ermessen Menschen zugänglicher sind für die Aufnahme des Evangeliums. Wenn wir dies tun, folgen wir eigentlich nur dem Beispiel des Apostels Paulus. Dieser wandte sich meistens an die jüdischen Gemeinden und an die schon aus den damaligen Religionen herausgelösten Gottesfürchtigen und an Menschen in den Zentren des Lebens, wo sie verschiedenen Kulturen und Religionen begegneten und nicht so sehr dem Druck einer bestimmten vorherrschenden Religion unterworfen waren.

– Die hier vertretene Sicht von Gnade und Mission ermöglicht eine Neuordnung der missionarischen Prioritäten im Sinne des Apostolischen Schreibens „Evangelii nuntiandi“ von Papst Paul VI. über die Evangelisierung in der Welt von heute vom 8. Dezember 1975. In ihm (n. 18 –19) sagt der Papst: „Für die Kirche geht es nicht nur darum, immer weitere Landstriche oder immer größere Volksgruppen durch die Predigt des Evangeliums zu erfassen, sondern zu erreichen, dass durch die Kraft des Evangeliums die Urteilskriterien, die bestimmenden Werte, die Interessenpunkte, die Denkgewohnheiten, die Quellen der Inspiration und die Lebensmodelle der Menschheit, die zum Wort Gottes und zum Heilsplan im Gegensatz stehen, umgewandelt werden.“[90] Die hier vertretene Anschauung über Heil und Gnade erlaubt und verlangt eine Prüfung der Prioritäten im Sinne des zitierten päpstlichen Schreibens. Dann können, ja müssen wir sagen: Auch wenn sie nicht die Zahl der Taufen und der Christen vermehren, sind Einsatz für Gerechtigkeit, Frieden und Bewahrung der Schöpfung, Förderung des Dialogs mit religiösen und weltanschaulichen Strömungen und ihrer führenden Persönlichkeiten, Stellungnahmen zu den die Menschen bewegenden Fragen u. v. m. vollwertige Aufgaben der Evangelisation. Und dies bedeutet: Auch wenn manche Missionsstationen nicht gegründet oder nicht mit einem Priester besetzt werden können, sollten, ja müssen für die genannten Aufgaben begabte Missionare die Möglichkeit haben, sich ihnen ganz zu widmen.

Abschluss der Offenbarung

Die kirchliche Lehre

In der Konstitution über die göttliche Offenbarung (DV 3) lehrt das Zweite Vatikanische Konzil: „Gott, der durch das Wort alles erschafft (vgl. Joh 1,3) und erhält, gibt den Menschen *jederzeit*[91] in den geschaffenen Dingen Zeugnis von sich (vgl. Röm 1,19–20).“ Mit diesen Worten spricht das Konzil von einer jederzeit und überall geschehenden („allgemeinen“) und also auch heute geschehenden Offenbarung.

Im selben Abschnitt spricht es jedoch von einer anderen („speziellen“) Offenbarung, die mit der Berufung Abrahams begann, „um ihn zu einem großen Volk zu machen (vgl. Gen 12,2), das er dann nach den Patriarchen durch Moses und die Propheten erzog, ihn allein als lebendigen und wahren Gott, als fürsorgenden Vater und gerechten Richter anzuerkennen und auf den versprochenen Erlöser zu harren" (DV 3). Das Konzil sieht darin gleichsam den Anfang der Offenbarung, die in Jesus Christus zur Vollendung kommt in der Erschließung der Wahrheit, „dass Gott mit uns ist, um uns aus der Finsternis von Sünde und Tod zu befreien und zu ewigem Leben zu erwecken" (DV 4).

In unmittelbarem Anschluss an diese Beschreibung des Inhaltes der Offenbarung, spricht das Konzil vom Abschluss *dieser* (mit der Erwählung Abrahams Anfang nehmenden) Offenbarung mit den Worten: „Daher ist die christliche Heilsordnung, nämlich der neue und endgültige Bund, unüberholbar, und es ist keine neue öffentliche Offenbarung mehr zu erwarten vor der Erscheinung unseres Herrn Jesus Christus in Herrlichkeit" (DV 4).

Die von Christus vollendete Offenbarung – Antwort auf die Heilsfrage des Menschen

Mit Hilfe des vorgeschlagenen Grundprinzips können wir diese Lehre verstehen: Der sogenannte Abschluss der Offenbarung ist kein willkürliches Abbrechen des „Sprechens Gottes". Durch die im Alten Bunde ergangene und durch Jesus Christus vollendete Offenbarung werden gewiss nicht alle Fragen des Menschen über Gott und die Welt und erst recht nicht naturwissenschaftliche, technische, politische usw. Fragen beantwortet. Doch ist durch die in Jesus Christus vollendete Offenbarung von Gott her alles mitgeteilt, was der Mensch in seinem Verlangen nach Heil sucht. Denn Jesus Christus hat den Menschen Gott als Vater gezeigt. Dies mag manchen Menschen nicht genügen, weil sie wünschen, dass Gott ihnen alle Fragen beantwortet und alle Probleme löst. Doch genügt das durch Jesus Christus ermöglichte Sehen Gottes als Vater, um Freiheit zu gewinnen, um sich mit sich und seinen Grenzen auszusöhnen, um das Leben und Sterben mit Hoffnung zu bestehen. Und weil dieses Wort Gottes in Jesus Christus an die Menschen ergangen ist, kam Gottes Offenbarung in ihm zur Vollendung und zum „Abschluss", weil alles gesagt wurde, was der sich selbst überantwortete Mensch braucht.

Der sich offenbarende Gott und Gott als Geheimnis

Die Lehre der Schrift und der Kirche über die Offenbarung

Im Einklang mit den Schriften des Alten und Neuen Testamentes betrachtet die Kirche als Quelle und Grundlage ihres Glaubens nicht ein noch so hohes und gesichertes menschliches Denken, sondern Gottes Offenbarung. Doch spricht sie – ebenfalls auf der Grundlage der Heiligen Schrift – von Gott als unergründlichem Geheimnis.

Im Alten Testament wird Gottes Offenbarung zwar nicht thematisiert, ist aber vorausgesetzt in Formeln wie „Gott sprach zu Mose" oder wenn der Auszug aus Ägypten und die Rückkehr aus dem Exil als Gottes Werk und Wort gedeutet werden. In den Schriften des Neuen Testaments erscheint Jesus Christus als Prophet, als Sprecher und Offenbarer Gottes.

Als im Gefolge der Aufklärung und des Rationalismus der Gedanke einer (besonderen, geschichtlichen) Offenbarung gefährdet schien, erklärte das Erste Vatikanische Konzil in der dogmatischen Konstitution über den katholischen Glauben „Dei Filius": Die „heilige Mutter Kirche hält fest und lehrt, dass Gott, der Ursprung und das Ziel aller Dinge, mit dem natürlichen Licht der menschlichen Vernunft aus den geschaffenen Dingen erkannt werden kann ... Jedoch hat es seiner Weisheit und Güte gefallen, auf einem anderen, und zwar übernatürlichen Wege sich selbst und die ewigen Ratschlüsse seines Willens dem Menschengeschlecht zu offenbaren ..." (DH 3004).

Gott als Geheimnis

Obwohl auf Grund der Lehre der Schrift und der Kirche „Gottes Offenbarung" ein Grundbegriff des Christentums ist, bleibt zugleich die Lehre der Schrift von Gott als Geheimnis ein wesentliches Element des christlichen Glaubens. Auch für Christen, die an der fundamentale Lehre festhalten, dass Gott „viele Male und auf vielerlei Weise einst zu den Vätern gesprochen" hat und dass er „in dieser Endzeit zu uns gesprochen (hat) durch den Sohn" (Hebr 1,1–29) ist Gott für immer „der selige und einzige Herrscher, der König der Könige und der Herr der Herren, der allein die Unsterblichkeit besitzt, der in unzugänglichem Licht wohnt, *den kein Mensch gesehen hat, noch zu sehen vermag*" (1 Tim 6,15–16; vgl. Joh 1,18.).

Der Sinn der paradoxen Rede von dem sich offenbarenden Gott und von Gott als Geheimnis

Wenn wir beachten, dass das Erste Vatikanische Konzil lehrt, dass Gott „sich selbst und die ewigen Ratschlüsse seines Willens" offenbarte (DH 3004) und das Zweite Vatikanische Konzil in ähnlicher Weise den Inhalt der Offenbarung umschreibt mit den Worten: „Gott hat in seiner Güte und Weisheit beschlossen, sich selbst zu offenbaren und das Geheimnis seines Willens kundzutun", dann können wir verstehen, dass *das* „Thema" der göttlichen Offenbarung sein Heilswille ist. Indem er offenbarte, dass der unendliche und heilige Gott will, dass die kleinen und beschmutzten Menschen „durch Christus, das fleischgewordene Wort, im Heiligen Geist Zugang zum Vater haben und teilhaftig werden der göttlichen Natur (vgl. Eph 2,18; 2 Petr 1,4)" (DV 2), offenbarte er zugleich das unbegreifliche Geheimnis, sich selbst, als „Gott aller Gnade" (1 Petr 5,10).[92]

VI. Das Heil Christi

1. Der christliche Heilsbegriff

Was hat Jesus Christus als Heilbringer uns gebracht? Was hat er als Mittler des Heils uns vermittelt? Die Antwort scheint leicht: Heil.[93] Ja, aber was ist das?

Formen der Rede von Heil

Der allgemeine Heilsbegriff
„Heil" in einem allgemeinen, nicht spezifisch christlichen oder z.B. buddhistischen Sinn, ist „ein zentraler religiöser Begriff für das von allen Religionen Erwartete oder Verheißene: eine subjektive, existentielle Heilung und Erfüllung des Menschen, das Ganzsein des Lebens".[94]

Wie immer die Weltreligionen jenes Gesuchte, Erwartete, Verheißene denken und beschreiben mögen, immer bezeichnet „Heil"

- etwas Wünschenswertes. Das deuten schon die Wörter der europäischen Sprachen an: Heil, salus, salut, salvation. Diese Wörter stehen stets im Umkreis dessen, was Menschen gemeinhin als etwas Gutes verstehen: Gesundheit, Wohlergehen, Ende von Leid und Gefahr. Auch Wortverbindungen wie Heilsverlangen, Heilssuche, deuten an, dass „Heil" ein Gut bezeichnet. Wer den Heilsbegriff einer bestimmten Religion oder sogar alle Beschäftigung mit „Heil" ablehnt, tut dies im Namen dessen, was in seiner Sicht für den Menschen gut oder nicht gut ist. Damit aber bezeugt er, dass „Heil" etwas Gutes bezeichnet.
- nicht ein gewöhnliches Gut, sondern das Gut, welches zu erreichen oder zu empfangen, das höchste Ziel des menschlichen Lebens ist. Auch außerhalb des religiösen Sprachgebrauchs bezeichnet „Heil" etwas letztlich Wünschenswertes. Wenn man zum Beispiel sagt. „Man darf das Heil nicht von ... erwarten", so sagt man, dass selbst nach Erlangung des Erwähnten immer noch etwas (vielleicht sogar viel) zu wünschen bleibt, und hat somit unter „Heil" das letztlich Wünschenswerte verstanden.

– nicht ein nach Belieben wählbares Gut, sondern ein Gut, das der Mensch gleichsam von Natur aus sucht, ein Gut, das der Mensch suchen und erlangen soll, wenn sein Leben sinnvoll sein und nicht im Un-Heil enden soll. Auch wenn der Mensch als frei betrachtet wird, das als „Heil" bezeichnete Gut zu suchen und zu erwerben, gilt „Heil" als etwas den Menschen Verpflichtendes, etwas, das er in ureigenstem Interesse suchen, erringen oder annehmen soll. Auch wenn verschiedene Wege als mögliche Wege zum Heil betrachtet werden, das Heil selbst wird nicht als ein ins Belieben des Menschen gestelltes Ziel betrachtet, sondern als etwas, das der Mensch erreichen oder erlangen muss, wenn sein Leben gelingen und nicht fehlschlagen soll.

Das mit „Heil" Gemeinte kann mit einer Reihe von Umschreibungen zusammengefasst werden: Heil bezeichnet jenes Gut, auf das der Mensch im Tiefsten aus ist, um das es ihm immer geht, dessen Erlangung sein Wesen zur Erfüllung, zu voller Entfaltung bringt; jenes Gut, an dem der Mensch sein volles Genügen finden kann und dessen Verfehlen sein Leben zu einem Fehlschlag werden lässt. Diesen Umschreibungen von „Heil" kommt eine wichtige Funktion zu im Dialog der Religionen und Weltanschauungen. Denn der allgemeine Heilsbegriff bildet gleichsam den Rahmen, welchen die Religionen und Weltanschauungen auf verschiedene Weise ausfüllen, je nachdem, was sie als das letztlich Wünschenswerte betrachten. So kommt es zur Bildung von spezifischen Heilsbegriffen.

Spezifische Heilsbegriffe

Diese enthalten die Vorstellungen der Weltreligionen über das, worin nach der Überzeugung ihrer Anhänger der Mensch die Vollendung seines Wesens, sein volles Genügen finden kann. Für ihre Befürworter enthalten sie eine Deutung des Sinnes und Zieles des Daseins und Weisung für die Lebensführung. Da die spezifischen Heilsbegriffe einerseits beanspruchen, Aussagen über das Wichtigste des menschlichen Daseins zu machen, anderseits dieses entscheidend Wichtige verschieden definieren, sind sie ein wichtiges Thema des Dialogs der Religionen. Der christliche Heilsbegriff ist einer dieser spezifischen Heilsbegriffe.

Der christliche Heilsbegriff

Das, worin die Menschen vollkommene Erfüllung ihres Wesens und volles Genügen, Heil finden können, umschreibt der christliche Glaube mit den Stichworten[95]

- „Vergebung der Sünden", welches die Vollendung des das Gute suchenden menschlichen Daseins und Befreiung aus der Verstrickung ins Böse signalisiert;
- „Auferstehung des Fleisches", welches die Bewahrung vor Ver-nichtung und Erfüllung des leib- und welthaften menschlichen Daseins zum Ausdruck bringt;
- „Anschauung Gottes", welches von der Erfüllung des die Fülle der Wahrheit und Gutheit suchenden menschlichen Wesens in Gemeinschaft mit Gott, dem Urgrund und Fülle des Guten spricht.

Mit anderen Worten: Nach christlicher Auffassung kann der Mensch sein volles Genügen, Heil in vollem Sinn, Heil schlechthin, dann finden, wenn er diese Erfüllung seines vielschichtigen Wesens erlangt hat. Da aber erhebt sich sofort die gewichtige Frage:

Verwendet das christliche Bekenntnis: „Jesus Christus ist Mittler des Heils", den Heilsbegriff in derselben Weise, wie er oben dargelegt wurde? Da diese Frage sich mit der Mitte des christlichen Glaubens befasst, soll ihr in behutsamen Schritten mit Hilfe von Thesen und weiterführenden Fragen nachgegangen werden.

These I: Jesus Christus ist nicht Mittler des „endgültigen" Heils.

Für diese These sprechen nachstehende Überlegungen:

- Die Ansicht, dass Jesus Christus Mittler des endgültigen Heils sei, weil er durch seinen Gehorsam, sein Opfer, seine stellvertretende Genugtuung oder durch stellvertretendes Strafleiden für die Menschen Auferstehung, Versöhnung und Gemeinschaft mit Gott verdient habe, wurde zurückgewiesen.
- Offensichtlich wurde keinem Menschen schon zu seinen Lebzeiten durch (den Glauben an) Jesus Christus das Heil im oben beschriebenen Sinn vermittelt. Da dem „Heil" im dargelegten Sinn Endgültigkeit eignet, sollte auch der christlichen Rede von Heil „jenes Moment der Endgültigkeit belassen bleiben, das die Theologie mit den sektorenhaft getrennten Begriffen Anschauung Gottes und Auferstehung des Fleisches aussagt, die zusammengefasst werden könnten in dem Begriff Heil, das den ganzen Menschen in seiner ganzen Verfasstheit meint und hier in unserer Zeitlichkeit noch in keiner objektiven Erlösung, in keiner Gnade und in keiner Kirche geschenkt ist. Die beständige Erfahrung des Menschen bezeugt dies."[96]

These II: Das durch Jesus Christus vermittelte Heil ist die durch ihn ergangene Botschaft.

Diese These stützt sich auf die vorangehenden Überlegungen und will besagen:

- Das Heil Christi ist *nicht* ein irgendwie erworbener, für uns hinterlegter Gnadenschatz, nicht eine zu unseren Gunsten erwirkte Schuldentilgung. Das Heilswerk ist *nicht* ein im Kampf errungener Sieg, nicht eine Umstimmung Gottes, nicht ein mitreißendes Beispiel; das Heil, das Christus gebracht hat, ist „nur" die durch Jesus Christus übermittelte Botschaft.
- Das Heil Christi ist *nicht* eine durch Beobachtung und Nachdenken und Meditation gewonnene Erfahrung oder Erkenntnis, nicht eine lang gesuchte und gefundene Lösung eines schwierigen Problems, nicht ein durch menschliches Tun und Mühen erreichter Zustand, sondern „nur" die Mitteilung einer dem Mensch unzugänglichen Wahrheit.

These III: Die durch Christus vermittelte Botschaft wird in abgeleitetem, jedoch berechtigtem Sinn „Heil" genannt.

Für diese Auffassung sprechen folgende Überlegungen:

- Das menschliche Heilsverlangen[97] enthält ein Interesse am Sinn seines Daseins und Handelns und am Verstehen des Sinnes. Der Mensch will, dass alles, was er tut, sinnvoll sei. Zugleich will er auch diesen Sinn verstehen und des Sinnes sicher sein. Wenn nun der Mensch erkennt, dass er seine vollständige Erfüllung nicht aus eigener Kraft erlangen kann, muss er sein Verlangen nach Vollendung entweder aufgeben oder zur Frage werden lassen, ob die von ihm gesuchte, jedoch unerreichbare Vollendung ihm von dem geahnten Gott her gewährt wird. Mit anderen Worten: Wenn der Mensch (1) die Reichweite seines tiefsten Verlangens spürt, (2) sich als Dasein zum Tode versteht, (3) „weiß", dass jede personale Gemeinschaft – zumal mit Gott – nur in Freiheit gewährt werden kann, (4) versteht, dass kein Mensch die freien Entscheide Gottes errechnen kann, dann wandelt sich das Verlangen nach Erfüllung um in die Ausschau nach einer von Gott kommenden Botschaft, dass der absolute und freie Gott dem Menschen gewähren will, was der Mensch als seine Erfüllung sucht. Diese Ausschau nach einer von Gott her kommenden Botschaft ist gleichsam der (vorläufige) Endpunkt seiner Suche nach Heil.
- Die Botschaft Christi aber ist die Antwort auf die Frage nach Heil. Weil diese Antwort dem Menschen Gewissheit über den Sinn seines

Daseins vermittelt, vermag sie die tiefste Wunde des menschlichen Daseins, den Zweifel am Sinn seines Daseins und Tuns, zu „heilen". Wie nach einem schönen Wort des Augustinus[98] das Glück auf verschiedene Weise die jetzt Glücklichen wie auch jene „qui spe beati sunt" beglückt, so erfüllt das noch erwartete und verheißene Heil auch diejenigen Menschen, die mit Zuversicht auf es hoffen dürfen. In diesem Sinn ist es berechtigt, Jesus Christus als „Mittler des Heils" und als „Heilbringer" zu bekennen.

Charakteristische Züge der christlichen Heilsauffassung

Endgültiges und vorläufiges Heil

Die Unterscheidung von endgültigem und vorläufigem Heil erwies sich als notwendig, um einerseits dem Begriff „Heil" das Moment der Endgültigkeit zu belassen, und anderseits im Einklang mit der Schrift und der christlichen Tradition Jesus Christus als „Heilbringer" und „Mittler des Heiles" bekennen zu können. Wie im Vorhergehenden gezeigt wurde, ist diese Unterscheidung aber nicht nur eine sprachliche Notwendigkeit, sondern hat ihren Grund und ihre Berechtigung in der Eigenart des menschlichen Wollens und Heilsverlangens.

Die Heilsbedürftigkeit des Menschen

Das unbedingte Angewiesensein des Menschen auf göttliche Hilfe ist eine notwendige Folgerung der hier vertretenen christlichen Heilsvorstellung: Wenn der Mensch seine endgültige Erfüllung nur in der frei gewährten Teilnahme am Leben Gottes finden kann, ist selbst ein Gott völlig zugewandter und absolut sündenfreier, ein um die Sache Gottes und der Menschen höchst verdienter Mensch auf die freie Gewährung des von ihm Gesuchten angewiesen, denn eine personale Gemeinschaft unter Gleichen und erst recht mit Gott kann niemand sich selbst verschaffen. Somit gründet Heilsbedürftigkeit schon im Wesen des Menschen, nicht erst in eigener Sündhaftigkeit oder in einem Verstricktsein in die Sünden anderer Menschen.

Da der Mensch zur Gewinnung des endgültigen Heiles auf die freie Gnade Gottes angewiesen ist und die freien Entscheidungen des absoluten Gottes nicht errechnen und kennen kann, ist er zur Erlangung der Gewissheit der Möglichkeit seiner Erfüllung auf freie Offenbarung angewiesen. Mit anderen Worten: Auch zum Erlangen des anfänglichen Heils bedarf der Mensch der Hilfe Gottes.

Gewiss, Heilsbedürftigkeit besagt abgrundtiefe Not. Denn wer den Menschen als heilsbedürftig bezeichnet, sagt: Der Mensch ist hilflos, nicht in der Erlangung dessen, worauf er auch verzichten kann, sondern im Gewinnen dessen, worum es ihm immer geht, um die Erreichung dessen, das über Scheitern und Gelingen seines Daseins entscheidet. Wenn wir jedoch beachten, dass die Rede von der Heilsbedürftigkeit die christliche Auffassung von der Bestimmung des Menschseins widerspiegelt, dann offenbart die Rede von der Heilsbedürftigkeit die Größe und Würde des Menschen. Schon im 13. Jahrhundert vertrat Thomas von Aquin im Zusammenhang der Frage nach der Heilsbedürftigkeit des Menschen die Auffassung, dass Abhängigkeit von Hilfe zum Erreichen eines höheren Wesenszieles Zeichen eines höheren Wesens sei.[99] In diesem Sinne können wir sagen: Darin, dass der Mensch zu seiner Vollendung seines Lebens auf die Hilfe Gottes angewiesen ist, zeigt sich seine Würde: Er kann nicht in den größten Leistungen seines Wissens und eigenen Verwirklichungen des Guten, sondern erst in der personalen Gemeinschaft mit der Fülle der Wahrheit und des Guten – „Gott“ – sein volles Genügen finden.

Die Gnadenhaftigkeit des Heils

Da nur der absolut freie Gott dem Menschen gewähren kann, was der Mensch als Erfüllung sucht, kann das endgültige Heil dem Menschen nur durch das Wohlwollen Gottes, durch Gnade, zuteil werden. Aus demselben Grund ist auch das vorläufige oder anfängliche Heil ein Geschenk der Gnade Gottes: Da selbst der klügste Mensch nicht die Entscheide des absoluten Gottes zu errechnen vermag, kann der Mensch nur durch eine von Gott frei gewährte Offenbarung Gewissheit über die Möglichkeit einer letzten Erfüllung finden.

Das allein von Gott gewirkte Heil des sich selbst verwirklichenden Menschen

Von allen Aspekten des Heilswerkes gilt, was Paulus vom Versöhnungswerk sagt: „Alles kommt von Gott, der uns durch Christus mit sich versöhnt und uns den Dienst der Versöhnung aufgetragen hat. Ja, Gott war es, der in Christus die Welt mit sich versöhnt hat und uns das Wort von der Versöhnung (zur Verkündigung) anvertraut hat. Wir sind also Gesandte an Christi Statt und Gott ist es, der durch uns mahnt. Wir bitten an Christi Statt: Lasst Euch mit Gott versöhnen“ (2 Kor 5,18–21). In diesem die absolute Initiative Gottes betonendem Wort zeigt sich jedoch, dass in der Sache des Heils Gott keineswegs die Freiheit und Selbstverwirklichung des Menschen überspringt, unterdrückt oder gar auslöscht. Wenn Gott an dem Menschen und für den Menschen in souveräner, durch nichts bedingter Initiative handelt, wird der Mensch „*gemahnt*“ und „*gebeten*“, das Heilshandeln an sich *geschehen zu lassen*. Das Heil Christi, das Gott allein stiftet, wird dem Menschen nicht von außen verfügt, sondern wendet sich an den freien Menschen, fordert seine Freiheit heraus und lässt sie zur Entfaltung bringen.

2. Christsein –Vom Heil Christi geprägtes Menschsein

„Wenn jemand in Christus ist, dann ist er eine neue Schöpfung.
Das Alte ist vergangen, Neues ist geworden.“
(2 Kor 5,17)

Was wird neu in dem Menschen, der durch den Glauben „in“ Christus, dem Offenbarer des Vaters und Mittler des Heils, lebt? Welche Umgestaltung erfahren die Grundbezüge eines Menschen durch seine Zugehörigkeit zu Christus?

Vor-Gott-Sein

Vorchristliches[100] *Vor-Gott-Sein*

Auch im Zeitalter eines scheinbar selbstverständlichen Atheismus suchen viele Menschen eine Antwort „auf die ungelösten Rätsel des menschlichen Daseins, die heute wie von je die Herzen der Menschen im tiefsten bewegen: Was ist der Mensch? Was ist Sinn und Ziel unseres menschlichen Lebens? Was ist das Gute, was die Sünde? Woher kommt das Leid, und welchen Sinn hat es? Was ist der Weg zum wahren Glück? Was ist der Tod, das Gericht und die Vergeltung nach dem Tode?“. Wenn Menschen diesen Fragen nachgehen, stellt sich schließlich die Frage: „Was ist jenes letzte und unsagbare Geheimnis unserer Existenz, aus dem wir kommen und wohin wir gehen?“ (NA 2). Mit anderen Worten: Wenn wir Menschen über unser Dasein mit seinen Hoffnungen und Enttäuschungen, Gewissheiten und Rätseln ernstlich nachdenken, können wir die Wirklichkeit eines unser Dasein umfangenden Geheimnisses ahnen, das gläubige Menschen „Gott“ nennen.

Nach der Lehre des Zweiten Vatikanischen Konzils kann „Gott, aller Dinge Ursprung und Ziel, mit dem natürlichen Licht der menschlichen Vernunft aus den geschaffenen Dingen sicher erkannt werden“ (DV 6). Doch schon der große Denker und Theologe des Mittelalters Thomas von Aquin (1224/1225 – 1275) kannte sehr wohl die Schwierigkeit, nur durch Erfahrung und Nachdenken zu einer klaren und sicheren Gotteserkenntnis zu gelangen. Denn viele Menschen haben nicht die dafür notwendige Denkkraft. Alle Menschen müssen sich um die Notwendigkeiten des Lebens kümmern und darum haben zahlreiche Menschen weder Zeit noch Kraft, über derlei Fragen nachzudenken. Andere sind nicht bereit, sich der Mühe des Nachdenkens über diese Frage zu unterziehen.[101] Und selbst wenn Menschen zu einer Gewissheit über die Wirklichkeit Gottes gelangen, kann das Fragen des Menschen nicht zur Ruhe kommen. Denn getrieben von seinem Suchen nach dem Sinn seines eigenen Daseins, „muss“ der Mensch fragen: Was ist jenes letzte und unsagbare Geheimnis unserer Existenz, aus dem wir kommen und wohin wir gehen? Wie verhält es sich zu uns Menschen? Was hat es mit uns vor? Solange aber dieses Geheimnis sich und seine Pläne mit uns nicht kundgibt, bleibt Gott auch bei der höchst möglichen Erkenntnis nur das „*unsagbare* Geheimnis unserer Existenz, aus dem wir kommen und wohin wir gehen.“

Christliches Vor-Gott-Sein

Wenn jedoch Christen nach dem Sinn ihres Daseins und den Absichten des ihr Dasein umfangenden Geheimnisses fragen, dann stützen sie sich nicht nur auf ihre eigene Erfahrung und ihr eigenes Nachdenken und nicht nur auf das, was große Denker und Weise über das Rätsel des menschlichen Daseins gesagt haben, sondern auf die durch Jesus Christus vollendete Offenbarung. Denn nach der für das Christentum fundamentalen Überzeugung hat jenes unsagbare Geheimnis, Gott, nicht geschwiegen, sondern hat „in seiner Güte und Weisheit beschlossen, sich selbst zu offenbaren und das Geheimnis seines Willens kundzutun“ (DV 2).

Aufgrund dieser in der Geschichte des Volkes Israel und durch Jesus Christus vollendeten Offenbarung bedeutet für Christen Glaube an Gott: „an den glauben, der Jesus, unseren Herrn, von den Toten auferweckt hat“ (Röm 4,24). Weil er Jesus von den Toten erweckte, ist er „nicht ein Gott von Toten, sondern von Lebenden“ (Mk 12,27) und wird von Christen „Gott, der die Toten auferweckt“ (2 Kor 1,9) genannt. Weil er im Tod und in der Auferweckung den sterblichen Menschen

Leben und den von Sünde Befleckten Vergebung verheißen hat, ist er für die Gläubigen „der Gott der Hoffnung" (Röm 15,13). Weil er in Jesu Leben und Tod sich als Gott, der auch in Scheitern und Sterben bei uns ist, erwiesen hat, ist für sie das unsagbare Geheimnis „der Gott und Vater Jesu Christi, der Vater des Erbarmens und der Gott allen Trostes" (2 Kor 1,3).

Der christliche Gottesdienst

Wie Anhänger anderer Religionen verehren die Christen Gott, danken ihm, rufen ihn an und bitten ihn. Doch weil Christen im Blick auf Jesus Christus glauben, dass Gott „voll des Erbarmens" (Eph 2,4) ist, der die Welt in Christus versöhnt hat (vgl. 2 Kor 5,18), hat der christliche Gottesdienst vor allem den Charakter von Danksagung. Weil sie glauben, dass ihnen durch Christus schon überreiche Gnade und Trost zuteil wurde (vgl. 2 Kor 1,5), darum mahnt Paulus sie: „Dankt für alles" (1 Thess 5,15). Und wenn sie in ihrer Not zu Gott rufen, sollen sie betend und flehend ihre Bitten *mit Dank* vor Gott bringen (vgl. Phil 4,6). Weil Christen in ihrem Kult das Gedächtnis des Heilswerkes, des Werkes der Versöhnung, Befreiung und Bundesstiftung feiern, darum wird (schon seit ungefähr dem Jahre 100) der zentrale christliche Kult Eucharistia (Danksagung) genannt.

Das christliche Opfer

Weil in seinem Leiden und Sterben Jesus das verwirklichte und ausdrückte, was die kultischen Opfer ausdrücken wollen, darum wird im Neuen Testament Jesu Leiden und Sterben „Opfer" genannt und damit als höchster Akt der Anerkennung Gottes als Herrn erachtet. Damit geschah eine geradezu umstürzende Neubewertung des religiösen Kultes. Die Autoren der neutestamentlichen Schriften wussten sehr wohl, dass Jesu Kreuzestod keineswegs ein kultischer Akt, sondern eine grausame Hinrichtung war. Wenn sie dennoch diesen Tod ein „Opfer" nennen, dann sagen sie damit: Die höchste Form der „Anbetung des Vaters im Geist und in der Wahrheit" (Joh 4,23), das vollkommenste Gott wohlgefällige Opfer wurde und wird nicht in einer kunstvoll gestalteten Liturgie dargebracht, sondern in der Hingabe an Gott im Leben mit seinen Konflikten, Scheitern und „Opfern". In diesem Sinn ruft Paulus die Christen auf: „Angesichts des Erbarmens Gottes ermahne ich euch, meine Brüder, euch selbst als lebendiges und heiliges Opfer darzubringen, das Gott gefällt; das ist für euch der wahre und angemessene Gottesdienst" (Röm 12,1).[102]

Sein und Werden im Christsein

Die in der Heilsverkündigung hervortretende Spannung von „Schon“ und „Noch nicht“, Gabe und Aufgabe, Gnade und Ethos[103], von Indikativ und Imperativ, kennzeichnet das Dasein der vom Heil Christi geprägten Menschen:

- Sie *sind* Söhne und Töchter des Vaters und sollen es noch mehr *werden* durch ihr Tun der Liebe zu allen, ja sogar zu Feinden (vgl. Mt 5,44 – 45), durch Übernahme von Verantwortung im Haus des Vaters.
- Sie *sind* Schwestern und Brüder des Sohnes und sollen es noch mehr *werden* durch ihr Verhalten zum gemeinsamen Vater, seinen Töchtern und Söhnen, ihren Geschwistern.
- Sie *sind* Tempel des Gottesgeistes, Ort der Gottesbegegnung, und sollen es noch mehr *werden* durch Beseitigung des Schmutzes und des Unrats, durch Restauration und Ausbau.
- Sie *sind* aus der Knechtschaft des Bösen, des Todes, des Gesetzes Befreite und sollen ihre gewonnene Freiheit bewahren und erweitern, indem sie sich immer wieder der befreienden Wahrheit öffnen, sich von ihr durchdringen lassen und sich für die Reform versklavender Strukturen einsetzen.

Christliches Miteinander-Sein

Menschsein ist notwendig Miteinander-Sein. Dieses kennt verschiedene Gestalten, welche überlieferten und/oder gewählten Einstellungen der Menschen entspringen.

Wenn Menschen durch Jesus Christus Gott als Vater glauben, dann erfährt der Bezug zu den Mitmenschen eine Art Vertiefung und Intensivierung. Mitmenschen sind dann nicht durch Zufall der Evolution entstandene Wesen, sondern uns vom Vater gegebene Schwestern und Brüder. Eine Eigentümlichkeit des in Taiwan vorherrschenden Dialekts kann das verdeutlichen: In dieser südchinesischen Sprache darf man, wenn man von Familienbeziehungen spricht, niemals das Possessivpronomen in der Einzahl, sondern muss es in der Mehrzahl gebrauchen. Also: man darf nie sagen, *meine* Mutter, *mein* Vater, sondern muss immer sagen: *unsere* Mutter, *unser* Vater, selbst wenn man das einzige Kind seiner Eltern ist. Auch ein Ehemann darf nicht sagen: „*meine* Frau“, sondern muss sagen: „*unsere* Frau“; und die Ehefrau darf nicht sagen: „*mein* Mann“, sondern muss sagen „*unser* Mann “ Diese (auf den ersten Blick kuriose) Eigentümlichkeit einer chinesischen Sprache sagt mit Nachdruck: Wir können Gott nicht zum Vater haben, wenn wir nicht die anderen Menschen als Brüder und Schwestern anerkennen. Wer von Gott als Vater sprechen will, muss von ihm als *unserem* Vater und damit von den Menschen als Brüdern und Schwestern „sprechen". Weil durch Christus vermittelter Glaube an *Gott als Vater* ein wesentliches Element des Christseins ist, darum sind die Christen gerufen, diesen Glauben in ihrem Umgang mit den Menschen zu bezeugen, indem sie mit allen Menschen zusammenarbeiten am Aufbau einer Welt, welche die Vaterschaft Gottes und das Geschwistersein der Menschen widerspiegelt und fördert.

Christsein in den Grenzen und Widerwärtigkeiten des Menschseins

Christliches Dasein zum Tod

Von Anfang seines Daseins an geht (oder treibt) der Mensch dem Ende seines Lebens entgegen. Weil er das Ende und gleichsam das Ziel ist, dem alles, was der Mensch ist, was er erworben hat und geworden ist, entgegengeht, prägt der Tod das ganze Dasein des Menschen so sehr, dass Augustinus nicht weiß, ob er das menschliche Leben „sterbendes Leben" oder „lebendes Sterben"[104] nennen soll. Zwar wurde von Denkern und Weisen schon viel Tiefes über den Tod gesagt und geschrieben. Doch bleibt angesichts des Todes die tiefe Ratlosigkeit, die Konfuzius mit einer rhetorischen Frage von nur sechs Silben und Schriftzeichen prägnant zum Ausdruck brachte: „Wir wissen nichts über das Leben, wie könnten wir etwas über den Tod wissen?" So macht der Tod mit seiner unnachgiebigen Notwendigkeit und seiner undurchdringlichen Dunkelheit das Dasein des Menschen zu einem Rätsel. „Angesichts des Todes wird das Rätsel des menschlichen Daseins am größten. Der Mensch erfährt nicht nur den Schmerz und den fortschreitenden Abbau des Leibes, sondern auch, ja noch mehr die Furcht vor immerwährendem Verlöschen" (GS 18).

Wie begegnet der Christ diesem Rätsel? Gewiss, Jesus Christus hat nicht Leiden und Sterben beseitigt. Darum hat auch der Christ „die Pflicht, den Tod zu ertragen" (GS 22). Da aber in Christi Kommen und Leben, Wirken und Lehren, Sterben und Auferstehen, Gott offenbart, dass er immer als „Gott von Lebenden" (Mk 12,27), als „Gott, der die Toten auferweckt" (2 Kor 1,9) bei den sterblichen Menschen ist, geht der Christ „durch Hoffnung gestärkt [auch angesichts des Todes] der Auferstehung entgegen" (ebd.). Mit anderen Worten: Auch das christliche Leben ist Dasein zum Tode, doch der Christ begegnet dem größten Rätsel des Menschseins im Licht seines Glaubens. „Während vor dem Tod alle Träume nichtig werden, bekennt die Kirche, belehrt von der Offenbarung Gottes, dass der Mensch von Gott zu einem seligen Ziel jenseits des irdischen Elends geschaffen ist“ (GS 18). Darum werden Christen wie alle Menschen beim Tod ihrer Lieben trauern, jedoch nicht wie diejenigen, „die keine Hoffnung haben“ (1 Thess 4,13).

Christsein im Scheitern und Leiden

Auf ähnliche Weise konfrontiert der Christ Leid und Scheitern. Vis-a-vis dieser tiefen menschlichen Not hat er keine befriedigende Antwort zur Hand. Doch wenn er auf Jesu Konflikt mit den Autoritäten seines Volkes und seiner Religion schaut und sieht, wie es für ihn einen tödlichen Ausgang nahm, wenn er in Jesu Leiden und Sterben und seiner Auferweckung und Verherrlichung Gott als Vater sah, kann er überzeugt sein, dass auch in den Gezeiten von Leid und Scheitern der um alles wissende Vater, der Gott der Lebenden, immer bei uns ist. So befähigt und ermächtigt Jesus die Glaubenden zu der Zuversicht: „Ich bin gewiss: Weder Tod noch Leben, weder Engel noch Mächte, weder Gegenwärtiges noch Zukünftiges, weder Gewalten der Höhe oder Tiefe noch irgendeine andere Kreatur können uns scheiden von der Liebe Gottes, die in Christus Jesus ist, unserem Herrn“ (Röm 8,38–39).

Christsein und Menschsein

Christsein ist eine Weise von Menschsein. Doch nicht jedes Menschsein ist Christsein. Christsein ist ein durch den Glauben vom Heil Christi geprägtes Menschsein. So erheben sich Fragen wie: Wie verhalten sich Menschsein und Christsein zu einander? Was bedeutet Christsein für den Menschen? Schon im Mittelalter haben Theologen unter Verwendung der Begriffe „Natur“ und „Gnade“ sich über diese Frage Gedanken gemacht und das Axiom formuliert: „Die Gnade zerstört die Natur nicht, sondern setzt sie voraus und vollendet sie.“ Im Sinne dieses Grundsatzes der Gnadenlehre kann die Zuordnung von Menschsein und Christsein und der Wert des Christseins schrittweise verdeutlicht werden.

Christsein setzt Menschsein voraus

Ein Stein kann Baumaterial für eine christliche Kirche werden, ein Baum kann Holz für Kirchenbänke und Beichtstühle liefern, ein Hund mag eine Kirche bewachen und durch Bellen und Beißen verteidigen. Doch so sehr Steine, Bäume, Hunde der Kirche verbunden sein mögen, sie können nicht Christen werden. Christsein setzt Verstehen und Glauben, eben Menschsein voraus.

Das vom Christsein vorausgesetzte Menschsein aber muss so gedacht werden, dass es auch dann wahres Menschsein ist, wenn es nicht jene eigentümliche Prägung erhielte, welche das Menschsein zum Christsein macht. Das, was Menschen zu Menschen macht, muss sich auch in anderen Menschen finden. Andernfalls würde man ihnen das Menschsein, die Menschenwürde und die Menschenrechte absprechen.

Zugleich aber muss das Menschsein so gedacht werden, dass es die Prägung aufnehmen kann, welche das Menschsein zum Christsein macht, dass der Mensch das Christsein als für sich wertvoll erkennen kann, dass er nach ihm bewusst oder auch unbewusst verlangt, auch wenn er erkennt, dass er es sich nicht verschaffen kann. Die Beziehung zwischen Menschsein und Christsein kann mit der Hinordnung des Menschen auf personale Freundschaft und Liebe verglichen werden: Auch ein einsamer Mensch ist hingeordnet auf Gemeinschaft, Freundschaft, Partnerschaft. Doch kann sich niemand dies verschaffen, sondern kann es „nur" als Geschenk erwarten. Auf ähnliche Weise ist die Zuordnung von Menschsein und Christsein zu denken: Auch ohne das Christsein ist der Mensch voll Mensch, doch finden bestimmte Anlagen erst durch den durch Christus vermittelten Glauben an Gott ihr immer schon gesuchtes Ziel und ihre Erfüllung.

Christsein vollendet das Menschsein

Das bedeutet nicht, dass das Christsein den Menschen ethisch besser machen würde. Dieses Axiom will vielmehr besagen: Durch das Christsein werden die das Menschsein charakterisierenden Eigenschaften und Aspirationen verstärkt, vertieft, entfaltet, gefördert. Mit Hilfe der vorangehenden Darlegungen kann dies mit ein paar (wenigen) Beispielen kurz verdeutlicht werden:

- Christsein entfaltet die Freiheit des Menschen, weil das Christsein „nur" angeboten wird, sodass seine Freiheit herausgefordert wird. Und allen Heilsgaben (Versöhnung, Befreiung, Kindschaft ...) eignet ein „Noch nicht", welches den Raum bietet, in welchem das sich selbst vollziehende Menschsein sich entfalten kann und soll.
- Christsein fördert und entfaltet die Pole des menschlichen Gegeben-Seins und zugleich Sich-Aufgegeben-Seins: Der Glaube an Gott den Vater ermächtigt zur Annahme und Bejahung des der Freiheit vor-

gegebenen Menschseins, welches zugleich stets zu größerer Freiheit und zum Tun des Guten gerufen ist.

- Christsein verstärkt sowohl das einmalige Personsein wie die Wesensbeziehung des Menschseins zu den Mitmenschen, weil die Kernbotschaft des Christentums von Gottes Vatersein sowohl die Liebe Gottes zu dem einmaligen Glaubenden wie seine Verbundenheit mit seinen Brüdern und Schwestern betont.

Zusammenfassung

„Kein Christsein neben, über oder unter dem Menschsein"[105]. Christsein „ist also kein Überbau oder Unterbau des Menschlichen". Es ist eben „nur" *eine* Weise des menschlichen Daseins, seines Verhaltens zu sich, zu den Menschen, zur Umwelt und zum Grund des Daseins. Die durch den Glauben erhaltene Prägung des Menschseins kann mit dem hegelianischen Begriff „Aufhebung" beschrieben werden: (1) Christsein bewahrt (hebt auf) das Menschsein. Darum gilt: „Kein Christsein auf Kosten des Menschseins". (2) Christsein verneint (hebt auf) das (bloße und durch Böses verunstaltete und „unmenschliche") Menschsein. (3) Christsein hebt das Menschsein hinauf, denn es vermittelt dem Menschen eine Hoffnung über die Todesgrenze hinaus.

Diese Einstellung zum Menschsein kann Christlicher Humanismus genannt werden. Seine unverwechselbare Eigenart gründet im Glauben der Christen: Sie „sehen das Menschliche ..., das Humane, sie sehen den Menschen und seinen Gott, sehen Humanität, Freiheit, Gerechtigkeit, Leben, Liebe, Frieden, Sinn von diesem Jesus her, der für sie der konkret Maßgebende, der Christus ist. Von ihm her meinen sie nicht einen beliebigen Humanismus vertreten zu können, der einfach alles Wahre, Gute, Schöne und Menschliche bejaht. Sondern einen ... *Humanismus*, der auch das Unwahre, Ungute, Unschöne und Unmenschliche zu integrieren und zu bewältigen vermag: nicht nur alles Positive, sondern auch – und hier entscheidet sich, was ein Humanismus taugt – alles Negative, selbst Leiden, Schuld, Tod, Sinnlosigkeit. Im Blick auf ihn, den Gekreuzigten und Lebendigen, vermag der Mensch auch in der Welt von heute nicht nur zu handeln, sondern auch zu leiden, nicht nur zu leben, sondern auch zu sterben. Und es leuchtet ihm auch dort noch Sinn auf, wo die reine Vernunft kapitulieren muss, auch in sinnloser Not und Schuld, weil er sich auch da, weil er sich im Positiven wie im Negativen von Gott gehalten weiß. So schenkt der Glaube an Jesus den Christus Frieden mit Gott und mit sich selbst, überspielt aber nicht die Probleme der Welt."

Schlusswort

Im Johannesevangelium (14,8) bittet Philippus Jesus: „Herr, zeige uns den Vater; das genügt uns." Nach dem Neuen Testament hat Jesus durch sein Kommen und Leben, Wirken und Lehren, durch seinen Tod und in seiner Auferweckung Gott als Vater offenbart. Die in Jesus erschlossene Wahrheit über den Gott der Lebenden befreit den Menschen aus der Knechtschaft des Todes, der dem Menschen unübersteigbare Grenzen setzt. Die im Leben und Wirken, im Tod und der Auferweckung aufscheinende Wahrheit über den die Sünder liebenden Gott befreit den Menschen aus der Gewalt der Schuld, die den Menschen festhält, und sie befreit den Glaubenden aus der Gefangenschaft des Gesetzes, welches den Schuldigen nur anklagt, aber nicht von Vergebung und Versöhnung spricht. Und der Gott, den Jesus in seinem Wirken und Lehren, in seinem Sterben und Auferstehen gezeigt hat, ist als Vater offenbart worden, der seinen Söhnen und Töchtern – auch nach dem Ausstieg oder der Revolte – mit großer Freude bei sich Aufnahme schenkt.

Genügt uns das? Oder sind wir wie verwöhnte Kinder, die von den Eltern erwarten, dass sie alle Mühe und Anstrengung von ihnen fernhalten? Oder warten wir noch auf einen anderen? Zu wem aber sollen wir gehen? Oder hat Philippus Recht, wenn er sagt, dass, wenn Jesus uns den Vater zeigt, dies uns genügt, sodass wir trotz unserer Sterblichkeit und trotz unserer Verstrickung ins Böse unser Dasein mit Mut und Hoffnung bejahen und übernehmen können?

Abkürzungen

DH	Heinrich Denzinger. Kompendium der Glaubensbekenntnisse und kirchlichen Lehrentscheidungen. Hrsg. von Peter Hünermann. 39. Aufl. Freiburg 2001.
DV	Die dogmatische Konstitution über die göttliche Offenbarung „Dei Verbum“.
EEK	Evangelischer Erwachsenen Katechismus. 3. Auflage Gütersloh 1977.
GS	Die pastorale Konstitution über die Kirche in der Welt von heute „Gaudium et Spes“.
HThG	Handbuch theologischer Grundbegriffe. Hrsg. Heinrich Fries. 2 Bde. München 1962.
LThK (2)	Lexikon für Theologie und Kirche. Hrsg. Josef Höfer und Karl Rahner. 10 Bde. Freiburg 1957–1956.
NA	Die Erklärung über das Verhältnis der Kirche zu den nichtchristlichen Religionen „Nostra Aetate“
SC	Die Konstitution über die heilige Liturgie „Sacrosanctum Concilium“.
SM	Sacramentum Mundi. Theologisches Lexikon für die Praxis. 4. Bde. Freiburg – Basel – Wien 1967–1969.
WBB	Wörterbuch zur Biblischen Botschaft. Hrsg. von Xavier Leon-Dufour. Freiburg – Basel – Wien 1967.

Mit Kurztiteln zitierte Literatur

Bekenntnisse	Des Heiligen Augustinus Bekenntnisse. Übertragen und eingeleitet von Hubert Schiel. 5. Auflage. Freiburg 1952.
Glaubensverkündigung	Glaubensverkündigung für Erwachsene. Deutsche Ausgabe des Holländischen Katechismus. Nijmegen-Utrecht 1966.
Greshake	Greshake, Gisbert. Gottes Heil – Glück des Menschen. Theologische Perspektiven. Freiburg 1983.
Kasper	Kasper, Walter. Jesus der Christus. Mainz 1974.
Kleines Wörterbuch	Rahner, Karl und Vorgrimler, Herbert. Kleines Theologisches Wörterbuch. Freiburg 10. Auflage 1976.
Kremer	Kremer, Jacob. Die Sonntagsevangelien der Lesejahre A/B/C. Regensburg 2002.
Lyonnet	Lyonnet, Stanislaus. De peccato et redemptione.II : De Vocabulario Redemptionis. Rom: E Pontificio Instituto Biblico 1972.
Neues Wörterbuch	Vorgrimler, Herbert. Neues Theologisches Wörterbuch. 6. Auflage. Freiburg 2008.
Pesch, Dogmatik	Pesch, Otto Hermann. Katholische Dogmatik aus Ökumenischer Erfahrung. Teilband 1/1. Ostfildern 2008.
Rahner, Humanismus	Rahner, Karl. „Christlicher Humanismus“. In: Rahner, Schriften VIII 239–259.
Rahner, Schriften	Rahner, Karl. Schriften zur Theologie. 16 Bde. Einsiedeln/Zürich/Köln 1954–84.
Ratzinger, Einführung	Ratzinger, Joseph. Einführung in das Christentum. Vorlesungen über das Apostolische Glaubensbekenntnis. Mit einem neuen einleitenden Essay. München 2005.
Ratzinger, Heil	Ratzinger, Joseph. „Heil II. Theologisch.“ In: LThK (2) V 78–80.
Ratzinger,	Ratzinger, Joseph, „Vorfragen zu einer Theologie der Erlösung“. In: Scheffczyk.
Scheffczyk Vorfragen	Scheffczyk, Leo (Hrsg.), Erlösung und Emanzipation (Quaestiones Disputatae, Bd. 61. Freiburg 1973.
Schillebeeckx	Schillebeeckx, Edward. Christus und die Christen. Die Geschichte einer neuen Lebenspraxis. Freiburg 1977.
Schnackenburg	Schnackenburg Rudolf, Das Johannesevangelium. III. Teil. Freiburg 6. Auflage 1992.
Sonntagsschott	Der große Sonntags-Schott. Freiburg-Basel-Wien.
Welte, Erbsündenlehre	Welte, Paul H. Ins Böse verstrickt. Versuch einer Neuinterpretation der Erbsündenlehre. Münster 2009.
Welte, Heilsbedürftigkeit	Welte, Paul H. Die Heilsbedürftigkeit des Menschen. Anthropologische Vorfragen zur Soteriologie. Freiburg/Basel/Wien 1976.

Anmerkungen

1 Kasper, Jesus 119.
2 Ebd.
3 Z. B. „Ich bin das Brot des Lebens“ (6,35), „Ich bin das Licht der Welt“ (8,12), „Ich bin der gute Hirt“ (10,11), „Ich bin die Auferstehung und das Leben“ (11,25), „Ich bin der Weg und die Wahrheit und das Leben“ (14,6).
4 Lk 2,11; Joh 4,42; Apg 5,31; 13,23; Phil 3,20; 2 Tim 1,10; Tit 1,4; 2,13. 3,6; 2 Petr 1,1; 2,20; 3,2.18; 1 Joh 4,14.
5 Vgl. Josef Scharbert, Heilsmittler im Alten Testament und im Alten Orient. QD 23/4. Freiburg 1964.
6 Kasper, Jesus 120.
7 Willem A. Visser't Hooft (Hrsg.), The First Assembly of the World Council of Churches, New York 1949, 197.
8 „Doketismus“ in: Neues Wörterbuch 138.
9 „Monophysitismus“, in: Neues Wörterbuch 431.
10 „Nestorianismus“, in: Neues Wörterbuch 454.
11 Kasper, Jesus 23.
12 Greshake 50–51.
13 „Christologie“, in: Neues Wörterbuch 117.
14 Ebd.
15 „Soteriologie“, in: Neues Wörterbuch 589.
16 Karl Rahner; „Soteriologie“, in: SM IV, 590–596, hier 591.
17 Da in den folgenden Überlegungen nach dem Wesen des Heilswerkes (oder anders ausgedrückt nach dem Grund der Heilsbedeutsamkeit oder nach dem Grundprinzip der Soteriologie) gesucht werden soll, sind zahlreiche (oft nur scheinbare) Wiederholungen unvermeidlich.
18 Dieser Abschnitt übernimmt in überarbeiteter Form Gedanken, die ich unter dem Titel „Wer mich sieht, sieht den Vater‘. Die Bitte des Philippus, die Antwort Jesu und die Soteriologie“ in der Zeitschrift „Wort und Antwort“ 21 (1980) 140–146 veröffentlicht habe. Da im Folgenden meistens das Johannesevangelium zitiert wird, begnügen wir uns mit der Angabe von Kapitel und Vers.
19 Schnackenburg 1.
20 Ebd. 76 f.
21 Ebd. 77.
22 Ebd.
23 Ebd. 73 f.
24 Kasper, Jesus 120.
25 Ebd. Hervorhebung von Kasper.
26 Schnackenburg 199.
27 Glaubensverkündigung 318.
28 Schillebeeckx 679.
29 Ebd. 813.

30 Das Folgende stützt sich auf Anton Vögtle, „Versöhnung“ in: LThK[2] 10, 734–736.
31 Vögtle, a. a. O. 735.
32 Ebd.
33 Zur Begründung dieser Annahme, vgl. Welte, Heilsbedürftigkeit 23–25.
34 Dieser Abschnitt übernimmt in überarbeiteter Form Gedanken, die ich unter dem Titel „Jesus Christus – Mittler des Heils als Befreier“ in der Zeitschrift „Wort und Antwort“ 22 (1982) 71–76. 108–112. 138–142. 171–174 veröffentlicht habe.
35 Vgl. Röm 3,24; Eph 1,7; Kol 1,14; Tit 2,14.
36 Z. B. Hebr 9,11 f; Offb 1,5; 5,9; 14,4; 2 Petr 2,1.
37 Anton Vögtle, „Apolytrosis“, in: LThK[2] 1, 731.
38 Kasper, Jesus 243.
39 Ebd.
40 Schillebeeckx 189.
41 Ähnlich wie der Sieg der Alliierten den Gefangenen der Konzentrationslager Befreiung brachte.
42 Ratzinger, Vorfragen, in: Scheffczyk 143. Hervorhebung von Ratzinger.
43 Ratzinger a. a. O. 145.
44 Glaubensverkündigung 292.
45 Johann Baptist Metz, Erlösung und Emanzipation, in: Scheffczyk 131.
46 Bekenntnisse 6.
47 Rahner, Humanismus 251.
48 Jürgen Moltmann, Der gekreuzigte Gott. Das Kreuz Christi als Grund und Kritik christlicher Theologie. 2. Aufl. München 1973. 7.
49 Hier soll nicht auf die Problematik der Verbindlichkeit des mosaischen Gesetzes für die Heidenchristen eingegangen werden.
50 Alfons Deissler, Die Grundbotschaft des Alten Testaments. Ein theologischer Durchblick. Freiburg 1972, 32.
51 Kasper, Jesus 243.
52 Vgl. Welte, Erbsündenlehre 121-131.
53 Kasper, Jesus 243.
54 Ebd.
55 Das Folgende stützt sich auf: Josef Haspecker, „Bund“, in: HThG I, 197-204; Vinzenz Hamp und Josef Schmid, „Bund“, in: LThK[2] 2, 770 – 778. Jean Giblet und Pierre Grelot, „Bund“, in: WBB 83 – 89.
56 Haspecker a.a.O. 197.
57 Ebd.
58 Giblet und Grelot a.a.O. 83.
59 Kasper, Jesus 134.
60 Vgl. ferner Kol 1,20; 2,13 – 14; 1 Petr 1,18-19; Offb 5,9; 7,14; 12, 11; 14,4.
61 Vgl. Karl Rahner, „Das christliche Verständnis von Erlösung“, in: Rahner, Schriften XV 236-250, bes. 244-45; ders., „Versöhnung und Stellvertretung“, a. a. O. 251-264, bes. 261.
62 Wie sehr der Ort den Sinn eines Wortes, den Sinn einer Geste, einer Handlung bestimmen kann, zeigt sich am Kniefall des deutschen Bundeskanzlers Willi Brandt am 7. Dezember 1970 vor dem Ghettomahnmal in Warschau.

Nur an diesem Ort konnte diese schlichte Geste solch weittragende Bedeutung gewinnen.

63 Z. B. Hymnus der Lesehore in der Karwoche: „Gottes Plan, uns zu erlösen, hat verlangt die Opfertat."

64 Ratzinger, Einführung 217. Folgende Zitate aus a. a. O. 217–220.

65 Ratzinger, Einführung 264–265. Hervorhebung hinzugefügt.

66 Zum Folgenden vgl. Lyonnet 71–80; Ratzinger, Einführung 264–267.

67 Ratzinger, a. a. O. 269.

68 Mit diesem Ausdruck wird angedeutet, dass die exegetische Frage hier nicht behandelt werden kann. Meiner Meinung nach braucht es das hier auch nicht. Die sich ergebende Sicht der Heilsbedeutung des Todes Christi findet sich ja auch sonst im Neuen Testament.

69 Lyonnet 114–128.

70 Glaubensverkündigung 317.

71 Im Folgenden wird sowohl „Auferstehung" wie „Auferweckung" verwendet: „Beide Formulierungen sind richtig und legitim, weil beide im Neuen Testament vorkommen:" Franz Mußner, in: Hören auf sein Wort. Verkündigung im Kirchenjahr, Freiburg 1979, 91. Ähnlich Pesch, Dogmatik 1/1 601: „Die Worte ‚Auferstehung' und ‚Auferweckung' sind gleichsinnige Wechselworte. Das erste Wort bezeichnet ein und dasselbe Geschehen als Tat Jesu, das zweite als Tat Gottes an Jesus – und biblisch gesehen ist es beides zugleich."

72 EEK I 402–403. Hervorhebungen im EEK.

73 Kremer 25.

74 Und manche denken dazu: Da ich ein guter Mensch bin, brauche ich mich nicht um Religion zu kümmern.

75 Neues Wörterbuch 118. Hervorhebung hinzugefügt.

76 A. a. O. 159. Hervorhebung hinzugefügt.

77 Vgl. Greshake 50–51.

78 DV 4. Hervorhebung hinzugefügt.

79 So drückte diesen Einwand einmal ein Student in Taiwan aus.

80 Rahner, „Erlösung", in: SM I 1170. Hervorhebungen von Rahner.

81 Joseph Ratzinger; „Sühne V. Systematisch", in: LThK^2 9, 1157.

82 Indiculus" (DH 238–249), wurde zwischen 435 und 443 in Rom verfasst und um 500 in eine Dekretalensammlung aufgenommen. Vgl. DH zu 238. Auf dieser und den folgenden sieben Seiten ist die Seitenzählung in DH fehlerhaft.

83 Ratzinger, Einführung 241.

84 Ratzinger, Einführung 181.

85 Im Folgenden geht es *nur* um die genannte Grundfrage. Zur Deutung des Dogmas der Bewahrung Marias vor der Erbsünde, vgl. Welte, Erbsündenlehre 101–105.

86 DH 2803 „intuitu meritorum Christi Jesu Salvatoris humani generis". Hervorhebung hinzugefügt.

87 Die Unterscheidung von „Heilsgnade" und „Gnade des Christseins" kann für die Interpretation der Begriffe „Erwählung" und „Vorherbestimmung" von Bedeutung sein.

88 Neues Wörterbuch 118.

89 In der Chinesischen Geisteswelt steht diese Frage gleichsam immer im Raum. Das zeigte sich deutlich, als Professor Hans Küng einmal in Taipei vor einem großen Auditorium von der positiven Bedeutung der nichtchristlichen Religionen sprach. Während der Aussprache stellte ich ausdrücklich die Frage nach dem Sinn der Mission und des Christ – Seins; andere Zuhörer sagten mir, dass sie genau dieselbe Frage stellen wollten.
90 Hervorhebung hinzugefügt.
91 Hervorhebung hinzugefügt.
92 Karl Rahner vertritt (in „Einzigkeit und Dreifaltigkeit Gottes im Gespräch mit dem Islam" in: Schriften XIII 129–147) die Meinung, der Glaube an den Gott der Gnade enthalte das Bekenntnis zur Dreifaltigkeit Gottes. Auf ähnliche Weise sieht Walter Kasper (Kasper, Jesus 218) die Beziehung zwischen „Gott ist Liebe" (1 Joh 4,8.16) und der Lehre von der Dreieinigkeit Gottes.
93 Zum folgenden Abschnitt, vgl. Welte, Heilsbedürftigkeit 40–44. 119–132.
94 Neues Wörterbuch 272.
95 Zum Folgenden, vgl. Kleines Wörterbuch 177–178; Neues Wörterbuch 272–273.
96 Kleines Wörterbuch 177–178.
97 Zum Folgenden vgl. Welte, Heilsbedürftigkei1 61 f 124 – 128.
98 Augustinus, Confessiones X, 20.
99 Vgl. S Th I-II 5,5 ad 2.
100 „*Vor*christlich" darf nicht im zeitlichen Sinn verstanden werden, als ob das beschriebene Fragen und Suchen durch das Christ-Sein beendet würde. Auch hier begegnen wir dem typischen Schon und Noch Nicht. Das „Noch nicht" lebt im christlich Glaubenden gleichsam als die Frage, welche den Menschen immer nach der Antwort des christlichen Glaubens ausschauen und sie als gesuchte und gefundene Antwort festhalten lässt.
101 Summa contra Gentiles I 4.
102 Öffentlicher Kult und feierliche Liturgie haben ihre große Bedeutung, insofern sie den im Leben vollbrachten Kult zum Ausdruck bringen und motivieren.
103 Ratzinger, Heil 79.
104 Bekenntnisse 6.
105 Küng, Christ sein 594. Folgende Zitate ebd.